AF523878

# Unter dem Regenbogenbanner

Die Saat der Reformation

**Yvonne Bauer**

Telescope Verlag

**Urheberrechte**
Das Werk einschließlich aller Inhalte ist urheberrechtlich geschützt. Alle Rechte vorbehalten. Nachdruck oder Reproduktion (auch auszugsweise) in irgendeiner Form (Druck, Fotokopie oder anderes Verfahren) sowie die Einspeicherung, Verarbeitung, Vervielfältigung und Verbreitung mit Hilfe elektronischer Systeme jeglicher Art, gesamt oder auszugsweise, ist ohne ausdrückliche schriftliche Genehmigung des Autors/Verlags untersagt. Alle Übersetzungsrechte vorbehalten.

Impressum

1. Auflage: August 2024
© Telescope Verlag
www.telescope-verlag.de
www.telivision.de
Covergestaltung: Danilo Schreiter

ISBN: 978-3-95915-145-0
Preis: 17,90 Euro

Die Handlung dieses Romans ist frei erfunden. Jede Ähnlichkeit mit toten oder lebenden Personen wäre zufällig und nicht beabsichtigt. Was historische Persönlichkeiten und die Ereignisse im Bauernkrieg betrifft, gilt dies jedoch nicht. Um einen spannenden Roman zu schreiben, habe ich mir erlaubt, einige Fakten um Fiktion zu ergänzen. Nennen Sie es künstlerische Freiheit, um den heute Lebenden die Vergangenheit näher bringen zu können.

„Die Herren machen das selber, dass ihnen der arme Mann feind wird. Die Ursache des Aufruhrs wollen sie nicht wegtun. Wie kann es die Länge gut werden? So ich das sage, muss ich aufrührerisch sein."

**Thomas Müntzer (1489 – 1525)**
Hochverursachte Schutzrede, 1524

# Inhaltsverzeichnis

# Charaktere

(* Personen der Stadtgeschichte und der Geschichte des Heiligen Römischen Reiches Deutscher Nation)

**Gertrudis Hiertz**: Magd auf einem Freihof in Herbsleben
**Anna Hiertz**: Gertrudis Tochter
**Jacob Hofmann**: Waise aus Dachrieden, Ehemann von Anna, Schmied
**Herta und Gertrud**: Annas und Jacobs Töchter
**Aloysius Hiertz**: Annas Oheim in Diedorf
**Jutta Hiertz**: Frau von Aloysius
**Anastasius Hiertz**: Annas Großvater
**Bartholomäus (Barthel)**: Freibauer in Herbsleben, Annas Vater
**Elisabeth Koch / Schwester Maria Gabriela**: Gertrudis Muhme, Nonne im Brückenkloster
**Schwester Justina**: Novizin im Brückenkloster
**Schwester Maria Coelestina**: Nonne im Brückenkloster
**Schwester Maria Raffaela**: Äbtissin des Brückenklosters
**Johannes Görlich**: Freund Jacobs, Gerber in Mühlhausen
**Barbara Görlich, geb. Färber**: Frau von Johannes
**Justus Färber**: Händler, Vater von Barbara
**Kaspar Färber** *: Achtmann, Bruder von Justus
**Dietterich Ziegeler** *: ehemaliger in Ungnade gefallener Baumeister in Mühlhausen, Mordbrenner
**Georg Andreas** *: Feuerteufel von 1487

**Bernardus Rodemann** *: Propst des Brückenklosters
**Meister Gerhard**: Schmiedemeister vor dem Erfurter Tor
**Hilde**: Schwester des Schmiedemeisters
**Caspar Marx**: Sohn eines Freibauers in Diedorf
**Elisabeth Fischer**: Caspars Weib
**Hieronymus Fischer**: Elisabeths Vater, Knecht auf dem Marxschen Hof
**Katharina Schwerdtfeger** *: Krämerin in Mühlhausen, Mutter von Heinrich Schwerdtfeger / Pfeiffer
**Heinrich Schwerdtfeger / Pfeiffer** *: entlaufener Mönch aus dem Kloster Reifenstein, Reformator
**Georg Schwerdtfeger** *: Sohn von Katharina, Bruder von Heinrich Schwerdtfeger / Pfeiffer
**Tela Hopfner** *: Muhme von Heinrich Pfeiffer, Frau von Heinze
**Heinze Hopfner** *: Krämer in der Wahlgasse, Mann von Tela
**Johann Gödicke** *: Ratsmeister
**Sebastian Künemund** *: Fleischer, Achtmann, Bürgermeister des Ewigen Rates
**Griseldis Künemund**: Frau des Fleischers
**Michael Koch** *: Wollwebermeister in der Linsengasse, Achtmann
**Hannes Koch**: Sohn von Michael
**Margareta Koch** *: Frau von Michael
**Hans Ludolph** *: Achtmann
**Hans Hartung**: Torwächter an der Eigenriedener Warte
**Claus Kreutter** *: Gerber, Achtmann
**Katharina Kreutter** *: Frau von Claus
**Diederich Weißmehler** *: Goldschmied am Untermarkt, Achtmann
**Heinrich Froß** *: Bäcker in der Görmargasse, Ratsmann

**Johann Wettich** *: Ratsmeister, Schultheiß
**Heinrich Baumgart** *: Ratsmeister
**Johann Griesbach** *: Pfaffe im Antoniushospital
**Christiana:** Köchin am Harstallhof
**Hans Schalbe** *: Barbier in der unteren Wahlgasse
**Matthaeus Hisolidus (Herr Matthes)** *: evangelischer Prediger in der Jakobikirche, vorher Mönch im Benediktinerkloster Heldrungen
**Heinemann Ludwig** *: Weißgerber bei Allerheiligen
**Claus Fuhlstich** *: Bäckermeister, Achtmann
**Margaretha Damme** *: Nonne im Weißfrauenkloster
**Diedrich Damme** *: Vater von Margaretha
**Caspar Decker** *: Ackerbürger
**Hans Becke** *: Gerber
**Hans Schmidt** *: Metzger aus der Holzgasse, Achtmann
**Heinrich Baumgart** *: Ratsmann
**Hans Dopfer** *: Achtmann
**Thomas Müntzer 1489 - 1525 *:** Reformator
**Ottilie Müntzer** *: Frau von Thomas Müntzer
**Ambrosius Emmen** *: Famulus und Diener von Thomas Müntzer
**Martin Luther 1483 – 1546** *: Doktor der Theologie, Reformator
**Eberhard von Bodungen** *: Stadthauptmann
**Hans von Berlepsch *:** Amtmann zu Eisenach auf der Wartburg
**Sittich von Berlepsch** *: Amtmann in Salza und Thamsbrück, Erbkämmerer zu Hessen

Sachsenherzöge:

**Friedrich III. (der Weise) 1473 – 1525** *: Kurfürst von Sachsen, Unterstützer Martin Luthers
**Johann (der Beständige) 1468 – 1532** *: Herzog von Weimar, Bruder von Friedrich

**Georg (der Bärtige) 1471 – 1537 ***: Herzog von Sachsen, Vetter von Friedrich, Gegner der Reformation

**Philipp I. 1504 – 1567 ***: Landgraf von Hessen Schutzherr von Mühlhausen

# Prolog – Frankenhausen, 15. Mai 1525

»Wir müssen hier weg!«

Vollkommen außer Atem sah Anna auf Jacob hinunter, der auf einem umgefallenen Baumstamm saß, blicklos vor sich hinstarrte und sie nicht zu hören schien. Hektisch, nach möglichen Verfolgern suchend, sah sie sich um, ehe sie ihn erneut ansprach. »Komm schon! Wir müssen fliehen, bevor sie uns auch noch verhaften.« Um ihre Not zu unterstreichen, griff sie ihn am Arm und versuchte, ihn auf die Beine zu ziehen. Erst jetzt hatte Jacob mitbekommen, dass Anna da war. Fragend sah er zu ihr auf, machte aber immer noch keinen Versuch, sich zu erheben. Neben der Angst, die der jungen Frau kalt den Rücken hinaufkroch, machte sich Ärger in ihr breit. »Was ist denn nur los mit dir? Wenn wir nicht schnellstens von hier verschwinden, legen sie uns in Ketten!« Verzweiflung überkam sie, als Jacob immer noch nicht reagierte. Ob er verletzt war? Hastig ließ Anna den Blick über den dreckverkrusteten Körper ihres Mannes gleiten. Das Blut, das an ihm klebte, war nicht seines und mittlerweile genauso eingetrocknet wie der Matsch an Kleidern und Haut.

»Sie haben uns überrannt.«

Anna glaubte zunächst, sich verhört zu haben, aber die Worte waren tatsächlich aus seinem Mund gekommen. Wegen der Erleichterung, die sie erfasste, als er endlich sprach, hatte sie gar nicht auf die Bedeutung seiner Worte geachtet. Langsam ging die Frau vor ihm in die Hocke und sah ihm in die vor Entsetzen geweiteten Augen. Dann griff sie mit beiden Händen seine Oberarme und versuchte erneut, zu ihm durchzudringen. »Jacob, egal, was dort auf dem Berg geschehen ist, wir müssen jetzt los. Nach Frankenhausen können wir nicht. Dorthin sind die anderen Bauern geflohen. Bevor ich dich gefunden habe, konnte ich sehen, wie die Männer des Fürsten ihnen auf den Fersen waren. Sie werden jeden Winkel in der Stadt durchkämmen, bis sie alle Aufständischen aufgespürt haben. Der Herr sei ihrer armen Seelen gnädig.« Anna sah ihn durchdringend an, bevor sie weitersprach. »Wir sollten sehen, ob wir uns zu meinen Verwandten nach Diedorf durchschlagen können. Dort sind wir mit einem bisschen Glück wenigstens für eine Weile sicher.«

»Die Sache ist verloren«, flüsterte Jacob. »Ich war so ein Narr, zu glauben, dass ein Haufen Bauern es mit den Fürsten aufnehmen kann.« Nach einem verbitterten Schnauben fuhr er fort. »Thomas war ein noch größerer Narr als wir alle zusammen.«

# Erster Teil: Mühlhausen AD 1509

# Kapitel 1 - Flucht

emand rüttelte an Annas Schulter. Erschrocken setzte das Mädchen sich hin. Es war dunkel, sodass sie nicht sehen konnte, was los war. »Mama?«

»Still! Sonst hört man uns noch!«

In der Ecke ihrer winzigen Kammer raschelte es. »Wer hört uns?«

»Die Herrin.«

»Aber wieso ...?«

Ihre Mutter zog die Neunjährige unsanft am Arm. »Meine Güte, ich erkläre es dir später. Jetzt zieh dich an und frag nicht so viel!«

Müde stand die Kleine auf und verließ das warme Bett, das sie sich in den dunklen Nächten teilten. Das Herdfeuer in der Küche nebenan sorgte dafür, dass die Kammer nicht so kalt war wie die der anderen Knechte und Mägde. Anna wollte nicht aufstehen und die behagliche Stube verlassen, war sie auch noch so klein. Mürrisch befolgte sie jedoch die Anweisung ihrer Mutter, auch wenn sie lieber wieder in die Kissen krabbeln würde. »Ich bin müde.«

»Quengele nicht! Wickel dein gutes Kleid in dein Schultertuch und dann komm!«

Das Mädchen sah, wie seine Mutter die Tür vorsichtig einen Spalt weit öffnete und in die Küche lugte, bevor sie sich durch den Türspalt schob, der gerade so breit war, dass sie selbst hindurch passte. Nachdem sie den Raum zur Hälfte durchquert hatte, winkte sie Anna, ihr zu folgen. »Pass auf, dass du keinen Lärm machst!« Dann verschwand sie im Flur.

Auf leisen Sohlen schlich das Kind hinter ihr her, noch immer verwundert, was hier vor sich ging. Mittlerweile war sie auch gar nicht mehr müde. Ihr Herz klopfte vor Aufregung, aber ebenso vor Angst wie wild in der Brust. Anna lief leise weiter, trat hinter ihrer Mutter auf den Hof und tat es ihr gleich, als diese am Rande des mit einem Holzzaun eingefassten Innenhofs im Schatten Schutz suchte. Instinktiv wusste sie, dass sie nicht das kleinste Geräusch machen durfte.

Das Mädchen wartete ab, bis seine Mutter sich erneut in Bewegung setzte, und heftete sich an ihre Fersen. Leichtfüßig platzierte sie einen Schritt vor den anderen und blieb stehen, als ihre Mutter dies ebenfalls tat, um sich umzusehen. Niemand schien Notiz von ihnen zu nehmen, auch nicht die beiden Männer, die in der Mitte des Hofes neben dem Feuer saßen, das dort brannte.

Anna hätte beinahe aufgeschrien, als eine massige Gestalt vor ihnen auftauchte. Im letzten Moment erkannte sie den obersten Stallknecht Hans, mit dessen Sohn sie befreundet war. Keuchend ließ sie die Luft aus ihren Lungen entweichen. »Du hast mich aber erschreckt«, flüsterte Anna, als sie feststellte, dass der Mann ihnen nichts Böses wollte.

Er beugte sich zu ihr hinunter und hielt den Zeigefinger vor seine Lippen. Dann bedeutete er Anna und ihrer Mutter, ihm zu folgen. Dabei hoffte sie inständig, dass die Hunde nicht anschlugen und sie verrieten, denn an ihnen mussten sie vorbei, wenn sie zum Tor hinauswollten. Je weiter sie sich von den Waffenknechten entfernten, umso größer wurde Annas Unruhe. Wo wollte ihre Mutter nur hin und warum? Sie hatte nicht ein Wort darüber verloren. Aber das Mädchen vertraute darauf, dass sie das Richtige tat, und folgte den beiden Schatten, die in dieser fast vollkommenen Dunkelheit nur in der Nähe auszumachen waren. Als sie den Verschlag mit den Hunden erreichten, blieb ihre Mutter so unvermittelt stehen, dass Anna beinahe mit ihr zusammengestoßen wäre. Schemenhaft nahm sie wahr, wie der Stallknecht in die Hocke ging und die Hunde zu sich lockte. Dann konnte sie hören, wie die Tiere sich an Knochen gütlich taten, die der Mann ihnen mitgebracht haben musste. Diese Ablenkung nutzten sie aus, um an den Wachhunden vorbeizuschleichen. Nur wenige Schritte trennten sie noch vom Tor, als einer der Hunde zu Knurren begann.

Ängstlich drehte Anna sich zu den Waffenknechten um, die die Unruhe mitbekommen hatten, denn einer von ihnen erhob sich alarmiert. »Wer ist da? Gib dich zu erkennen!«

Anna erschrak, als sich erneut eine Hand von hinten um ihren Mund legte, und noch mehr, als ihr Körper von dem Stallknecht umfasst und unversehens zum Tor hinausgeschoben wurde. Bevor sie überhaupt zu einem Gedanken fähig war, hörte sie, wie der Vater ihres Freundes zu den Waffenknechten trat und sich zu erkennen gab. »Immer mit der Ruhe, Mann! Ich bin es nur.«

»Was schleichst du zu dieser Stunde hier herum, du Hundsfott? Du hast hier draußen nichts zu suchen!«

»Ein Mann wird doch wohl noch Pinkeln dürfen, wenn ihn die Blase drückt!«

»Dazu gibts den Abtritt, du Hornochse.« Der Wachmann lachte über seinen eigenen Witz und der andere fiel in das Gelächter mit ein.

Den Rest der Unterhaltung bekam Anna nicht mit, denn sie wurde von ihrer Mutter in die Dunkelheit des angrenzenden Wäldchens gezogen, weg von dem Ort, der ihr Leben lang ihr Zuhause gewesen war.

Das Mädchen hatte Mühe, mit ihr mitzuhalten, und war schon nach wenigen Meilen erschöpft. Sie versuchte stehenzubleiben, aber ihre Mutter fasste ihre Hand noch fester und zog sie unerbittlich hinter sich her. »Mama, ich bin müde.«

Gertrudis blieb seufzend stehen. »Also gut, setz dich einen Augenblick, aber nicht zu lange. Wir müssen noch ein ganzes Stück Weg zwischen uns und den Hof bringen, damit wir erst einmal sicher sind.«

Anna war kurz davor, in Tränen auszubrechen. »Sicher? Waren wir zuhause denn nicht sicher?« Jetzt kullerte doch eine Träne über ihre Wange. »Ich habe Angst. Der Ziegeler geht um. Was ist, wenn er uns ausraubt und tötet?« Das Mädchen, das sich mittlerweile hingesetzt hatte, legte den Kopf auf die angezogenen Knie und weinte nun bitterlich. Sie hatte davon gehört, was der Mann mit Claus Kalharts Sohn angestellt hatte, als dieser auf dem Weg von Erfurt nach Hause in Richtung Tonna war. Der Vogelfreie hatte ihm aufgelauert, dem Burschen die Kleidung genommen, Hände und Füße durchstochen und ihn zu Tode gequält.

Gertrudis setzte sich neben ihre Tochter in das feuchte Laub, das den Waldboden bedeckte. »Glaub mir, wenn ich dir sage, dass uns noch größeres Unglück gedroht hätte, wenn wir nicht fortgelaufen wären.«

»Aber wieso?« Verständnislos schüttelte das Mädchen den Kopf. »Vater hätte ...«

»Still!« Gertrudis hätte Anna am liebsten eine Ohrfeige verpasst für ihr vorlautes Mundwerk. »Du musst lernen, nicht alles auszusprechen, was in deinem Kopf vor sich geht!« Sie ärgerte sich über das Kind und fragte sich gleichzeitig, woher zum Teufel Anna von ihrem Vater wusste. Sie musste Gerüchte aufgeschnappt haben, anders konnte es sich Gertrudis nicht erklären. Verdammt! Sie hatte gehofft, noch ein wenig Zeit zu haben, bevor sie ihrer Tochter die Geschichte ihrer Herkunft erklärte. Bisher war sie geschickt jeder ihrer Fragen diesbezüglich ausgewichen. Vor Jahren war Gertrudis durch die Vermittlung ihres Bruders als Magd in die Dienste eines wohlhabenden Freibauern fernab der Heimat in der Nähe von Herbsleben getreten. Eines Tages hatte dessen Sohn ihr den Hof gemacht. Sein ständiges Werben gab ihr damals das Gefühl, die schönste Frau auf Gottes Erdboden zu sein. Irgendwann, sie wusste gar nicht mehr genau, wann es gewesen war, gab sie seinem Drängen nach, denn er hatte es geschafft, dass sie sich Hals über Kopf in ihn verliebt hatte. Sie fühlte sich vor allem von seiner Unbeschwertheit angezogen. Natürlich sah er auch gut aus mit seinen strohblonden Haaren, seine blauen Augen und den Grübchen, die sich tief in die Wangen gruben, wenn er lachte. Und das tat er oft und gern. Was mit dem Austausch schüchterner Küsse und Berührungen begonnen hatte, gipfelte schließlich in heißblütigen Umarmungen in schlaflosen Nächten. Obwohl Gertrudis wusste, dass die Unzucht ein schweres Verbrechen gegen die Kirche war, konnte sie es nicht übers Herz bringen, ihn der Kammer zu verweisen, wenn er im Schutz der Dunkelheit Einlass begehrte. Für einige Monate fühlte sie sich so glücklich wie noch nie in ihrem Leben. Als dann das erste Mal ihr Mondfluss ausblieb, dachte sie sich nichts dabei. Auch beim zweiten Mal fand sie absonderliche Erklärungen dafür, wie die lange Kälte, die über achtzehn Wochen angedauert hatte und sogar alle Mühlen in Mühlhausen hatte einfrieren lassen. Tief in ihrem Inneren wusste sie jedoch, was der Grund dafür und für ihre morgendliche Übelkeit war. Sie hätte es besser wissen müssen, hätte dem unschicklichen Treiben schon viel früher ein Ende bereiten sollen.

Aber sie war machtlos gegen ihre Gefühle gewesen, damals und auch heute noch.
Wenn sie ihre Tochter betrachtete, sah sie in das Antlitz ihres Geliebten. Ihre blauen Augen strahlten die gleiche Lebensfreude aus wie die seinen. Auch wusste sie in ihrem zarten Alter von neun Jahren schon, mit ihren Grübchen zu spielen. Einzig ihr Haar war einen Ton dunkler, etwa so wie die Farbe von Weizen kurz vor der Ernte. Sie war jetzt bereits hübsch und würde einmal zu einer wahren Schönheit heranwachsen.
Gertrudis seufzte, als sie an den Tag dachte, an dem sie den Mut fasste, dem Herrn zu gestehen, dass sie sein Kind unter dem Herzen trug. Nächtelang hatten sie sich daraufhin die Köpfe heißgeredet und waren zu keinem Schluss gekommen. Schließlich, sie erinnerte sich noch genau an den Tag, war es die Mutter des Herrn, die Gertrudis aufsuchte, als diese gerade Laken zum Trocknen aufhängte. Die Frau liebte ihren Sohn und sah ihn nicht gern unglücklich, zumal alle anderen ihrer Kinder gestorben waren, kaum dass sie dem Säuglingsalter entwachsen waren. Gegen den Willen ihres Gatten setzte sie durch, dass Gertrudis auf dem Hof bleiben durfte, um das Kind zu bekommen. Ihre einzigen Bedingungen waren, die unschickliche Beziehung zu ihrem Sohn zu unterlassen und keiner Menschenseele von der Herkunft Annas zu erzählen. Natürlich tuschelten die übrigen Bediensteten, dennoch verlor niemand jemals ihr gegenüber ein Wort darüber. Aber jedem, der Augen im Kopf hatte und das Mädchen genauer betrachtete, musste die Ähnlichkeit auffallen. »Ich werde dir später von deinem Vater erzählen, aber jetzt müssen wir weiter. Komm!« Gertrudis streckte ihrer Tochter die Hand entgegen und zog sie auf die Beine. »Ich weiß, dass du müde bist. Das bin ich auch.«

Anna jammerte. »Aber der Ziegeler!«
»Mädchen, du treibst mich noch in den Wahnsinn!« Obwohl die Angst des Kindes vor diesem Verbrecher nicht unbegründet war, gewann die Furcht vor dem, was ihnen drohte, wenn sie blieben, die Oberhand. Gertrudis zerrte Anna förmlich hinter sich her, ehe sie ein weiteres Wort des Widerstands sprechen konnte. »Wir laufen die Nacht hindurch. Morgen, wenn die Sonne aufgeht, ruhen wir uns aus. Danach ist Zeit für Erklärungen.« Sie hatte Angst, dass die neue Herrin auf dem Hof die Hunde auf sie hetzen würde. Allein diese Vorstellung gab der Frau Kraft, ihre Schritte zu beschleunigen. Sie hatte sich in der Nähe der Unstrut gehalten und suchte nun im silbernen Schein des Mondes nach der Stelle, an der der Balzerbach in den Fluss mündete.
Schweigend liefen sie mit beinahe lautlosen Schritten durch das feuchte Laub. Ab und an knackte ein kleiner Ast unter ihren Füßen, was beide zusammenfahren ließ.
Annas Beine waren schon ganz schwer, als ihre Mutter zufrieden aufstöhnte. Dann sah das Mädchen, wie diese ihre Schuhe aufschnürte, von den Füßen strich und am Gürtel festband.
»Mach schon!«
Sogar im Dunkel der Nacht konnte Anna den missmutigen Blick ihrer Mutter erkennen und selbst wenn nicht, war der ungeduldige Ton in ihrer Stimme doch Hinweis genug, sich zu sputen. Das Mädchen fragte nicht weiter und zog sich hastig die Schuhe aus, um ihr in das kühle Nass zu folgen. Sie watete durch das schlammige Ufer hinter dem Umriss her, der sich dunkel vor dem vom Mondlicht Silber glitzernden Wasser abhob. Es war keinesfalls einfach, das Gleichgewicht nicht zu verlieren, denn viele der Steine im Bachbett waren von Moos bewachsen und glitschig. Die Kälte des Wassers, das ihr bis an

die Knie reichte, tat ihr Übriges. Mit der Zeit verlor Anna jegliches Gefühl in den Füßen und stürzte der Länge nach in den Bach.

»Herr im Himmel, was bist du nur für ein ungeschicktes Ding!« Gertrudis machte kehrt und half ihrer Tochter, sich hinzustellen. »Meine Güte, tropfnass wie du bist, können wir nicht weiterlaufen.« Sie blickte über die linke Schulter und konnte in der Dämmerung in einiger Entfernung das Dorf Kleinvargula ausmachen. Während sie mürrisch schnaubte, dachte sie darüber nach, ob sie zwischen sich und dem Hof ausreichend Abstand gebracht hatten, um genügend Vorsprung für etwaige Verfolger zu haben. Gertrudis konnte sich bildhaft vorstellen, wie die Herrin toben würde, wenn sie feststellte, dass sie nicht mehr da waren. Inständig hoffte die junge Frau, dass der Herr einen mildernden Einfluss auf sie ausüben würde, damit seine Gattin ihnen nicht die Hunde auf den Hals hetzte. Nicht nur, dass sie einfach weggelaufen waren, nein, sie hatte auch einige Vorräte mitgenommen, damit sie und Anna über die Runden kämen. Wenn man sie aufgriff und wegen Diebstahls verurteilte, drohten ihr der Verlust einer Hand, das Brandeisen oder Schlimmeres. Als sie noch einmal auf ihre Tochter hinunterblickte, überwältigte sie ein Gefühl des Mitleids. Sie strich ihr über die tropfnassen Haare und versuchte sich an einem aufmunternden Lächeln. »Also gut. Wir machen Rast und Frühstücken.«

Als sie einen geeigneten Platz, hinter dichten Büschen verborgen, gefunden hatten, schälte sich Anna ihre eiskalte Kleidung vom Leib und breitete sie zum Trocknen über den tiefhängenden Ast einer Birke. Dann wickelte sie sich in das Tuch, das ihre Mutter ihr wortlos gereicht hatte, und setzte sich neben sie auf den bemoosten Boden, der zwischen den weit verzweigten Wurzeln der Bäume einen weichen Teppich bot. Überrascht riss sie die Augen auf, als Gertrudis ein Tuch aufknotete und den köstlichen Inhalt vor ihnen ausbreitete. Erst jetzt merkte das Kind, wie groß sein Hunger war. Dennoch wartete Anna ab, bis sie einen Kanten Brot, ein Stück Käse und eine kleine Räucherwurst von ihrer Mutter zugeteilt bekam.

»Wenn wir es jetzt essen, kann man uns nicht mehr damit erwischen. Also greif zu!«

Mit spitzen Fingern griff sie nach einer der Würste, biss hungrig hinein und kaute genüsslich. »Hast du das Essen gestohlen?«

Gertrudis, die den anklagenden Blick ihrer Tochter förmlich auf sich ruhen spürte, verzog ärgerlich das Gesicht. »Es war nicht genug Zeit, einen eigenen Vorrat anzulegen. Da wir in den kommenden Tagen auf keinem Markt Proviant kaufen können, musste ich mir etwas einfallen lassen. Wenn man nach uns fragt, kann sich so wenigstens niemand an uns erinnern.«

Anna war so müde, dass sie kaum einen klaren Gedanken fassen konnte. Sie verstand nicht, wieso sie das behagliche Leben auf dem Hof bei Herbsleben gegen eine ungewisse Zukunft eintauschen sollte. »Aber warum mussten wir fort von zuhause?«

Gertrudis starrte eine Weile vor sich hin, bevor sie antwortete. »Sie wollte uns verkaufen, dieses dreckige Weibsstück!«

»Aber das kann sie doch nicht!« Entrüstet sprang das Mädchen auf. Dabei rutschte ihr das Tuch von den Schultern und landete auf dem Boden. Ihre Gedanken überschlugen sich. Warum in Gottes Namen würde die Herrin sie und ihre Mutter verkaufen wollen? Durfte sie das überhaupt? Sie waren frei geboren. Außerdem war der Herr ihr Vater. Das hatte sie von den Waschfrauen gehört, die sich darüber unterhalten hatten und nicht ahnten, dass Anna sie belauschte. Kraftlos sank sie in die Knie und hüllte das Tuch wieder um den Körper. »Ich verstehe das alles nicht.«

»Die Herrin wollte uns nicht in der Nähe ihres Mannes. Ich habe gehört, wie sie mit ihrer Magd darüber gesprochen hat, dass sie uns verkaufen will. Seit die alte Herrin gestorben ist, hat sie das Sagen auf dem Hof. Der Herr hätte es nicht verhindern können.« Gedankenverloren griff Gertrudis erneut nach einer Wurst, biss hinein und sah kauend durch die Blätter der Büsche in die Ferne. »Wir gehen zu deinem Oheim und bitten ihn um Hilfe.«

»Nach Diedorf?« Anna hatte viele Geschichten von ihrer Mutter über deren Bruder erzählt bekommen. Sie wusste, dass ihr Oheim in den Süden des Eichsfelds geheiratet hatte. Bevor er mit seiner Braut nach Diedorf zog, sorgte er dafür, dass seine Schwester eine Anstellung auf dem Hof bekam, auf dem Anna wenige Jahre später geboren wurde. »Glaubst du, dass er uns helfen wird?«

Gertrudis zog die Schultern nach oben und ließ sie matt wieder sinken. »Ich hoffe es. Wir können sonst nirgendwo hin. Meine Muhme, die Schwester meiner Mutter, ist eine der Weißfrauen in Mühlhausen. Ich hoffe, dass sie noch lebt und uns für eine Weile versteckt, bevor wir nach Diedorf aufbrechen.«

»Wie weit ist es bis nach Diedorf?« Unruhig zappelnd vertrieb Anna ihre Müdigkeit.

»Hoffentlich weit genug. Und nun schlaf etwas! Es ist noch ein sehr langer Weg, für den wir ausgeruht sein müssen. Ich bleibe den Rest der Nacht wach und passe auf, dass uns hier niemand entdeckt.« Obwohl sie selbst zu Tode erschöpft war, stand ihr Entschluss fest, nicht zu schlafen, bis die Sonne aufging. Dann konnte sie sich mit ihrer Tochter abwechseln und selbst ein wenig ruhen. Sie blickte in den Himmel, betrachtete den Mond und die leuchtenden Sterne und fragte sich, was die Zukunft wohl für sie und Anna bringen würde.

# Kapitel 2 - Abschied

Gertrudis erwachte schlagartig und zu Tode erschreckt, als sie spürte, wie jemand ihr eine Hand auf den Mund presste, ein Arm sich von hinten um ihre Taille schlang und sie auf die Füße zog. Hektisch trat sie um sich und versuchte, sich zu befreien. Aber je mehr sie sich wand und mit den Beinen strampelte, umso fester wurde der Griff. Sie spürte heißen Atem an ihrem rechten Ohr und glaubte, die Würste, die sie kurz zuvor gegessen hatte, jeden Moment wieder erbrechen zu müssen.

»Halt still, dann lasse ich dich los!«

Bevor sie begriff, was der Mann sagte, schoss die Erkenntnis in ihren Kopf, dass sie die Stimme kannte. Im nächsten Moment lockerten sich die Finger, die auf ihrem Mund lagen, sodass sie den Kopf drehen konnte. Aus ihrer Kehle, die vor Schreck so trocken und kratzig war wie ein Reibeisen, drang ein unartikulierter Laut. Ehe sie etwas sagen konnte, deutete der Mann auf die schlafende Anna, bevor er den Finger an seinen Mund legte, um ihr zu bedeuten, dass sie leise sein sollte. Er zog sie mit sich, ein Stück weg von dem Kind.

Hektisch sah sie sich um, ob noch jemand ihnen auf die Spur gekommen war.

»Keine Sorge, ich bin allein. Den Stallknecht, der ja zweifellos in deine Pläne eingeweiht ist, habe ich nach Kleinvargula geschickt, damit er, wenigstens um den Schein zu wahren, dort Erkundigungen über euch einholt«, beantwortete er ihre unausgesprochene Frage. »Obwohl Hans kein Sterbenswort verraten hat, dachte ich mir schon, dass du zu deinem Bruder unterwegs bist, und bin Euren Spuren gefolgt.«

Es dauerte eine Weile, bis Gertrudis einen klaren Gedanken fassen konnte. Ein Blick auf den Stand der Sonne verriet ihr, dass sie kaum eine Stunde geschlafen hatte. Diese Tatsache, die Angst davor, dass man sie aufgriff und die Nähe zu dem Mann, den sie nach all den Jahren immer noch liebte, sorgten dafür, dass sie mit offenem Mund vor ihm stand und kein Wort hervorbringen konnte.

»Was hast du dir dabei gedacht, so mir nichts dir nichts mitten in der Nacht zu verschwinden?« Er griff nach Gertrudis Schultern und schüttelte sie, dass ihre Zähne aufeinander klapperten.

Wütend entwandt sie sich seinem Griff und trat einen Schritt von ihm zurück. »Am besten fragst du das dein Weib!«, zischte sie aufgebracht. An seinem Blick konnte sie erkennen, dass er nicht im Geringsten ahnte, wovon sie sprach. Also erzählte sie ihm, was sie mit angehört hatte. »Ich werde den Teufel tun und mich und meine Tochter für ein Fronbrot an irgendeinen Herrn verkaufen lassen. Wir sind frei geboren!« Gertrudis beobachtet, wie ihr Geliebter sich die Haare raufte, und konnte erkennen, wie er mit den widersprüchlichsten Gefühlen rang. Sie wusste, dass er sie nicht gehen lassen wollte und sich dennoch der unausweichlichen Tatsache stellen musste. Er hätte sich niemals gegen sein Weib aufgelehnt, schon gar nicht wegen einer Magd und ihres Bastards. Auch wenn dieses uneheliche Kind sein eigenes Fleisch und Blut war, so konnte er es niemals vor aller Welt zugeben.

Sie trat wieder einen Schritt auf ihn zu und legte ihm zärtlich die Hand an die Wange. »Du kannst es drehen und wenden, wie du willst, aber am Ende musst du uns gehen lassen.«

Resigniert ließ er die Schultern sinken und nickte.

Gertrudis schnürte es bei seinem Anblick die Kehle zu. Hier war er also, der Abschied, dem sie feige aus dem Weg gegangen war. Sie fühlte, wie Tränen ihre Augen füllten, und schluckte krampfhaft. Dann drehte sie sich zu ihrer immer noch schlafenden Tochter um und ließ ihn stehen. Bevor sie begriff, was geschah, zog er sie zurück, drückte sie an sich und küsste sie stürmisch, während er sich gleichzeitig an den Schnüren seiner Hose zu schaffen machte.
Zuerst war sie zu überrascht, um zu begreifen, was vor sich ging, versuchte sich von ihm zu lösen, wegen des Versprechens, das sie dereinst seiner Mutter gegeben hatte. Im nächsten Moment schoss ihr der Gedanke in den Kopf, dass die Frau tot war und begraben und mit ihr der Schwur, der sie davon abhielt, sich ihrem Geliebten hinzugeben. Diese jähe Erkenntnis fuhr ihr wie ein heißer Blitz in den Bauch. In diesem Moment waren sie frei, ihrem körperlichen Drängen nachzugeben, sich zu berühren, wie sie es all die Jahre ersehnt hatten.
Ehe sie sich versah, lag sie unter ihm, die Röcke nach oben geschlagen, gab sich allen Gefühlen hin, die sie über die Jahre verleugnen musste, spürte das Drängen der Lust in jeder Faser ihres Körpers und dachte an nichts mehr als an den Mann in ihren Armen.
»Mama?«
Als er von seiner Tochter gestört mitten in der Bewegung erstarrte, sah sie mit flehendem Blick zu ihm auf. »Nein, bitte!«
Er verstand. Mit wenigen kräftigen Stößen kam er zum Ende und zog sie mit sich über die Grenzen des Seins.
»Mama, wo bist du?«
Die Panik in der Stimme ihrer Tochter holte sie schneller in die Wirklichkeit zurück, als Gertrudis lieb war. »Bleib, wo du bist! Ich bin gleich bei dir«, brachte sie krächzend hervor. Mit unendlichem

Bedauern sah sie in die blauen Augen ihres Geliebten und seufzte leise.

Er nickte, zog sich rasch aus ihr zurück und kam taumelnd auf die Beine.

Während Gertrudis ihn dabei beobachtete, wie er seine Hose verschnürte, strich sie unachtsam die Röcke über ihre Blöße und versuchte, sich jedes Detail seines Anblicks unwiderruflich ins Gedächtnis zu brennen. Wie sollte sie es nur überleben, auf immer von ihm getrennt zu sein, wenn die wenigen Schritte zwischen ihnen sich wie ein riesiger Abgrund anfühlten? Mit jedem Moment, der verstrich, den er sie nach der hitzigen Vereinigung nicht mehr in den Armen hielt, kroch eisige Kälte unaufhaltsam in ihr Herz und nistete sich dort ein, wie ein Splitter sich ins Fleisch grub. Der Schmerz, den sie dabei empfand, war unbeschreiblich und würde, dessen war sie sich sicher, niemals weichen, solange sie lebte. Sie sah, wie er sich an einem Lederband zu schaffen machte, das er in seinem Nacken zusammengebunden hatte und nun öffnete.

»Hier, gib es Anna, wenn sie alt genug ist, um alles zu verstehen!« Er hielt Gertrudis ein mit roten Steinen besetztes Silberkreuz entgegen, das an dem Lederbändchen befestigt war. »Es gehörte meiner Mutter. Sie wollte, dass ich es einmal der Frau gebe, die ich liebe.« Als er sah, dass sie zögerte, trat er einen Schritt auf sie zu, griff nach ihrer Hand und legte das Schmuckstück hinein, bevor er die Faust darum schloss. »Ich werde nie erleben, wie eine Frau aus ihr wird, aber ich liebe sie. Sie ist von meinem Blut und ich werde das Einzige tun, was ich für sie tun kann, und sie beschützen. Außer mir und dem Stallknecht weiß keine Menschenseele von deinem Bruder. Da weder Hans noch ich etwas verraten werden, wird niemand dort nach dir und Anna suchen.« Ein letztes Mal zog er Gertrudis in eine Umarmung, bevor er sie auf die Stirn küsste und sich abwandte. Sie sah ihm nach, bis er aus ihrem Sichtfeld verschwunden war und wandte sich der Stelle zu, an der ihre Tochter auf sie wartete. Das Mädchen saß in Gertrudis Umhang gehüllt hinter einem Busch und späte mit vor Angst weit aufgerissenen Augen aus ihrem Versteck hervor.

Als Anna sah, dass ihre Mutter unversehrt war, weinte sie vor Erleichterung und zitterte am ganzen Körper. »Ich dachte, man hätte dich erwischt. Es hat sich so angehört, als würdest du mit jemandem kämpfen. Ich hatte schreckliche Angst!«

Gertrudis, wusste, dass sie ihre Tochter in die Arme nehmen sollte, um sie zu trösten, brachte es aber einfach nicht über sich. Zu tief hatte sich der schmerzhafte Verlust ihres Geliebten in ihr Herz gegraben, ein Verlust, der ihr noch bewusster wurde, wenn sie in dem Gesicht Annas die Züge des Mannes wiederfand, den sie über alles liebte. Das Mädchen war das Zeugnis ihrer Schande, mit der sie jeden weiteren Tag auf Gottes Erdboden leben musste. Anna war der Grund, warum dieses Weibsstück sie verkaufen wollte, weil sie irgendwie dahintergekommen war, dass ihr Gatte der Vater des Kindes war. Wahrscheinlich würde jedem die Ähnlichkeit auffallen, wenn er nur gut genug hinsah. »Sie mich nicht an wie ein verwundetes Reh!«, bellte Gertrudis ihre Tochter an. »Es ist nichts passiert. Sie zu, dass du noch etwas schläfst! In der kommenden Nacht will ich so viel Abstand zwischen uns und den Hof bringen, wie irgendwie möglich.« Sie ließ das Mädchen stehen und suchte sich einen Platz inmitten der Büsche, als die Trauer, die sie empfand, sich mit der bleiernen Müdigkeit vereinte, die sie plötzlich erfasste.

***

Als die Dämmerung hereinbrach, weckte Gertrudis ihre Tochter. »Zieh deine Sachen an! Sie sind mittlerweile wieder trocken.« Sie schnürte das Bündel, das ihre Habseligkeiten enthielt, fest zusammen und warf es sich über die Schulter. »Bis morgen früh sollten wir Gottern erreichen. Unser Geld müsste reichen, um uns ein Frühstück und eine Wegzehrung zu kaufen.«

Der schroffe Ton ihrer Mutter erschreckte Anna mehr als die Flucht. Sie fragte sich, was sie falsch gemacht hatte, um deren Ärger auf sich zu ziehen. Gewiss hatte Gertrudis auch sonst kaum freundliche Worte für sie übrig, aber der Blick, der sich förmlich zwischen ihre Schulterblätter bohrte, war an Abscheu nicht zu überbieten. Um ihre Mutter nicht noch mehr zu verärgern, beeilte sie sich und band mit zitternden Fingern ihr Bündel zusammen. Dann folgte sie ihr auf dem schmalen Pfad entlang des Balzerbaches.

Bevor sie jedoch die Quelle erreichten, entfernte sich Gertrudis vom Ufer. Anna, die ihr ganzes Leben nie den väterlichen Hof verlassen hatte und nicht wusste, wie sie sich zurechtfinden sollte, fragte sich, wie sie in der Dunkelheit den Weg finden würden, und bat ihre Mutter, es ihr zu erklären.

Es dauerte einen Moment, bis Gertrudis antwortete. »Der Mond wandert genau wie die Sonne am Tage jede Nacht von Osten nach Westen. Da wir in Richtung Nordwesten laufen, müssen wir darauf achten, den ersten Teil der Nacht den Mond links von uns zu haben und später rechts.«

Erstaunt über das Wissen ihrer Mutter, holte das Mädchen auf, lief neben Gertrudis und versuchte, anhand des Mondstandes selbst den richtigen Weg zu finden. »Woher weißt du das alles?«

»Mein Vater, dein Großvater hat es meinem Bruder und mir beige-

bracht, als ich ungefähr so alt war wie du, vielleicht auch ein wenig jünger.«
Schweigsam lief Anna neben ihrer Mutter her und versuchte, sie sich als Kind vorzustellen. Gertrudis erzählte so gut wie nie Geschichten aus ihrer Kindheit oder von ihren Eltern. Genaugenommen wusste das Mädchen kaum etwas von ihrer Familie. »War Großvater ein Gelehrter?«
Gertrudis blieb abrupt stehen. Seit dem Tod ihres Vaters hatte sie nie wieder ein Wort über ihn verloren, zu groß war die Schande, die er über die Familie gebracht hatte. Dennoch verdiente es Anna, zu erfahren, was damals geschehen war, vor allem, da sie nun im Begriff waren, wieder nach Mühlhausen zurückzukehren, wenn auch nur für wenige Tage. Sie musste verstehen, warum die Leute mit den Fingern auf sie zeigen, sollte man sie erkennen. Sie wägte das Für und Wider gegeneinander ab und setzte sich seufzend wieder in Bewegung. »Also gut. Ich denke, du bist alt genug.« Sie seufzte. »Und hier kann uns weit und breit niemand hören.«
Annas Neugier wuchs mit jedem Schritt, den sie taten. Sie lief aufgeregt neben ihrer Mutter her. Da sie den Mond im Rücken hatten, konnte sie deren Gesicht jedoch nicht erkennen.
»Dein Großvater Anastasius Hiertz war einer der besten Buchmaler im ganzen Land. Von überall her kamen die Menschen, um sich Bücher abschreiben und mit den schönsten Malereien verzieren zu lassen. Ich habe ihm oft dabei zugesehen, wie er selbstvergessen die Farben auf das Papier gebracht hatte, durch dessen Erfindung es sich auch nicht so reiche Menschen leisten konnten, sich ein Buch anfertigen zu lassen. Schon einige Jahre zuvor wurde in Mühlhausen die Zunft der Papiermacher gegründet, was es für meinen Vater einfacher und billiger machte. Das Geschäft ging gut und uns fehlte es an

nichts. In dem Jahr nach der Geburt deines Oheims kaufte er sich eine dieser neuartigen Druckmaschinen, die überall im Reich das Drucken von Büchern und Schriften erlaubten. Deshalb brauchte er die Texte nicht mehr abschreiben, was ihm eine Menge Zeit ersparte, und er konnte sich ganz den Verzierungen seiner Werke widmen. Ich verbrachte viele Tage in seiner Werkstatt. Im Gegensatz zu meinem Bruder war ich mit dem Talent gesegnet, dass mein Vater lieber bei seinem Sohn entdeckt hätte. Die beiden hatten deshalb oft Streit, musst du wissen. Dein Großvater meinte, dein Oheim müsse mehr üben, dann würde er es auch mit weniger Begabung zu einem brauchbaren Buchmaler bringen.« Gertrudis hielt einen Moment inne, bevor sie weitererzählte. »Auch wenn sie stritten, galt am Ende des Tages die Regel meiner Mutter, dass sich bis zum Abendessen alle wieder versöhnt haben mussten. Und das taten sie meistens auch. Vor dem Schlafengehen erzählte uns Vater, was für ein Buch er gerade fertigte. Hauptsächlich interessierte er sich für Astrologie, weshalb er uns vom Mond und den Gestirnen berichten konnte.« Sie sah zu ihrer Tochter, deren Umrisse sich im silbernen Mondlicht vor ihr abzeichnete. »Das dürfte dann deine Frage beantworten, ob mein Vater ein Gelehrter war. Nun, er hat nie eine dieser Universitäten besucht, aber er hat viel gelesen und ist so zu seinem enormen Wissen gelangt. Es war ihm eine Freude, seine Erkenntnisse mit uns zu teilen.«

Gertrudis lächelte bei der Erinnerung an diese glücklichen Tage in ihrer Kindheit. »Doch dann brach das Unglück über uns herein. Ich kann mich noch genau an den Tag entsinnen. Es war am Tage Gregorii, im Jahr des Herrn 1487, als ein gewaltiger Brand in Mühlhausen wütete. Er zerstörte fast die gesamte Stadt. Die Flammen vernichteten die Häuser am Obermarkt, in der Burggasse, dem

Steinweg, der Linsengasse, der Judengasse, der Brückengasse, der Görmargasse …«

Krampfhaft versuchte Gertrudis, den quälenden Laut, der sich in ihrer Kehle bildete, zu unterdrücken. »Es war furchtbar. Wir haben alles verloren, das Haus, die Werkstatt, einfach alles. Selbst die Kleider, die wir am Leibe trugen, waren rußbeschmiert und löchrig. Ein Kerl namens Georg Andreas war der Teufel, der das Feuer gelegt und uns und den anderen Menschen alles genommen hatte. Das Allerschlimmste war aber, dass meine Mutter in der folgenden Nacht zu früh mit dem Kind niederkam, das sie unter dem Herzen trug und wenige Stunden nach ihm starb.«

Anna wagte es nicht, etwas zu sagen, geschweige denn Luft zu holen, als ihre Mutter die Erzählung beendete. Für sie war es unvorstellbar, was die Familie hatte durchleben müssen. Dennoch wollte sie wissen, wie die Geschichte weiterging. Still lief sie neben Gertrudis her und hoffte, dass diese fortfahren würde, wenn sie dazu bereit war, sich erneut den Geistern der Vergangenheit zu stellen. Ob sie ihr von ihrem Vater erzählen würde und aus welchem Grund sie Hals über Kopf den Hof verlassen hatten, auf dem sie geboren worden war? Insgeheim hatte Anna gehofft, dass er sich eines Tages für sie und ihre Mutter entscheiden würde und dass sie die Stellung als Tochter des Großbauern einnehmen würde, die ihr aufgrund ihres Geburtsrechtes zustand. Aber dann war die alte Herrin, ihre Großmutter, gestorben und wenig später zog dieses Ungeheuer ein, das sie und die anderen Bediensteten aufs Schlimmste drangsalierte.

Während sie ihrer Mutter auf dem schmalen Trampelpfad folgte, achtete sie darauf, nicht über Äste zu stolpern oder in Kuhlen zu treten. Es war mühsam, im Dunkeln nicht zu stürzen und die Kleider nicht an einer Dornenhecke aufzureißen, die den Wegesrand säum-

ten. Deshalb versuchte Anna, nicht weiter ihren Gedanken nachzuhängen, sondern darauf achtzugeben, dass sie sich nicht verletzte.
Nach einer gefühlten Ewigkeit blieb Gertrudis stehen und richtete den Blick in die Ferne. »Dort liegt Großengottern. Wir werden hier rasten, bis der Morgen anbricht und der Markt öffnet. So lange ruhen wir uns aus.«
Anna trat neben ihre Mutter und suchte mit den Augen den Horizont ab. In der aufziehenden Dämmerung konnte sie im aufsteigenden Morgennebel das dunkle Relief einer Siedlung ausmachen, in deren Mitte ein Kirchturm spitz in die Höhe ragte. »So weit entfernt von der Heimat bin ich noch nie gewesen«, stellte Anna erstaunt fest.
Lachend warf Gertrudis den Kopf in den Nacken. »Wenn du diesen kurzen Weg als weit bezeichnest, dann wird der Gedanke, dass Menschen in entfernte Länder auf andere Kontinente reisen, deine Vorstellungskraft um einiges übersteigen.«
»Wie kommen sie dort hin und wie lange dauert solch eine Reise in fremde Länder?«, fragte das Mädchen wissbegierig.
Gertrudis war zu müde, um ihre Fragen weiter zu beantworten. »Darüber können wir uns später noch unterhalten. Ich möchte ein wenig schlafen, bevor ich mich um die Einkäufe kümmere.«
Aber das Mädchen gab keine Ruhe. »Hast du keine Angst, dass uns in Gottern jemand entdeckt, wenn wir am helllichten Tag auf dem Markt herumspazieren?«
»Wir werden nicht herumspazieren.« Gertrudis hatte die Worte ›wir‹ und ›herumspazieren‹ so eigenartig betont, dass das Mädchen aufhorchte und fragend zu ihrer Mutter aufblickte.
»Sie suchen nach einer Frau mit ihrer Tochter. Also werde ich allein auf den Markt gehen, während du dich hier versteckt hältst.«

# Kapitel 3 - Muhme

Gertrudis war froh, dass ihr auf dem kleinen Markt in Großengottern keine bekannten Gesichter begegnet waren. Sie war sich sicher, dass die Häscher, die von der Großbäuerin ausgesandt worden waren, die Suche nach ihnen noch immer nicht aufgegeben hatten. Schließlich stellte Anna eine Gefahr für sie und ihre ungeborenen Kinder dar, denn sie war die heranwachsende leibliche Tochter ihres Gatten. Zu viel konnte während einer Schwangerschaft, der Geburt oder im Laufe der Kindheit geschehen, was verhinderte, dass ein leiblicher und ehelicher Nachkomme das Erwachsenenalter erreichte, um das Erbe seines Vaters antreten zu können. Was würde passieren, falls man sich dann an Anna erinnerte? Selbst wenn sie als uneheliche Tochter nicht als Erbin einsetzbar war, so würde man doch durch eine geschickte Heirat die Besitztümer vergrößern können. Dafür waren Frauen zumindest gut genug, auch wenn sie der Bastard ihres Vaters waren.

Aber Gertrudis hatte dies nun alles hinter sich gelassen, wollte weg von der Gefahr, die von dieser Frau ausging, und zwar auf schnellstem Wege. Sie sputete sich, damit sie sich noch einen Moment ausruhen konnte, bevor sie am Abend weiter in Richtung Mühlhausen liefen. Ehe sie in den Büschen verschwand, schaute sie sich noch einmal sorgfältig um, ob ihr jemand folgte. Dann griff sie nach den Zweigen und schob sie vorsichtig zur Seite, um den Dornen zu entgehen. Zufrieden stellte sie fest, dass Anna einen guten Platz für sie ausgesucht hatte. Der Boden zwischen den dichten Sträuchern war moosbedeckt und würde ein weiches Ruhekissen für sie bieten, wenn sie vor der nächsten Etappe ein wenig schlafen wollten. Sie spürte bereits, wie die Müdigkeit den Weg in ihre Knochen fand. Sie fühlten sich an, als bestünden sie aus Brei. Erschöpft ging sie in die Hocke und breitete das Tuch vor ihrer Tochter aus, in dem sie die Wegzehrung aufbewahrte. Ein paar besonders fette Würste hatte die Händlerin in Wachstuch eingewickelt. »Greif zu!«

Anna, deren Magen beim Anblick des Essens laut vernehmlich knurrte, ließ sich kein zweites Mal auffordern, sondern griff nach einem Apfel, dessen rote Schale glänzte. Sie biss beherzt hinein und genoss das süße Fruchtfleisch, das zwischen ihren Zähnen knirschte. Dann sah sie abschätzend zu ihrer Mutter, die sich einen Kanten Brot gegriffen hatte. »Erzählst du mir, wie die Geschichte weiter ging, nachdem der Feuerteufel die halbe Stadt zerstört hat?« Das Mädchen machte sich schon auf einen Tadel gefasst, als sie sah, wie seine Mutter erbleichte. Doch dann zog sie gleichmütig die Schultern nach oben und nickte bedächtig.

»Also gut. Aber nur, solange wir essen. Wir brauchen dringend Schlaf.« Sie nahm einen weiteren Bissen und kaute in aller Ruhe, während sie darüber nachdachte, wie sie beginnen sollte.

»Hat man diesen Andreas bestraft?«, half ihr Anna.

Mit einem Nicken bestätigte Gertrudis die Vermutung ihrer Tochter. »Mit glühenden Zangen die Arme und Beine abgerissen und den Rest dieses Untiers für die Krähen liegenlassen.« Sie schluckte schwer. »Aber das hat uns meine Mutter auch nicht wiedergebracht. Der Zunftmeister der Papiermacher hat Vater mit einem Betrag ausgeholfen, damit er schnellstmöglich wieder sein Handwerk aufnehmen konnte. Da das Haus bis auf die Grundmauern niedergebrannt war, fanden wir bei der Schwester meiner Mutter ein Obdach. Ihr Mann war kurz vor dem Brand verstorben und sie war im Begriff, dem Ruf der Magdalenerinnen im Brückenkloster zu folgen. Vater hat sie davon überzeugt, ihr das Haus zu überlassen und im Gegenzug dafür eine jährliche Spende an das Kloster zu tätigen. Sie wurden sich einig und er richtete sich in einem der hinteren Zimmer eine Werkstatt ein, führte die Geschäfte als Buchmaler fort. Das Geld reichte nicht für eine neue Druckerpresse, aber die Menschen erinnerten sich an seine Begabung. Mein Vater vergrub sich tagsüber in seine Arbeit und am Abend trank er bis zur Besinnungslosigkeit in den Wirtsstuben der Stadt.« Gertrudis schob sich den letzten Bissen des Brotes in den Mund, bevor sie fortfuhr. »Irgendwann trank er nicht mehr nur am Abend. Er soff sich ins Grab, ohne sich darum zu kümmern, was aus mir und meinem Bruder wurde.« Annas Blick klebte an den Lippen ihrer Mutter. »Wie alt warst du, als Großvater starb?«

»Siebzehn. Und nun leg dich hin und schlaf ein wenig!«

»Aber ...«

»Kein aber! Ich habe gesagt, solange wir essen.«

Der Ton in der Stimme ihrer Mutter zeigte Anna, dass diese keinerlei Widerspruch duldete. Obwohl sie den Ausgang der Geschichte gern gehört hätte, fügte sie sich. Die vielen Dinge, die sie erfahren hatte, ließen sie jedoch an Schlaf nicht denken. Also half sie Gertrudis dabei, den Proviant zu verstauen. Dann wickelte sie sich in ihren Umhang und legte sich auf das weiche Moos. Bevor sie einschlief, fuhr sie jedoch in die Höhe. »Du hast mir nicht erzählt, wie der Name meiner Großmutter war.«

Nachdenklich sah Gertrudis ihre Tochter an. »Anna. Du wurdest nach meiner Mutter benannt. Und nun sie zu, dass du endlich schläfst!«, ermahnte sie das neugierige Kind.

***

Noch vor Einbruch der Dunkelheit brachen sie auf. Gertrudis fühlte sich zwar nicht so erholt wie erhofft, aber die paar Stunden Schlaf hatten zumindest ihre bleierne Müdigkeit vertrieben. »Wir laufen in Richtung Altengottern und dann immer am Ufer der Unstrut entlang. Das macht es leichter, den Weg zu finden.« Mit einem Blick sah sie gen Himmel und hoffte, das Wetter würde halten. Dicke dunkle, bedrohlich wirkende Wolken türmten sich über ihren Köpfen. »Verdammt!«

Erschrocken sah Anna zu ihrer Mutter. Noch nie zuvor hatte sie gehört, dass sie fluchte. Dann drehte sie den Kopf in alle Richtungen, um zu sehen, ob ihnen von irgendwoher Gefahr drohte, konnte aber nichts entdecken. »Was ist los? Hast du jemanden entdeckt?«

»Nein. Wie es aussieht, werden wir heute Nacht ein Unwetter bekommen.« Für einen Moment überlegte Gertrudis, ob es nicht besser war, einen Unterschlupf zu suchen. Aber die Angst vor ihrer Entdeckung gewann die Oberhand und sie schüttelte vehement den Kopf. »Wir werden morgen bis auf die Haut durchnässt sein, wenn diese Wolken da die Schleusen über uns öffnen.«

Dem Blick ihrer Mutter folgend, zog sie das Tuch um ihre Schultern enger. Ein schneidender Wind kam auf und sorgte dafür, dass das Mädchen fror. Zwar waren die Tage zu Beginn des Wonnemonds bereits warm, in der Nacht brauchte es aber noch ein Feuer oder eine dicke Decke, um nicht zu frieren. »Sollen wir nicht Schutz suchen, damit wir uns nicht den Tod holen?«

»Ach was, so ein bisschen Regen hat noch nie geschadet«, entgegnete Gertrudis schroff und suchte sich einen Weg zwischen den

Dornenhecken hindurch in Richtung Weg. Nach den Gerüchten, die sie auf dem Markt aufgeschnappt hatte, wollte sie schnellstmöglich in Mühlhausen hinter den Stadtmauern Schutz suchen. Wie es schien, hatte Anna Recht behalten, was diesen Ziegeler betraf. Er hatte in der letzten Woche einen Mühlhäuser Bürger verwundet. Ludwig Sattler, wenn sie es richtig verstanden hatte, forderte beim Rat eine Entschädigung für sein Leid, aber der Verbrecher war entkommen. Sie wollte gar nicht daran denken, was er mit einer schutzlosen Frau und deren Tochter anstellen würde, wenn er auf sie träfe. »Morgen sind wir in der Stadt. Wir werden meine Muhme fragen, ob wir ein paar Tage im Kloster unterkommen können, bis sich die ganze Aufregung gelegt hat.« Sie meinte damit sowohl ihre Flucht als auch die Verbrechen dieses Kerls. Eine Schande, was aus ihm geworden war. Einst ein bekannter Mann und angesehener Baumeister in Mühlhausen wurde er wegen seiner Taten der Stadt auf Lebzeiten verwiesen. Gertrudis wusste nicht, was dazu geführt hatte, dass er verbannt wurde, denn zu dieser Zeit lebte sie schon auf dem Hof bei Herbsleben. Eine solche Strafe wurde jedoch nicht ohne einen schwerwiegenden Grund verhängt. Seither trieb der Mann im Umland sein Unwesen, überfiel arglose Bürger, beraubte und tötet sie. Zuletzt den Sattler, der nur mit Glück mit dem Leben davongekommen war.

»Deine Muhme lebt noch?«, riss Anna sie aus den Gedanken.

»Das werden wir herausfinden müssen.«

In der Vorstellung des Mädchens blitzten Bilder einer alten, über einen Stock gebeugten Frau auf, die keine Zähne mehr im Mund hatte, und deren Kopf mit weißem schütterem Haar bedeckt ist.

»Und sollte der Herr sie zu sich gerufen haben, müssen wir auf die Mildtätigkeit ihrer Schwestern hoffen.« Bevor sie die Worte ausgesprochen hatte, öffnete der Himmel seine Schleusen und wahre Sturzbäche gingen auf sie nieder. Gertrudis zog das Schultertuch über den Kopf und suchte unter einer Eiche Schutz. Leider war das Blätterdach noch nicht dicht genug, um sie vor dem Regen zu schützen.

Anna drückte sich ängstlich an den Baumstamm, während ein Blitz nach dem anderen durch die dunkelgrünen Wolken zuckte, gefolgt von Donnergrollen in der Ferne, das immer näher rückte. Der Wind frischte auf und ließ die Äste um sie herum wilde Tänze vollführen. Der feuchte Rock peitschte um Annas Körper, als unmittelbar neben ihr ein Blitz einschlug und sie von den Beinen riss. Sie fand sich in einem Gebüsch auf dem Rücken liegend wieder und versuchte panisch, die Lungen mit Luft zu füllen. Ihre Mutter hatte sich mit weit aufgerissenen Augen über sie gebeugt. Anna sah, dass deren Mund sich bewegte, verstand aber in dem Getöse um sie herum kein Wort. Ihre Hände fühlten sich taub an, was sie noch mehr erschreckte. Arme legten sich um sie, halfen ihr dabei, sich aufzusetzen. Als sie sich umsah, konnte sie einen entwurzelten Baum erkennen, der auf den Weg gestürzt war. Eingeschüchtert von den Kräften, die hier am Werk waren, drückte sie sich an den Körper ihrer Mutter. Brandgeruch stieg ihr in die Nase, noch bevor sie das Knistern des Feuers hören konnte. Weil ihre Beine sie nicht trugen, kroch sie hektisch auf allen vieren von der Flammenhölle weg, rechtzeitig genug, um der herabfallenden Glut der brennenden Äste zu entkommen. Der eine oder andere Funke fand trotzdem seinen Weg, brannte winzige Löcher in Annas Kleider und versengte ihre Haut. Momente später wurde sie auf die Beine gerissen. Gertrudis zerrte sie unsanft hinter sich her. Der Qualm um sie herum wurde immer dichter, sodass sie bald nicht mehr sehen konnte, wohin sie liefen. Sie hielt sich das nasse Schultertuch vor Mund und Nase, um den beißenden Rauch nicht einatmen zu müssen, und stolperte blindlings hinter ihrer Mutter her. Als sie glaubte, keinen weiteren Schritt mehr gehen zu können, blieb Gertrudis plötzlich stehen, sodass sie beinahe gegen sie geprallt wäre.

»Hier kommen wir nicht weiter.« Eine steinige Anhöhe ragte vor Gertrudis auf. Der Qualm verschluckte jedoch die Spitze, sodass sie deren Ausmaß nicht erahnen konnte. Hinaufklettern war unmöglich, denn das Wetter hatte die Oberfläche der Steine unter ihren Fingern über die Jahrtausende geglättet, sodass sie keinen Halt boten. Ob sie nach links oder rechts ging, würde darüber entscheiden, ob sie in dieser Flammenhölle umkamen. Gehetzt blickte sie hin und her und entschied sich dann für den Weg nach links, ohne zu wissen, wohin er sie führte. Langsam tastete sie sich an der Felsformation entlang und zog Anna hinter sich her.

Sie liefen, so schnell ihre Beine sie trugen, aber die Hitze in ihrem Rücken wurde immer sengender. Mit einem lauten Krachen fiel ihnen ein brennender Baum vor die Füße und sprühte Funken.

Hastig wandte sich Gertrudis um und fand sich von Flammen eingeschlossen. »Wir schaffen es nicht«, hörte Anna ihre Mutter schluchzen. Als das Mädchen erkannte, dass sie recht hatte, schlug sie die Hände vor das Gesicht, sank in sich zusammen und weinte. Sie wollte nicht hinsehen, wie die Flammen sich unaufhaltsam vorwärts fraßen, wollte nicht darin umkommen. Als sie jegliche Hoffnung aufgegeben hatte, trommelten kirschgroße Hagelkörner auf ihren Kopf, sodass sie ihn schützend unter ihren Händen verbarg. So hockte sie eine gefühlte Ewigkeit. Als der Lärm um sie herum einer gespenstischen Stille wich, hob sie ungläubig den Kopf. Der Hagel hatte im Kampf der Elemente obsiegt. Aus den gelöschten

Flammen stieg in der Morgendämmerung zwischen den verkohlten Baumstämmen ein geisterhafter Nebel auf. Sie sah zu ihrer Mutter und konnte nicht fassen, dass sie beide noch lebten. Aber Gertrudis stand vor ihr, durchnässt bis auf die Haut, die Kleider und das Gesicht rußverschmiert. Auch sie schien gerade zu begreifen, dass sie entgegen jeder Erwartung mit heiler Haut davongekommen waren. Ihr Grinsen breitete sich aus, bis es beinahe beide Ohren erreichte. Dann warf sie den Kopf in den Nacken, stieß einen Schrei aus und lachte aus voller Kehle, bevor sie in die Knie ging und ein Zittern ihren ganzen Körper erfasste.

Wenn Anna nicht genau dieselben Empfindungen durchleben würde, könnte sie glauben, dass ihre Mutter den Verstand verloren hätte. Auch ihr war gleichzeitig zum Lachen und zum Weinen zumute. Sie hatten diese Hölle überlebt. Als sie sich einigermaßen gefasst hatte, sah sie sich um. »Wir müssen herausfinden, wo wir sind.«

Nickend erhob sich Gertrudis. »Ja. Ich denke, wir gehen an den Felsen entlang zurück und sehen, wohin uns dieser Weg führt.« Sie wandte sich von dem umgestürzten Baum ab, der ihnen den Weg für ihre Flucht versperrt hatte, und setzte sich in die entgegengesetzte Richtung in Bewegung.

Anna folgte ihr. Ihre Kehle brannte entsetzlich. Sie hatte solch einen Durst, dass sie es kaum beschreiben konnte. Das hohle Gefühl in ihrem Bauch erinnerte sie daran, dass ihre letzte Mahlzeit auch schon eine Weile her war. Auf ihrer Flucht durch die Flammen hatten sie jedoch ihre Wegzehrung verloren und würden sich Neue kaufen müssen.

Bei Sonnenaufgang konnten sie zumindest die Richtung einschlagen, in der sie die Stadt vermuteten. Sie fror in ihrer durchnässten Kleidung und hoffte, dass die Sonne bald genug Kraft hatte, die Kälte aus ihren Knochen zu vertreiben. Obwohl sie müde war, setzte sie einen Fuß vor den anderen und achtete darauf, dass sie auf dem aufgeweichten Boden nicht ausrutschte. Als sie das nächste Mal aufblickte, konnte sie in der Ferne die Spitzen mehrerer Kirchtürme in einer von Mauern umringten Stadt ausmachen. Das musste Mühlhausen sein.

# Kapitel 4 - Zuflucht

Nachdem Gertrudis an die Pforte des Brückenklosters geklopft hatte, nahm sie die Faust herunter und war kaum noch in der Lage, die eiskalten Finger wieder zu strecken. Weil sie es nicht vor Einbruch der Dunkelheit nach Mühlhausen geschafft hatten, mussten sie in der Kälte vor den Stadttoren ausharren. Ihre Kleider und Umhänge waren am Tag nicht vollständig getrocknet, was dazu geführt hatte, dass sie die ganze Nacht über jämmerlich froren. Sie hatten zitternd vor den Stadttoren verharrt, denn der Torwächter zeigte kein Erbarmen, diese für zwei arme Seelen zu öffnen.

Als bei Tagesanbruch das Fallgitter nach oben gezogen worden waren, konnte Gertrudis ihre steifen Glieder nicht mehr bewegen. Sie brauchte eine gefühlte Ewigkeit, bis sie endlich in der Lage war, aufzustehen. Nachdem sie das Görmartor passiert hatten, machten sie sich auf den Weg zum Brückenkloster.

Obwohl die junge Frau auf dem schnellsten Wege dorthin gelangen wollte, kam sie nicht umhin, die vielen Veränderungen zu bewundern, die über die fünfzehn Jahre seit ihrem Weggang vonstattengegangen waren. Die meisten der Häuser waren in die Höhe gewachsen, das Fachwerk frisch gestrichen, die Gefache weiß getüncht. An der Kilianikirche zeugte ein Holzgerüst von den Baumaßnahmen, die dort erfolgten.

Ständig darauf bedacht, nicht in den Unrat auf der Straße zu treten, bahnte Gertrudis sich ihren Weg, den Steinweg hinauf, vorbei an

St. Peter und Paul, dem Dominikanerkloster in Mühlhausen. Lange bevor sie geboren worden war, soll hier eine Burg gestanden haben, die mitsamt ihrer Kapelle von den Menschen der Stadt zerstört wurde. Ihr Vater hatte ihr einst erzählt, dass die Bürger als Sühne für die Zerstörung des Gotteshauses die Allerheiligenkirche auf der anderen Seite des Steinwegs, gegenüber des Klosters erbaut hatten.

Gertrudis schnaubte. Wenn es eines in Mühlhausen zur Genüge gab, dann waren es Kirchen. So sollte man doch meinen, dass die Menschen, die hier lebten, wahre Christenseelen wären. Aber sie hatten kein Erbarmen gezeigt, als sie an das Stadttor geklopft und Einlass für sich und ihre Tochter erbeten hatte, dachte sie verbittert.

»Wann sind wir endlich da?« Anna taten die Füße furchtbar weh.

Gertrudis drehte sich zu ihrer Tochter um und betrachtete sie nicht ohne Mitgefühl. »Es ist nicht mehr weit, nur noch ein kleines Stück den Steinweg hinauf und dann um die Ecke. Wir haben es gleich geschafft.«

»Was machen wir, wenn deine Muhme nicht mehr lebt? Glaubst du, dass die Weißfrauen uns trotzdem helfen?«

Die Frau zuckte mit den Schultern. »Wir werden sehen.« Dann lief sie weiter und betete insgeheim, dass die Frage ihrer Tochter keine Antworten heraufbeschwor, die sie nicht hören wollte. Es war lange her, als ihre Muhme den Schleier genommen hatte. Auch damals war sie schon nicht mehr jung gewesen. Gertrudis Mutter war das letzte von zehn Geschwistern. Deren Schwester war als Zweitgeborene beinahe zwanzig Jahre älter als sie und bereits verheiratet, als das jüngste Kind geboren wurde. Als Gertrudis im Kopf nachrechnete, kam sie selbst zu dem Schluss, dass es unwahrscheinlich war, ihre Muhme noch lebend anzutreffen. Sie musste um die fünfundsechzig Jahre alt sein, eine Greisin.

Vor der Pforte angekommen, holte Gertrudis tief Luft, schickte ein Stoßgebet gen Himmel und griff nach dem Klopfeisen.
Es dauerte sehr lange, bis die Tür geöffnet wurde. Eine junge Nonne lächelte sie freundlich an. »Der Herr sei mit dir! Was führt dich zu so früher Morgenstunde her, mein Kind?«
Stirnrunzelnd und nicht ohne Belustigung betrachtete Gertrudis die Nonne, die offensichtlich jünger war als sie. »Mein Kind?«
Das Strahlen auf dem Gesicht der Ordensfrau verstärkte sich noch. »Sind wir nicht alle Kinder Gottes?«
»Dem kann ich nicht widersprechen.« Trotz der Entbehrungen der letzten Tage stahl sich auf Gertrudis Gesicht ebenfalls ein Lächeln. »Wie dem auch sei, ich suche meine Muhme.«
Unverständnis zeichnete sich in der Miene der Nonne ab. »Und wie kann ich euch dabei helfen?«
»Sie ist vor beinahe zwanzig Jahren in diesen Orden eingetreten.«
Die Weißfrau trat einen Schritt zurück und öffnete einladend die schwere Tür. »Kommt herein! Ihr seht völlig erfroren aus.« Sie sah Anna fest in die Augen. »Gewiss wird ein Becher mit warmer Milch helfen.« Die Nonne wartete, bis die beiden eingetreten waren, und schloss die Pforte hinter ihnen. Dann lief sie voran und bedeutete ihnen, ihr zu folgen.
Das Refektorium glich einem Bienenstock, in dem unzählige Weißfrauen den Bienen gleich den verschiedensten Beschäftigungen nachgingen. Geschäftige Hände deckten Tische ein, verteilten Brot und Käse, gossen Milch in Becher, aus denen heißer Dampf aufstieg, reinigten benutztes Geschirr und die Böden. Jede von ihnen war auf ihre Aufgabe konzentriert, sodass sie das Eintreten der Neuankömmlinge nicht mitbekamen oder sich nicht daran störten. Die Weißfrau, die sie hierhergeführt hatte, wies ihnen

Plätze zu. »Greift zu! Lasst es Euch schmecken!« Sie selbst ließ sich neben Anna nieder und senkte den Kopf über ihren gefalteten Händen zum Gebet. Als sie danach nach einem Kanten Brot griff, beobachtete sie aus dem Augenwinkel, wie die junge Mutter sich zaghaft im Refektorium umsah. »Wie heißt denn deine Verwandte?«

Gertrudis Gesicht hellte sich auf bei der Frage. »Oh, ihr Name ist Elisabeth Koch.«

»Nein, nicht ihr weltlicher Name, sondern der, den sie gewählt hat, nachdem sie den Schleier genommen hatte.« Die Weißfrau lächelte milde und konnte am erstaunten Blick ihres Gegenübers erkennen, dass es mit dieser Frage nicht gerechnet hatte.

Stirnrunzelnd wandte Gertrudis den Blick ab, betrachtete das riesige Holzkreuz neben dem Eingang und dachte angestrengt nach. »Maria, glaube ich.«

Jetzt wurde das Lächeln der Nonne breiter. »Nun, Maria heißt hier fast jede meiner Schwestern. Mein Name lautet Maria Coelestina, nach der Mutter Gottes und der Heiligen Coelestina.«

»In der Tat weiß ich es nicht«, bedauerte Gertrudis. »Es ist schon so lange her, seit sie dem Schwesternorden beigetreten ist. Ich war ja selbst noch fast ein Kind.«

»Dann lass mich bei der Äbtissin nachfragen, ob wir in unserem Ordensbuch nach den Aufzeichnungen schauen können. Weißt du denn ungefähr, in welchem Jahr sie den Schleier genommen hat?«, wollte die Weißfrau wissen.

Wie sollte Gertrudis das je vergessen? »Es war das Jahr des großen Brandes anno 1487.« Das Feuer hatte ihnen alles genommen, ihre Mutter war gestorben und hatte sie mit ihrem Vater und Bruder allein und mittellos zurückgelassen.

Die Weißfrau erahnte an den Schatten, die über das Gesicht der Frau huschten, dass damals etwas Furchtbares geschehen sein musste. »Es tut mir sehr leid. Ich wollte keine Wunden wiederaufreißen.«
Gertrudis schüttelte heftig mit dem Kopf. »Oh nein! Mach dir keine Gedanken.« Obwohl der Brand mehr als zwanzig Jahre zurücklag, wurde sie den einen oder anderen Tag von den Geistern der Vergangenheit heimgesucht. Dann tauchten die Gesichter ihrer Mutter oder des Vaters so klar vor ihrem geistigen Auge auf, dass es sie beinahe erschreckte. »Es ist so lange her.«
Jetzt lächelte Maria Coelestina wieder. »Nach dem Morgenmahl werde ich zur Äbtissin gehen und die Aufzeichnungen prüfen. Bis dahin langt bitte kräftig zu.« Ein Blick auf Anna vertiefte deren Lächeln. »Deine Tochter sieht so aus, als würde sie jeden Moment über ihrem Teller einschlafen. Ich kann euch beiden für die kommende Nacht gewiss eine Kammer bereitstellen, es sei denn, ihr wollt nach dem Essen gleich wieder aufbrechen.«
Der Vorschlag der Ordensfrau sorgte dafür, dass die Anspannung in Gertrudis schlagartig nachließ. Erschöpft ließ sie die Schultern nach unten sinken und fühlte sich so müde, wie schon seit langem nicht mehr. Die Aussicht, die folgende Nacht in einem Bett verbringen zu können, trieb ihr die Tränen in die Augen und versöhnte sie für den Moment mit den abgründigen Gedanken, die sie wegen des Torwächters und der ach so frommen Bürger der Stadt hegte. »Ich danke dir. Wir sind wahrlich am Ende unserer Kräfte.« Als sie sich wieder ihrer Tochter zuwandte, lag deren Kopf bereits auf ihren Arm gebettet neben dem Teller und sie schlief.

***

Gertrudis erwachte, als jemand leise an die Tür zu der Kammer klopfte, in der sie und Anna untergebracht waren. Kurze Zeit später wurde sie einen Spalt geöffnet und ein schleierbedeckter Kopf schob sich hindurch.

»Ich habe gute Nachrichten für Dich«, flüsterte Maria Coelestina mit einem verständnisvollen Blick auf die immer noch schlafende Anna. »Maria Gabriela, deine Muhme, ist eine unserer ältesten und tüchtigsten Schwestern. Sie pflegt die Kranken im Margaretenhospital und wird von der Äbtissin benachrichtigt, sobald sie ins Kloster zurückkehrt.«

Froh über die Nachricht, dass ihr Muhme noch lebte, ließ sich Gertrudis zurück auf das Bett sinken. Als sie sich zu Anna umdrehte, stellte sie fest, dass sie sich nicht einen Zoll bewegt hatte und immer noch schlief.

Maria Coelestina trat stirnrunzelnd in Richtung des Bettes, denn sie wunderte sich ebenso, dass das Kind nicht wach wurde. »Deine Tochter scheint ja wirklich erschöpft zu sein. Bist du sicher, dass alles mit ihr in Ordnung ist?«

Alarmiert rutschte Gertrudis näher an Anna heran und tastete nach deren Stirn. »Oh mein Gott, sie glüht ja!«

»Lass mich mal sehen!« Mit wenigen Schritten war die Magdalenerin bei dem Kind und untersuchte es mit kundigen Händen. Das Mädchen drehte sich mittlerweile unruhig hin und her. »Du hast recht. Sie hat hohes Fieber. Sicher hat ihr die Kälte die Säfte ins Ungleichgewicht gebracht.«

»Daran ist nur dieser verdammte Torwächter schuld!« Ungehalten hieb sie mit der geballten Faust in die Luft.

»Fluchen hilft deiner Tochter nicht«, wies Maria Coelestina Gertrudis zurecht. »Wir müssen sehen, dass wir das Fieber senken und nach dem Medikus schicken, damit er sie gründlich untersucht und zur Ader lässt.«

»Aber das kann ich nicht bezahlen!«

»Keine Sorge. Der Arzt hat eine Übereinkunft mit unserem Orden. Wir pflegen seine Patienten, wenn wir gebraucht werden, dafür können wir ihn rufen, falls es nötig ist.«

»Verzeihung, ich wollte nicht Fluchen.« Im Grunde genommen gab Gertrudis sich selbst die Schuld an der Krankheit ihrer Tochter. Sie war es gewesen, die Anna bei Nacht und Nebel aus ihrem Zuhause gerissen hatte. Wegen ihr hatte das Mädchen frieren müssen und lag nun hier, auf den Tod erkrankt, auf die Barmherzigkeit der Weißfrauen angewiesen.

Bei der Entschuldigung kehrte das Lächeln in das Gesicht der Ordensschwester zurück. »Schon gut. Du hast Angst um dein Kind. Ich werde im Cellerar einen Weidenrindentee zubereiten und nach dem Arzt schicken.« Mit einem letzten Blick auf das Kind erhob sie sich und verließ die Kammer so leise, wie sie gekommen war.

Gertrudis sah ihr nach, bis die Tür ins Schloss fiel. Dann erhob sie sich und lief im Zimmer hin und her, um ihren unruhigen Geist zu besänftigen. Sie nahm nicht an, dass jemand hier im Brückenkloster nach ihnen suchen würde. Dennoch war sie besorgt, dass die Ankunft einer Frau mit ihrer Tochter sich wie ein Lauffeuer in der Stadt und über deren Grenzen hinaus herumsprechen würde. Das könnte zu einem Problem werden. Aber darüber würde sie sich später den Kopf zerbrechen. Erst einmal musste Anna gesund werden. Wenn es stimmte, was die Weißfrau sagte, dass ihre Muhme einer der besten Pflegerinnen im Orden der Magdalenerinnen war, dann würde sie alle Hoffnung auf deren Heilkünste setzen. Bei dem Gedanken an die Schwester ihrer Mutter verspürte sie einen Stich in der Brust. Gertrudis betete dafür, dass ihre Muhme ihr keine Vorwürfe machen würde, dass sie ein uneheliches Kind geboren hatte. Jeden Tag mit dieser Schande zu leben war eine Sache, aber es vor der Verwandten laut auszusprechen und die Enttäuschung in deren Augen abzulesen, war eine andere. Aber was nützte es, darüber zu sinnieren? Es war nun einmal, wie es war. Trotzig redete sie sich ein, dass es ihr gleich sein würde, wie ihre Muhme reagierte, und dass ihr die Meinung der alten Frau vollkommen egal war.

Gemurmel riss sie aus ihren Gedanken. Anna wandte sich im Fieber und raunte unverständliche Worte vor sich hin. Mit wenigen Schritten war sie bei ihr und legte die Hand auf ihre Wange. Das Fieber musste noch weiter gestiegen sein. Die Haut unter ihren Fingern war so heiß und trocken, dass Gertrudis erschrak. Sie wünschte, irgendetwas tun zu können, wusste aber nicht was. Umso erleichterter war sie, als Maria Coelestina mit einer Kanne dampfender Flüssigkeit zurückkehrte, in der sie den fiebersenkenden Tee vermutete.

»Wie geht es ihr?«

»Schlechter, fürchte ich. Sie redet wirr.«

»Nun dann sollten wir keine Zeit verlieren. Der Weidenrindentee muss noch etwas ziehen. Wenn er so weit abgekühlt ist, dass man ihn trinken kann, dann kannst du ihr ihn löffelweise verabreichen. Ich hole in der Zwischenzeit kaltes Wasser und Tücher, damit wir ihr Wickel machen können.«

Erleichtert, endlich etwas tun zu können, machte sich Gertrudis ans Werk. Sie zog den schlaffen Oberkörper auf den Schoß und redete sanft auf ihre Tochter ein. »Du musst das hier trinken, damit du wieder gesund wirst.« Vorsichtig hielt sie den Löffel an Annas Lippen, aber sie wandte sich im Griff ihrer Mutter, sodass der Tee über das Kinn an ihrem Hals herunterlief. Auch die nächsten Versuche schlugen fehl. Mit verzweifelter Wut schüttelte Gertrudis das Kind, damit es aufwachte und den Tee trinken konnte, was dazu führte, dass sie noch unruhiger wurde, und mit den Armen um sich schlug. »Hör auf damit! Hörst du mich Anna, lass das!« Der Löffel flog in hohem Bogen durch die Luft und landete scheppernd auf dem Boden neben der Tür, die sich im selben Moment öffnete.

»Was ist denn hier los?«

Entsetzt starrte Gertrudis auf die alte Frau, die sich bückte und den Löffel aufhob. Die hochgewachsene spindeldürre Ordensschwester bewegte sich mit einer Geschwindigkeit, die man einer Dame dieses Alters nicht zutraute. Tiefe Falten durchzogen deren Gesicht wie Furchen die Rinde eines Baums. Am erstaunlichsten war jedoch der durchdringende Blick aus grauen Augen, die Gertrudis abschätzend musterten, und eine Erinnerung an längst vergessene Tage in Gertrudis wachriefen. Es waren die Augen ihrer Mutter im Gesicht einer alten Frau. »Sie nimmt mir den Tee nicht ab und schlägt wild um sich«, beantwortet Gertrudis die Frage ihrer Muhme.

Schnell durchschritt Elisabeth Koch oder Schwester Maria Gabriela, wie sie sich seit dem Eintritt in den Orden der Magdalenerinnen nannte, den Raum. »Lass mich mal sehen!« Mit geschickten Fingern untersuchte sie das fiebernde Kind. »Versuchen wir es nochmal. Leg die Arme um sie und halte sie fest!« Sie presste Daumen und Zeigefinger in Annas Wangen direkt neben dem Mund und drückte so deren Kiefer auseinander, sodass sich die Lippen einen Spalt weit öffneten. Dann schob sie geduldig Löffel für Löffel zwischen die Zähne und verabreichte ihr den heilenden Sud. Als das Mädchen eine zufriedenstellende Menge des Tees getrunken hatte, legte sie den Löffel zur Seite. »Jetzt sollten wir sie ausziehen. Maria Coelestina wird gleich mit dem kalten Wasser hier sein.«

Gemeinsam schälten sie Anna aus ihren Kleidern und betteten sie in die Kissen.

»Sie ist ein hübsches Kind. Sie ähnelt dir nicht im Geringsten,« stellte Maria Gabriela unverblümt fest.

Da war er, der Moment, den Gertrudis gefürchtet hatte. Sie straffte die Schultern und sah ihrer Muhme direkt in die Augen. »Sie ist das Abbild ihres Vaters.«

»Wo ist der Mann?«

»Auf seinem Hof, bei seinem Weib.« Wenn die Frau überrascht war, so sah man ihr das nicht an. Gertrudis erkannte keinerlei Regung auf dem Gesicht ihrer Muhme. »Anna wurde geboren, bevor er die Frau geheiratet hat«, versuchte sie sich an einer Erklärung.

»Es ist nicht an mir, über dich zu richten«, entgegnete Maria Gabriela sanft. »Ist sie der Grund, warum du fort bist von dem Hof bei Herbsleben?«

Wortlos nickte Gertrudis, während Tränen über deren Wangen liefen. »Das Weib hat in Anna den Spross ihres Gatten erkannt und wollte uns verkaufen. Deswegen bin ich fortgelaufen.«

Verständnisvoll strich die Weißfrau ihrer Nichte über die Wange und lächelte sie an. »Ich verstehe.« Kurze Zeit später seufzte sie. »Mein Gott, du siehst deiner Mutter so ähnlich.«

# Kapitel 5 - Heilung

Zwei Wochen lang fieberte Anna, zwei Wochen der aufopferungsvollen Pflege, des Hoffens und Banges vergingen, bis das Mädchen endlich das erste Mal wieder seine Augen aufschlug. Sie war abgemagert, jeder einzelne Knochen zeichnete sich unter der bleichen gespannten Haut ab. Weitere vier Wochen hatte es gedauert, bis das Mädchen so weit zu Kräften gekommen war, dass es das Bett verlassen konnte.

Maria Gabriela hatte einen Narren an Anna gefressen. Neben ihren täglichen Aufgaben bei der Pflege der Kranken im Margaretenhospital verbrachte sie jeden freien Moment am Krankenbett des Kindes. In der übrigen Zeit kümmerte sich Gertrudis aufopferungsvoll um ihre Tochter.

Die alte Frau beobachtete ihre Nichte, die dem schlafenden Kind die langen weizenblonden Haare kämmte, aus dem Augenwinkel. Die dunklen Augenringe, die hohlen Wangen und die zusammengekniffenen Lippen zeugten von der Erschöpfung der jungen Frau.

»Du solltest dich etwas ausruhen. Du siehst aus, als würdest du jeden Moment umfallen.«

»Es wird schon gehen.« Unbeirrt ließ sie wieder und wieder den Holzkamm durch die blonde Haarpracht ihrer Tochter fahren, fest entschlossen, alle Knoten zu entwirren.

»Nun, du musst es ja wissen. Dennoch, ein wenig Schlaf würde dir sicher guttun. Wann hast du das letzte Mal mehr als zwei oder drei Stunden am Stück geschlafen?«

Mit einem schiefen Lächeln wandte Gertrudis sich um. »Das ist in der Tat schon eine Weile her.« Ihre Miene wurde wieder ernst. »Dennoch, ich bin ihre Mutter. Es ist meine Pflicht, mich um sie zu kümmern.«

»Dem werde ich nicht widersprechen. Aber für den Moment wirst du sie mir überlassen müssen, denn die Äbtissin möchte mit dir sprechen.« Schwester Maria Gabriela hielt ihr auffordernd die Hand entgegen.

Seufzend reichte Gertrudis ihrer Muhme den Kamm. »Hast du eine Ahnung, was sie von mir will? Möchte sie, dass wir gehen, jetzt, da Anna so gut wie wieder gesund ist?«

»Nun, das wirst du sie fragen müssen.« Die alte Frau tauschte den Platz mit ihrer Nichte. »Sie wartet auf dich in ihrer Kammer, im Dormitorium die letzte Tür links.«

Nachdem Gertrudis sich kaltes Wasser ins Gesicht gespritzt hatte, fühlte sie sich etwas wacher. Mit weichen Knien, ob nun vor Angst oder vor Erschöpfung, machte sie sich auf den Weg zur Kammer der Äbtissin. Sie ließ das Infirmarium hinter sich, lief vorbei am Refektorium und Kapitelsaal und fand sich kurz darauf im Dormitorium, dem Bereich des Klosters, in dem sich die Schlafräume der Schwestern befanden, wieder. Alles in dem Klostergebäude folgte einer Ordnung, welche den absoluten Widerspruch zu dem Chaos der Gedanken der jungen Frau darstellte und eine unerklärlich beruhigende Wirkung auf sie besaß. Bevor Gertrudis weiter darüber nachdenken konnte, stand sie vor der Kammer der Äbtissin. Sie nahm einen tiefen Atemzug und klopfte an die Tür, bevor sie wieder ausatmete. Der Aufforderung aus dem Inneren der Kammer folgend trat sie ein. Die Oberin saß an einem großen Eichentisch, auf dem sich Papierrollen und Bücher stapelten. Sie hielt einen

Federkiel in der Hand, dessen Spitze mit Tinte getränkt war, und musterte ihren Besuch. »Tritt näher, mein Kind!« Als sie die Worte sprach, legte sie das Schreibwerkzeug zur Seite und erhob sich von ihrem Stuhl.

Gertrudis ging noch einen weiteren Schritt auf sie zu, bevor sie den Kopf vor der Frau, die etwa mittleren Alters sein musste, beugte. »Ihr wolltet mich sprechen?«

»In der Tat. Setz dich doch zu mir.« Sie wies auf einen Schemel, der rechts neben dem Tisch stand, der den meisten Platz im Raum einnahm.

Dankend folgte Gertrudis der Einladung und ließ sich auf dem dreifüßigen Hocker nieder. Dabei sah sie sich in der Kammer um, die kleiner war, als sie erwartet hatte.

Die Äbtissin musste ihr die Gedanken an der Nasenspitze abgelesen haben. Lächelnd nahm auch sie Platz. »Nicht ganz so groß, wie du dir ausgemalt hattest?« Sie klappte das in braunes Leder gebundene Buch zu, das vor ihr lag, und blickte ihr abschätzend in die Augen.

Kopfschüttelnd erwiderte Gertrudis das Lächeln. »In Anbetracht Eurer Position ...« Sie beendete den Satz nicht.

»Wir haben alle ein Gelübde abgelegt, als wir den Schleier nahmen. Dies beinhaltete unter anderem, auf jegliche irdische Besitztümer zu verzichten.« Sie grinste schelmisch. »Den einzigen Wohlstand, den ich mir erlaube, sind meine Bücher. Wie mir zu Ohren gekommen ist, war dein Vater ein bekannter Buchmaler in der Stadt. Es würde mich nicht wundern, wenn der eine oder andere der Folianten seine Handschrift trägt.«

Gertrudis nickte zur Bestätigung, ahnte jedoch immer noch nicht, worauf die Äbtissin hinauswollte.

»Bis du mit der Kunst der Buchmalerei vertraut, mein Kind? Schwester Gabriela sagte, du hättest viel Zeit in der Werkstatt deines Vaters verbracht, bevor er starb.«

Bei dem Gedanken an die Vergangenheit bildete sich ein Kloß im Hals der jungen Frau. Sie musste mehrmals schlucken, bevor sie antworten konnte. »Es stimmt, was meine Muhme sagt. Aber es ist lange her, dass ich eine Feder in der Hand gehalten habe, so lange, dass es schon gar nicht mehr wahr zu sein scheint.«

Die Äbtissin warf ihr einen verständnisvollen Blick zu, bevor sie erneut sprach. »Maria Gabriela erzählte mir auch, dass du mit deiner Tochter in Diedorf bei deinem Bruder Obdach suchen willst, wenn sie wieder vollständig bei Kräften ist.«

Stirnrunzelnd dachte Gertrudis darüber nach, weshalb die Frau so an ihrer Geschichte interessiert war. »Ehrlich gesagt, verstehe ich nicht …«

»Worauf ich hinauswill?« Das breite Lächeln ließ das Gesicht der Äbtissin erstrahlen. »Wie solltest du auch? Du kannst ja keine Gedanken lesen. Wenn dem so wäre, würde ich dir das Angebot nicht machen.«

Nun war Gertrudis vollkommen durcheinander. »Angebot?«

Die Oberin erhob sich, umrundete ihren Tisch, lief zu dem Holzkreuz, das an der Wand über der Bettstatt hing, bekreuzigte sich und drehte sich zu ihrem Besuch um. »Unser Orden ist ein Pflegeorden. Aber nicht jeder der Schwestern ist es von Gott gegeben, diese Arbeit zu verrichten.«

Das konnte Gertrudis bestätigen. Das eigene Kind zu pflegen, war eine Selbstverständlichkeit, aber fremden Menschen diese Hilfe angedeihen zu lassen, eine völlig andere. Dennoch verstand sie nicht, worauf die Äbtissin hinauswollte. Gewiss, ein jeder hier hatte seine

Bestimmung, nahm seinen Platz ein, damit das Leben im Kloster reibungslos funktionierte. Es war nicht nötig, sich Gedanken über die Zukunft zu machen, denn der Weg für die Ordensschwestern war klar. Sie standen morgens auf, nahmen ein kurzes Morgenmahl zu sich, gingen tagsüber den Aufgaben nach, denen sie sich verpflichtet fühlten, fanden sich nach dem Abendmahl zum gemeinsamen Gebet und betteten ihre müden Häupter nachts zum Schlaf. Das war es, was Gertrudis in den letzten Wochen beobachtet hatte, was ihr dabei geholfen hatte, sich ganz der Pflege ihrer Tochter zu widmen.

»Ich bin äußerst dankbar, dass ich hierbleiben durfte. Ohne Eure Hilfe wäre Anna mit Sicherheit gestorben.«

Verständnisvoll lächelnd trat die Äbtissin auf Gertrudis zu, legte die Hand auf deren Schulter und blickte auf sie hinunter. »Ich möchte dir eine Möglichkeit offenbaren, eine Alternative zu dem Leben auf dem Hof deines Bruders.« Sie wartete einen Moment, bevor sie fortfuhr. »Neben der Pflege der Kranken, den Pflichten im Cellerar, im Garten oder auf den Weiden, betreiben wir eine kleine Schreibstube. Hauptsächlich helfen wir Handwerkern, die des Schreibens nicht mächtig sind, ihre Rechnungen auf Papier zu bringen, ihren Nachlass zu regeln oder derlei Dinge. Hin und wieder werden wir auch von betuchteren Bürgern gebeten, Dokumente für sie aufzusetzen.«

»Ihr möchtet, dass ich den Schleier nehme?« Die Überraschung stand Gertrudis ins Gesicht geschrieben, als sie die Worte aussprach.

»Ich möchte, dass du darüber nachdenkst. Du könntest Schwester Maria Ursula helfen. Sie ist alt und vom Rheumatismus geplagt. Ihre Finger sind so missgestaltet, dass sie ohne Schmerzen kaum noch einen Federkiel benutzen kann.«

Die Gedanken in Gertrudis Kopf überschlugen sich. Konnte sie sich vorstellen, den Rest ihres Lebens hier zu verbringen? Sich Gott verschreiben? Würde sie enthaltsam sein können? »Was ist mit meiner Tochter?«, war die einzige der Fragen, die sie laut aussprach.

»Sie ist zu jung, um eine solche Entscheidung zu treffen.« Die Äbtissin begab sich zurück auf den Stuhl hinter dem Schreibtisch und nahm ihren Platz wieder ein. »Deine Tochter könnte sich im Garten nützlich machen oder beim Zubereiten der Mahlzeiten helfen. Wenn sie alt genug ist, um die Ehe einzugehen, kann sie wählen zwischen dem Allmächtigen oder einem seiner irdischen Abbilder.«

Gertrudis horchte auf, als die Äbtissin die letzten Worte sprach, als würde sie beinahe daran ersticken. Was musste der Frau widerfahren sein, dass solch einen Hass auf die Männer hervorbrachte? »Ich muss es mir durch den Kopf gehen lassen.«

»Selbstverständlich, mein Kind. Es ist eine lebensverändernde Entscheidung. So viel kann ich dir versichern, ich habe sie zu keinem Zeitpunkt bereut.«

Gertrudis erhob sich. »Ich danke Euch für das Angebot.« Nachdem sie sich verabschiedet hatte, durchschritt sie die Kammer und griff nach dem Türriegel. Einer plötzlichen Eingebung folgend, drehte sie sich noch einmal um. »Meint Ihr, ich könnte Schwester Maria Ursula in der Schreibstube besuchen?«

»Das ist ohne jeden Zweifel eine hervorragende Idee!«

***

»Was hältst du davon?« Gertrudis musterte das Gesicht ihrer Tochter.

»Dann würden wir also nicht zu deinem Bruder nach Diedorf gehen?«

War es Enttäuschung, die in Annas Stimme mitschwang? »Es ist nur eine Möglichkeit, eine sehr verlockende, das muss ich zugeben.« Unruhig rutschte das Mädchen auf dem Bett umher und versank in den eigenen Gedanken, bevor sie sich wieder ihrer Mutter zuwandte. »Muss ich dann eine Nonne werden?«

»Das ist eine Entscheidung, die du später treffen könntest. Niemand würde dich zwingen. Genauso gut wäre es möglich, dass du einmal einen Mann findest, den du liebst, einen der um dich wirbt und dich heiraten möchte.« Bei dem Gedanken an ihre Tochter als Braut musste Gertrudis lächeln. Wie oft hatte sie selbst sich in ihren Kleinmädchenträumen vorgestellt, dass sie mit Blumen geschmückt in einem wundervollen Kleid mit einem Mann vor den Altar trat. Seufzend strich sie Anna eine Haarsträhne hinter das Ohr. »Ich werde keinesfalls einen anderen Mann so sehr lieben wie deinen Vater. Doch er ist für mich unerreichbar, weshalb mich der Gedanke nicht erschreckt, niemals zu heiraten.«

Eine Zornesfalte trat zwischen die Augenbrauen des Mädchens. »Wenn er dich geliebt hätte, ... uns, warum hat er dann diese Frau auf den Hof geholt?«

»Weil er musste.« Gertrudis schluckte. »Es war seine Pflicht. Er muss seine Linie fortsetzen, Erben zeugen.«

Zornesröte stieg Anna den Hals hinauf und brannte auf den Wangen. »Er hat mich!«

Wütend griff Gertrudis die Schultern ihrer Tochter und schüttelte sie. »Schlag dir das ein für alle Male aus dem Kopf! Er wird niemals einen unehelichen Bankert mit einer Magd als Erbin einsetzen, selbst wenn er wollte.«

»Aber das ist Unrecht!«, schrie Anna ihre Mutter an. Wenig später traf sie deren Hand an der Wange. Sie hörte das Klatschen, noch bevor sie den Schmerz spürte. Entsetzt trat sie einen Schritt nach hinten. Ihre Mutter hatte nie zuvor Hand an sie gelegt. Sie strich sich über die brennende Haut und hielt mit aller Sturheit die Tränen zurück, biss sich auf die Zähne, bis der Muskel an ihrer Schläfe sich schmerzhaft verkrampfte.

Gertrudis blickte fassungslos von ihrer Hand zu ihrer Tochter. »Das wollte ich nicht.« Als sie einen Schritt auf sie zutrat, wich Anna einen weiteren zurück. Sie konnte dasselbe Entsetzen in deren Gesicht ablesen, wie sie selbst verspürte. »Es tut mir leid«, flüsterte sie in dem Moment, als Anna sich ungestüm abwandte und davonrannte. »Verdammter Mist!« Unsicher, ob sie ihr nachlaufen oder etwas Zeit geben sollte, stand sie da und starrte in den leeren Flur.

»Es ist sehr ungezogen, in einem Gotteshaus zu fluchen.« Das Lachen hinter ihr strafte die tadelnden Worte Lügen.

Als Gertrudis sich umdrehte, blickte sie in ein blasses herzförmiges Gesicht, dessen herausstechendstes Merkmal riesige braune Augen waren, die vor Schalk glitzerten.

Sie lächelte ihr Gegenüber entschuldigend an, zog die Schultern nach oben und ließ sie traurig wieder sinken.

»Sie beruhigt sich wieder. Das tun sie immer.« Auffordernd streckte sie Gertrudis die Hand entgegen. »Ich bin Justina.«

»Schwester Maria Justina?« Sie ergriff die zarten Finger, als die Nonne erneut in Gelächter ausbrach.

»Gott bewahre! Ich bin mir absolut sicher, dass dieser Orden auch nur eine weitere Maria ganz gewiss nicht verkraften würde.«

Gertrudis fiel in das Lachen der jungen Frau mit ein und fühlte sich gleich ein wenig besser. »Woher willst du das wissen? Du kennst den Dickkopf meiner Tochter nicht.«

»Sagen wir es mal so. Ich bin, bevor ich in den Orden eingetreten bin, einem Gewerbe nachgegangen, in dem ich sehr viel Zeit mit anderen Menschen verbracht habe.

»Gewerbe?«

»Ich war gezwungen, mich Männern hinzugeben. Dabei habe ich menschliche Abgründe geblickt, die du dir wahrscheinlich kaum vorstellen kannst.«

Der Ausdruck auf dem Gesicht Justinas rief Mitleid in Gertrudis hervor. »Es muss schrecklich für dich gewesen sein.«

Die Nonne straffte den Rücken. »Das war es«, entgegnete sie schlicht. »Ich wünschte, ich könnte diesen Teil meines Lebens für immer aus dem Gedächtnis löschen.«

»Ich bin mir sicher, dass dein Glaube an Gott dir dabei helfen wird.«

# Kapitel 6 - Kräuter

in Schatten fiel auf das Beet, vor dem Anna kniete. Sie schaute auf und sah in das freundliche Gesicht Schwester Maria Gabrielas.

»Hab ich mir doch gedacht, dass ich dich hier finde, mein Kind.«

Das Mädchen stand auf und wischte die Erde von den Fingern an ihrer Schürze ab. »Ich bin gern hier.«

Ein Lächeln vertiefte die Falten um die Augen der Nonne. »Weil du dann mit niemandem reden musst.«

Anna schnaubte und fühlte sich ertappt. »Hat meine Mutter sich entschieden?«

»Warum fragst du sie das nicht selbst?« Maria Gabriela legte den Arm um die Schulter des Kindes und führte es in den Schatten einer alten Linde. »Setzen wir uns.« Sie deutete auf die Holzbank unter dem Baum und wartete darauf, dass Anna der Aufforderung nachkam. »Was auch immer zwischen dir und deiner Mutter vorgefallen ist, du kannst nicht bis in alle Ewigkeit schweigen.«

Sie zog einen Schmollmund und verschränkte die Arme vor der Brust. »Und ob ich das kann.« Die Bank unter dem Hinterteil des Mädchens vibrierte ob des unterdrückten Kicherns der alten Frau.

»Du bist genau wie meine Schwester. Sie hat auch niemals nachgegeben, wenn wir uns gestritten haben.«

Neugierig betrachtete Anna sie von der Seite. »Habt ihr euch oft gezankt, du und deine Schwester?«

»Allerdings. Wir haben meine Mutter damit in den Wahnsinn getrieben.«

»Erzählst du mir von deiner Schwester?«

Maria Gabriela erhob sich. »Ein anderes Mal. Oder du fragst deine Mutter nach ihr.«

Annas Gesichtsausdruck verdüsterte sich erneut. »Niemals.«

Das glockenklare Lachen der alten Nonne erfüllte den Klostergarten. »Als wäre sie hier.« Sie schlenderte auf den Wegen entlang der Beete. »Falls du möchtest, kann ich dir ein Buch über die Heilkräuter ausleihen, die hier gepflanzt sind. Wenn du schon so viel Zeit hier verbringst, dann kannst du beim Unkrautjäten auch etwas lernen.«

»Ein Buch über Kräuter?«

»Davon gibt es einige. In den Klöstern werden schon seit Jahrhunderten Pflanzen kultiviert und deren heilende Wirkung erforscht. Ein Teil von ihnen wuchs ursprünglich nicht in unseren Landen, sondern im Orient. Es war nicht einfach, sie hier anzubauen.« Sie führte das Mädchen vor ein Beet. »Das hier ist Tanacetum balsamita, Balsamkraut, oder auch Frauenminze.«

Anna kniete sich vor das Kräuterbeet und betrachtete das Kraut von allen Seiten. Von den langen Stängeln verzweigen sich dunkelgrüne breite Blätter. In der Mitte der Pflanze hoben viele kleine gelbe Blüten ihre Köpfe der Sonne entgegen. Hummeln summten um sie herum und ließen sich darauf nieder. »Und welchen Teil des Krauts verwendet man als Heilmittel?«

Schmunzelnd betrachtete Maria Gabriela das Kind. »Eine kluge Frage. Die Antwort findest du in dem Buch, das ich dir geben werde, vorausgesetzt, du kannst lesen.« Der selbstgefällige Blick, den Anna ihr zuwarf, sprach Bände. »Und wer hat es dir beigebracht?«

Als keine Antwort kam, lächelte sie milde. »Dachte ich es mir doch. Und das, meine Liebe, macht dich zu einem der reichsten Kinder dieser Stadt.«

***

Nachdem Anna, wieder allein im Klostergarten, das Quadrat abgeschritten war, in dem die Kräuterbeete angeordnet waren, lief sie zurück zu der Bank, auf der sie zuvor mit der Muhme ihrer Mutter gesessen hatte. Es ärgerte sie, dass die alte Frau in so vielen Dingen Recht hatte. Sechs Wochen war es nun schon her, seit ihre Mutter sie geschlagen hatte. Sie war immer noch so wütend auf sie, dass es ihr die Kehle zuschnürte, wenn sie daran dachte. Mit ihr sprechen? Niemals! Wutschnaubend hieb sie mit der Faust gegen die Linde, bereute ihren Ausbruch im selben Moment. Die aufgeschürften Knöchel brannten wie Feuer.

»He! Was kann denn der Baum dafür?«

Erschrocken sah Anna auf. Sie drehte sich mehrfach um die eigene Achse und schüttelte den Kopf und glaubte schon, sie hätte sich verhört, als die Stimme erneut zu ihr sprach.

»Womit hat die Alte dich denn so geärgert?«

»Was?« Noch einmal suchte Anna nach dem Ursprung der Worte und blickte an dem dicken Stamm hinauf in die dicht beblätterte Baumkrone. »Zeig dich!«

»Du hast mir gar nichts zu befehlen!«

Außer den Ästen und den hellgrünen Blättern konnte Anna nichts erkennen. Sie war sich aber sicher, dass ihr Beobachter dort war. »Also gut. Du wirst gewiss irgendwann Hunger bekommen.« Mit verschränkten Armen setzte sie sich auf die Bank und wartete. »Ich für meinen Teil habe gut gefrühstückt.« Wenig später landete ein Lumpenbündel nahezu geräuschlos vor ihren Füßen.

»Ich habe immer Hunger.«

Der beinahe tonlos gesprochene Satz verursachte eine Gänsehaut bei Anna. »Du darfst nicht hier sein. Wenn die Nonnen dich erwischen, wie du in ihrem Klostergarten herumlungerst, werden sie dich bestrafen. Du solltest besser nach Hause gehen, solange noch keine von ihnen mitbekommen hat, dass du hier bist.«

»Ich lungere nicht!«

Anna trat einen Schritt auf ihn zu, sodass ihre Nasen fast aneinanderstießen. »Nein? Was denn dann?« Himmelblaue Augen lieferten sich ein Blickduell mit moosgrünen.

»Ich beobachte!«

»Was?«

»Nicht was! Wen?« Der Junge schnaubte missmutig.

Anna baute sich vor ihm auf, obwohl er einen halben Kopf größer war als sie. »Ich kann es nicht leiden, beobachtet zu werden, noch dazu von einem Fremden.«

»Das ließe sich im Handumdrehen ändern«, antwortete der Junge mit einem verschmitzten Grinsen.

Blitzschnell wandte sich Anna von ihm ab. »Und wenn ich dich gar nicht kennenlernen will?« Als sie vom Kreuzgang her Schritte hörte, drehte sie sich zu ihm um, um ihn zu warnen, doch die Stelle, wo der Junge gestanden hatte, war leer.

Maria Gabriela sah sich um. »Ich dachte, ich hätte gehört, wie du dich mit jemandem unterhältst. Aber wie ich sehe, führst du Selbstgespräche.«

»Ich habe den lateinischen Namen des Balsamkrauts so lange ausgesprochen, bis er mir einfach über die Lippen ging«, log Anna. Sie wusste zwar, dass der Junge nicht hier sein durfte, kannte aber das Gefühl, auf Gedeih und Verderb der Gnade anderer ausgeliefert zu sein. Also behielt sie für sich, dass er hier war, und hoffte, dass diese kleine Lüge sie nicht ihr Seelenheil kosten würde.

Die Schwester, die mit einem dicken Buch unter dem Arm zurückgekehrt war, sah sich noch einmal argwöhnisch um. »Du solltest an deinem Gesichtsausdruck arbeiten, wenn du lügst. Aber sei es drum, hier ist das Buch, das ich dir versprochen habe.«

Abermals ertappt fragte sich Anna, wie es der Frau jedes Mal gelang, zu erkennen, wenn sie nicht die Wahrheit sprach.

»Es bedarf jahrelanger Übung.«

»Was?« Anna konnte es nicht fassen. Man könnte glauben, ihre Verwandte sei eine Hexe. Schnell kreuzte das Mädchen die Hände hinter dem Rücken.

Maria Gabriela legte den Arm um das erschrockene Kind und führte es zu der Bank, auf der sie zuvor bereits gesessen hatten. »Es ist kein Hexenwerk. Du musst die Menschen nur genau beobachten und deine eigenen Schlüsse daraus ziehen.« Sie schmunzelte. »Ich gehe jede Wette ein, dass du deine Finger zu einem Kreuz verschränkt hast.«

»Das ist unheimlich«, entfuhr es Anna.

Die alte Frau lächelte abermals. »Ja, nicht wahr?« Sie setzte sich auf die Bank. »Aber nun lass uns mit deiner Lectura fortfahren. Ich bin fest entschlossen, dir alles beizubringen, was ich weiß.«

***

Als Anna am Abend im Bett lag, gelang es ihr nicht, einzuschlafen, denn die Erinnerungen des Tages schlichen sich immer wieder in ihren Kopf. Sie sah den zerlumpten Jungen vor sich, seine leuchtenden moosgrünen Augen, das rotbraune Haar, dessen Strähnen sich nicht entscheiden konnten, in welche Richtung sie vom Kopf abstehen sollten. Widerstrebend musste sie zugeben, dass sie ihn irgendwie mochte. Er schien genauso ein rebellisches Wesen zu haben wie sie, was sie einerseits herausforderte, andererseits verstehen ließ, wie er empfand. Ob er morgen wieder in den Garten kam? Obwohl ein Teil von ihr dies hoffte, wollte ein anderer, dass er fernblieb, damit er nicht bestraft wurde, falls man ihn entdeckte.

Als ihre Mutter die Kammer betrat, stellte sie sich schlafend. Sie lauschte, wie sie ans Bett trat und dort still verharrte. Anna hörte, wie sie seufzte, bevor die Schritte sich leise wieder entfernten. Vielleicht hatte die Muhme Recht. Irgendwann würde sie mit ihrer Mutter reden müssen. Aber nicht heute. Sie drehte sich um, sodass sie mit dem Gesicht zur Wand lag und wartete darauf, dass der Schlaf endlich kam. In der Nähe erklang die Stundenglocke der Klosterkapelle. Sie schlug zehn Mal. Mit aller Macht versuchte das Mädchen, an nichts zu denken. Aber es gelang ihr nicht. Immer wieder tauchte das schmutzige Gesicht des Jungen hinter ihren geschlossenen Lidern auf und war das letzte, was sie wahrnahm, bevor der Mantel des Schlafs sich über sie legte.

***

Als Anna am nächsten Morgen erwachte, war ihre Mutter schon fort. Ein Blick durch den schmalen Schlitz zwischen den Steinen, der die Fensteröffnung dieser Kammer darstellte, und das Zwitschern der Vögel in den Gärten vor den dicken Mauern sagte ihr, dass der Tag schon angebrochen war. Sie schlug die Decke zurück und zog sich den Kittel über das Unterkleid, das sie zum Schlafen getragen hatte. Dann machte sie sich auf den Weg zum Necessarium, dem Abtritt innerhalb der Klostermauern, einem dicken Holzbalken mit mehreren hineingesägten Löchern, der über einer Grube befestigt war. Es erstaunte Anna jedes Mal aufs Neue, wenn sie diese Erfindung betrachtete. Wie angenehm musste es im Winter sein, nicht nach draußen zu müssen, um sich zu erleichtern. Auch brauchte sich niemand die Mühe machen, die Grube leerzuschaufeln, wenn sie voll war. Die Fallgrube mündete unmittelbar in die Schwemmnotte, dem Bach, der unterhalb des Klosters entlang floss und die Ausscheidungen wegspülte. Das hatte ihr zumindest Schwester Justina erzählt, die als letzte der Nonnen in das Brückenkloster eingetreten war. Als Novizin oblag es ihr, für die Sauberkeit im Necessarium zu sorgen und die Leinentücher auszuwaschen, die für das Säubern der Hinterteile nötig waren. Anna benutzte eines dieser Tücher und warf es in den Eimer zu den anderen. Dabei rümpfte sie die Nase, denn der Gestank, der den Raum erfüllte, als sie den Deckel anhob, war unerträglich. Als sie Schwester Justina einmal gefragt hatte, ob es nicht furchtbar für sie war, sich um den Abtritt zu kümmern, meinte sie nur mit einem Lächeln auf den Lippen, dass sie schon schlimmere Dinge getan hatte, als Scheiße aus Leinentüchern zu waschen. Anna fragte sich auf dem Weg zum Refektorium nach wie vor, was es damit wohl auf sich hatte.

Sie setzte sich auf einen freien Platz an der Tafel und griff nach einem Kanten Brot. Eine der Schwestern, deren Name ihr gerade nicht einfiel, goss ihr den Becher voll mit Milch. »Vielen Dank«, murmelte sie, bevor sie einen großen Schluck davon nahm. Während sie aß, überlegte sie, wie sie den Tag verbringen wollte. Sie genoss die Freiheit, selbst zu entscheiden, wo sie sich nützlich machte. Und das tat sie. Sie half, wo Hilfe nötig war, während ihre Mutter die Tage in der Schreibstube bei Schwester Maria Ursula verbrachte. An den Nachmittagen wartete sie im Garten darauf, dass die Muhme aus dem Margaretenhospital kam, um sie die Heilkraft der Kräuter zu lehren. Am heutigen Tag hoffte sie jedoch, dass sie nicht allzu früh kam und dass der Junge vom Vortag wieder da sein würde.

Nachdem sie das Geschirr des Morgenmahls abgewaschen hatte, die Tische abgewischt und den Boden im Refektorium gefegt hatte, schlug die Stundenglocke zur None. Die Schwestern würden sich zum Gebet in der Kapelle einfinden, während Anna, mit einem kleinen Bündel in der Hand, in den Klostergarten lief. Ohne Umwege schritt sie in Richtung der Bank und blickte erwartungsvoll den Stamm der Linde hinauf. »Bist du da?«

»Und was, wenn nicht?«

Lachend setzte sich Anna auf die Holzbank. »Dann werde ich wohl allein essen müssen.«

»Essen?«

Bevor sie antworten konnte, raschelte es und eine Hand voll Blätter tanzte durch die Luft. Im selben Moment landete der Junge vor Annas Füßen und grinste sie frech an. Sie hielt ihm einen Apfel entgegen, den er ohne Umschweife ergriff und herzhaft hineinbiss. Sie breitete das Tuch neben sich auf der Bank aus und gab die Sicht auf die Köstlichkeiten preis, die sie für ihn eingepackt hatte.

»Ist das alles für mich?«

Anna nickte. Sein gieriger Blick zeugte von dem Hunger, der ihn quälen musste. »Bediene dich!« Um ihn nicht die ganze Zeit über anzustarren, beobachtete sie aus dem Augenwinkel, wie er den Käse und das Brot aß, und gab sich den Anschein, als sei es völlig normal, dass sie in einem Klostergarten neben einem Jungen saß. Sie schaukelte mit den Beinen über die Vorderkante der Holzbank.

»Kein Wunder, dass du so dünn bist, wenn du ständig zappelst!«

Nun starrte sie doch, und das mit offenem Mund. Es dauerte einen Moment, bis sie sich wieder gefangen hatte. »Ist das der Dank, dass ich dir etwas zu Essen geschenkt habe?« Dann musterte sie ihn von oben nach unten und grinste. »Und überhaupt, hast du schon mal in einen Spiegel geschaut?«

Betreten sah er zu Boden und nuschelte Worte der Entschuldigung. »Das ist mir einfach so rausgerutscht. Meine Mutter hat das früher fast jeden Tag zu mir gesagt.«

»Oh«, war alles, was Anna entgegnen konnte.

»Sie meinte immer, dass ich nur so dünn bin, weil ich den ganzen Tag herumzappele.« Er lächelte wehmütig. »Sie sagte auch, dass sie gar nicht so viel Essen auf den Tisch bringen könnte, um mir ein wenig Speck für den Winter anzufuttern. Ich habe mich daran erinnert, als du mit den Beinen gewackelt hast.«

»Was ist mit deiner Mutter geschehen?« Anna ahnte, dass die Antwort traurig sein würde, und machte sich innerlich darauf gefasst.

»Sie ist tot«, antwortete der Junge ohne irgendeine Regung auf seinem Gesicht.

»Es tut mir leid.«

»Sie starb schon vor Jahren, kurz nachdem sie meine Schwester geboren hatte.«

Anna sortierte in Gedanken die Fakten, die sie von ihm erhielt. »Du hast eine Schwester?«

»Hatte.« Mit starrer Miene blickte er geradeaus. »Sie starb drei Tage nach meiner Mutter.«

»Himmel, hast du denn sonst jemanden?«

Der Junge ließ die Hand sinken, in der er den Rest des Brotes festhielt. »Mein Vater ist bei dem Brand vor einer Woche umgekommen. Seitdem bin ich allein.«

Anna fuhr hoch. »Brand? Ich habe nichts davon gehört.« Das Mädchen lief unruhig vor der Bank auf und ab.

Überrascht hoben sich die Augenbrauen des Burschen in die Höhe. »In Dachrieden. Der Ziegeler hat das ganze Dorf abgefackelt.«

»Der Ziegeler!« Die Augen vor Schreck geweitet griff das Mädchen sich an die staubtrockene Kehle. »Er ist in der Nähe?«

»Er hat sich aus dem Staub gemacht, bevor die Wachmänner ihn fassen konnten. Dieser Dreckskerl!« Als er Schritte hörte, die sich näherten, sprang er auf. »Ich muss gehen.«

Anna hielt ihn am Arm fest. »Warte! Kommst du morgen wieder?«

»Kann schon sein.«

Anna sah, wie er zwischen den Büschen neben der Mauer verschwand, bevor sie sich umdrehte und in das besorgte Gesicht Maria Gabrielas schaute.

»Kind, ist alles in Ordnung? Du siehst aus, als hättest du ein Gespenst gesehen?« Sie zog das Mädchen zu sich heran und betrachtete ihr erschrockenes Gesicht. »War irgendjemand hier und hat dich bedroht?« Alarmiert sah sie sich um. Außer ihr und dem Kind war niemand hier.

»Der Ziegeler …«, murmelte Anna.

»Dieser Verbrecher? Hier im Kloster?« Sie sah sich bereits suchend um, als das Mädchen heftig den Kopf schüttelte.

»Nein. Aber er hat ein Dorf in der Nähe einfach so niedergebrannt.«

Die Körperspannung der alten Frau ließ etwas nach. »Dachrieden, ich weiß. Wir versorgen die meisten der Verletzten im Margaretenhospital. Es steht schlecht um einige von ihnen. Aber wieso weißt du davon?«

Anna ging nicht auf die Frage ein. »Wird man den Ziegeler fassen, bevor er das nächste Verbrechen begehen kann?«

»Das bleibt zu hoffen. Und wenn es so weit ist, sei Gott seiner Seele gnädig.« Maria Gabriela bekreuzigte sich. »Und nun lass uns mit deiner Lectura fortfahren. Hast du im Buch gelesen, wie die Frauenminze verwendet wird?«

Mit aller Macht versuchte Anna, ihre rastlosen Gedanken zu ordnen, und nahm einen tiefen Atemzug, bevor sie antwortete. »Die Blätter können als Tee für innere Krämpfe gegeben oder auf Wunden gelegt werden. Sie helfen sehr gut bei Verbrennungen«, zitierte das Mädchen aus dem Kräuterbuch und lächelte über ihre Antwort, da sie wusste, worauf die Muhme hinauswollte.

»Das stimmt. Hast du auch gelesen, wo man es in keinem Fall anwenden darf?«, wollte die Muhme von ihr wissen. Anna überlegte kurz, bevor sie nickte. »Frauen, die ein Kind erwarten, sollten kein Frauenkraut einnehmen.«

»Nun, wie ich sehe, warst du fleißig. Ich werde jede Menge Blätter für die Verbrennungen der armen Menschen aus Dachrieden benötigen«, bestätigte die Ordensfrau Annas Vermutungen. Sie schlug ihre Schürze zurück, die sie auf dem weißen Habit trug, und brachte aus dem Beutel, der an einem Gürtel darunter befestigt war, ein Messer hervor. Sie reichte es dem Kind. »Du musst die Blätter direkt am Stängel abschneiden.«

Sie liefen gemeinsam zu dem Kräuterbeet, wo Anna sich eifrig an die Arbeit machte. Sie fühlte sich getröstet bei dem Gedanken, den Menschen im Hospital zu helfen, die in der letzten Woche ihr gesamtes Hab und Gut verloren hatten und vielleicht auch geliebte Verwandte, genau wie der Junge. Als sie begriff, dass sie ihn abermals nicht nach seinem Namen gefragt hatte, schüttelte sie fassungslos den Kopf. Wie hatte sie das vergessen können? »Mist!«

»Was hast du gesagt?«

»Ach nichts. Ich habe etwas vergessen. Es ist nicht so wichtig.« Sie schnitt die letzten Blätter ab, die groß genug waren, um für die Umschläge verarbeitet zu werden. Dann stand sie auf und blickte sich um. »Bringst du mir heute etwas über die anderen Pflanzen bei?«

»Ich glaube schon, dass wir noch ein wenig Zeit haben. Lass uns die Blätter einsammeln. Justina kann sie ins Hospital bringen.« Sie brachte das Tuch, in das sie die Frauenminzblätter eingeschlagen hatten, in das Kloster und kehrte wenig später zurück. »Also gut. Bevor ich dir die Pflanzen erkläre, solltest du wissen, dass jeder Klostergarten der gleichen Ordnung folgt, die letztlich auf Benedikt von Nursia zurückgeht. Er war der Begründer der Benediktiner. Wenn du also in einem anderen Kloster den Garten besuchst, wird er genauso angeordnet sein wie dieser hier.« Sie schritten die im Quadrat angelegten Beete ab, zwischen denen Wege in ein inneres Quadrat mit Kräuterbeeten führten. »Diese Pflanze hier neben der Frauenminze ist Salvia sclarea, Muskat-Salbei.«

Nach und nach erfuhr Anna die Namen der Kräuter und versuchte, sie sich alle einzuprägen. Sie nahm sich vor, im Kräuterbuch nachzulesen, wie man sie anwendete, als die Stundenglocke zur Vesper schlug und neben dem Abendgebet auch das Abendmahl ankündigte.

# Kapitel 7 - Freunde

Im Laufe des Sommers war es zu einem Ritual geworden, dass sich Anna nachmittags im Kräutergarten mit dem Jungen traf und ihm Essen aus dem Cellerar mitbrachte. Er hieß Jacob und war zwei Jahre älter als sie. Vor dem Brand arbeitete er als Lehrjunge in der Schmiede seines Vaters und sollte einmal die Werkstatt weiterführen. Nun stand er vor dem Nichts.

»Ich habe bei allen Schwarzschmieden der Stadt nachgefragt, aber niemand braucht einen zusätzlichen Lehrjungen.« Missmutig ließ er den Kopf sinken und starrte auf seine im Schoß verschränkten Hände. »Ich weiß nicht mehr weiter.«

Anna strich tröstend mit den Fingern über seinen Arm. »Du darfst nicht aufgeben.« Sie wusste nicht, was sie ihrem Freund raten sollte. Ja, sie waren Freunde geworden in den letzten Wochen. Sie hatte ihm alles erzählt, was ihr widerfahren war, von der Flucht, vom Streit mit ihrer Mutter, von ihrer Angst vor der Zukunft. In ihm fand sie einen geduldigen Zuhörer, denn sie war trotz der vielen Schwestern hier im Orden allein. Schwester Maria Gabriela unterrichtete sie und brachte ihr die Verwendung der Kräuter bei. Aber an den Vormittagen pflegte sie die Menschen im Margaretenhospital, sodass sie nachmittags, wenn es passte, vielleicht ein oder zwei Stunden miteinander verbrachten.

Ihre Mutter hatte Anna in all der Zeit kaum zu Gesicht bekommen. Wenn sie morgens aufstand, war sie schon in der Schreibstube. Oft kehrte sie erst nach Einbruch der Dunkelheit zurück, wenn Anna bereits schlief. Die Kluft zwischen ihnen wurde mit jedem Tag größer und schien mittlerweile unüberbrückbar. An den Sonntagen saß Gertrudis den ganzen Tag in der Kapelle und starrte das Kreuz über dem Altar an. Anna hatte keine Ahnung, ob sie betete, oder worauf sie dort wartete. Das Einzige, was sie sicher sagen konnte, war, dass ihre Mutter irgendetwas über alle Maßen besorgte. In der letzten Nacht hatte sie gehört, wie sie neben ihr lag und weinte. Das erschreckte Anna mehr, als sie zugeben wollte. Soweit sie sich zurückerinnern konnte, hatte sie ihre Mutter nie weinen sehen.

Zu gern hätte sie Jacob davon erzählt, ihn gefragt, was er dazu meinte. Aber sie spürte, dass er im Moment ihren Trost nötiger hatte.

»Du musst in den umliegenden Dörfern nachfragen. Irgendjemand muss doch einen Platz für einen fähigen Jungen haben.«

Er blickte von ihrer Hand direkt in ihre Augen, bevor ein spitzbübisches Grinsen sein Gesicht eroberte. »Fähig, ja?«

Anna spürte, wie die Hitze ihr in die Wangen stieg. »Du hast doch gesagt, dass du bei deinem Vater in der Schmiede schon gearbeitet hast.«

»Das stimmt, drei Jahre.«

»Siehst du? Das muss doch etwas wert sein!« Sie nahm die Hand von seinem Arm, stand auf und lief vor ihm auf und ab. Dabei raschelten die gelb gewordenen Lindenblätter unter ihren Füßen.

»Also gut, ich werde mich gleich morgen in den Dörfern im Umkreis von Mühlhausen auf die Suche machen. Dann schaffe ich es aber nicht, am Nachmittag hier zu sein.«

Es dauerte einen Moment, bis der Inhalt dessen, was er gerade gesagt hatte, den Weg in ihre Gedanken fand. Obwohl es sich anfühlte, als würde ihr jemand Splitter unter die Haut treiben, lächelte Anna ihn an. »Dann werde ich am Sonntag mit jeder Menge Essen hier auf dich warten.«

»Versprochen?«
Nur mit Mühe konnte sie die Tränen zurückhalten. »Versprochen.«
»Sag mal, wo bleibt eigentlich Schwester Maria Gabriela? Habt ihr heute keine Lectura?« Erwartungsvoll starrte er in Richtung Kreuzgang, so als würde sie dort jeden Moment wie von Zauberhand auftauchen.
Schulterzuckend und nicht im Geringsten beunruhigt setzte sich Anna wieder neben ihn. »Wahrscheinlich wurde sie aufgehalten. Im Hospital ist immer viel zu tun.«
»Wenn du meinst.«
»Ich habe sie gefragt, ob sie mich einmal mitnimmt. Ich könnte helfen und jede Menge lernen.« Sie verzog das Gesicht zu einer Grimasse. »Sie sagt, ich sei zu jung für diese Arbeit.«
Jacob lehnte sich auf der Bank zurück und verschränkte die Arme vor der Brust. »Sie wird schon wissen, was sie tut. Irgendwann, da bin ich mir sicher, wird sie auf deine Hilfe nicht mehr verzichten können. Bis dahin lernst du eben alles, was es zu wissen gibt, aus deinem Buch.« Er tippte auf den in Leder gebundenen Buchdeckel des Folianten, der zwischen ihnen auf der Bank lag. »Du hast es ja immer bei dir.«
Es stimmte, was Jacob sagte. Wo Anna war, da war auch das Kräuterbuch. Schließlich konnte sich im Laufe des Tages eine Gelegenheit ergeben, etwas nachschlagen zu müssen. Außerdem wollte sie der Muhme gefallen, indem sie alle Namen und die Verwendung der Kräuter auswendig kannte, und freute sich über jedes noch so kleine Lob aus dem Mund der alten Frau.
Die tiefstehende Herbstsonne war bereits untergegangen und nahm mit dem Licht auch den letzten Rest ihrer spärlichen Wärme mit sich. Anna zog das Schultertuch enger um ihren Körper. »Die Glocke wird gleich zur Vesper läuten. Ich sollte besser hineingehen.«

»Ja, ich sollte auch gehen und mir für die Nacht eine Schütte Stroh in einem der Ställe suchen.« Er stand auf und blickte auf sie hinunter. »Wie sehen uns also am Sonntag?«

»Abgemacht.« Anna sah ihm nach, wie er in Richtung der Büsche verschwand. »Ich wünsch dir Glück für deine Suche.« Jacob drehte sich noch einmal um und grinste so frech wie eh und je. »Dein Wort in Gottes Ohr.«

***

Als Maria Gabriela auch nicht zum Abendmahl erschien, machte sich Anna doch langsam Sorgen. Wo blieb sie nur? So lange war sie noch nie im Hospital gewesen. Das Mädchen nahm sich vor, nach dem Abendmahl bei der Äbtissin nach der Muhme zu fragen. Halbherzig und mit wenig Appetit kaute sie auf einem Stück hartem Käse herum, als sie hinter sich eilige Schritte vernahm. Als sie sich umdrehte, sah sie in das blasse Gesicht der Muhme.

»Rasch! Du musst mit mir kommen, mein Kind!« Schwester Maria Gabriela nahm ihr den Käse aus der Hand und zog sie in den Stand. »Wir dürfen keine Zeit verlieren«, raunte sie und eilte ihr voraus aus dem Refektorium. Der weiße Stoff ihres Habits wehte dabei geisterhaft um ihren dünnen Körper. Anna hatte Schwierigkeiten, mit ihr Schritt zu halten, als sie sich an ihre Fersen heftete. »Wo gehen wir hin?« Als die Frau weder antwortete noch ihren Schritt verlangsamte, bekam sie es mit der Angst zu tun. Irgendetwas war passiert, das spürte sie ganz tief in ihrem Herzen, das rasend schnell klopfte.

Maria Gabriela schlug den Weg zum Infirmarium ein und öffnete die schwere Holztür, ohne anzuklopfen. Sie eilte zu einem der Betten und flüsterte der Kranken darin etwas zu.

Als Anna nähertrat, erstarrte sie. Die Frau, die dort lag, war ihre Mutter. Das Mädchen verstand nicht, was hier vor sich ging. Wieso war sie krank? Hatte sie deshalb in der letzten Nacht geweint? Langsam trat Anna noch näher und erfasste dabei, was sie vorher nicht gesehen hatte. Neben dem Bett lagen Unmengen blutgetränkter Tücher. So viel Blut. Wo kam das ganze Blut her? Anna sah wieder zu ihrer Mutter, die so bleich war, wie das Laken, mit dem sie zugedeckt war, während sie selbst abermals zur Salzsäule erstarrt stehenblieb. Sie sah, wie ihre Mutter den Kopf träge in ihre Richtung drehte. Sie sah so blass aus. Sogar ihre Lippen hatten die Farbe verloren, genau wie ihre Augen den Glanz. Anna konnte die Frau, die vor ihr lag, kaum mehr wiedererkennen. Entsetzt trat sie einen Schritt zurück. Sie verstand nicht, was hier geschah und hatte das Gefühl, jemand würde ihr den Boden unter den Füßen wegziehen. Die Kälte in ihrem Inneren ließ sie erschauern.
Maria Gabriela setzte sich an das Fußende des Krankenbettes und streckte den Arm nach Anna aus. »Komm her, mein Kind! Reich deiner Mutter die Hand, damit sie in Frieden zu unserem Herrgott gehen kann.«
»Wieso?«, wisperte das Mädchen ängstlich.
»Ich werde es dir später erklären. Komm! Euch bleibt nicht mehr viel Zeit.«
Zögerlich trat Anna einen Schritt näher, dann einen weiteren und noch einen, bis sie vor dem Bett ankam und sich auf die Knie sinken ließ. Die Erschöpfung stand ihrer Mutter ins Gesicht geschrieben. Nur mit schier unmenschlicher Anstrengung konnte sie die Augen offenhalten. Dennoch lächelte sie matt. Das Mädchen spürte, wie Tränen an den Wangen hinunterliefen, und wusste nicht, was es tun sollte. Wie aus weiter Ferne nahm Anna wahr, dass ihre Mutter mit letzter

Kraft die Hand hob und spürte sie kurze Zeit später an ihrer Wange, nur um im nächsten Augenblick schlaff auf die Decke zu fallen.
Das Lächeln auf Gertrudis Lippen erstarb und sie lag einfach so da, die Augen blicklos auf Anna gerichtet.
Das Mädchen ergriff die schlaffe Hand seiner Mutter und legte sie sich wieder an die Wange, während Tränen wie Sturzbäche daran herunterliefen. Annas ganzer Körper wurden von dem Schluchzen erfasst, das nicht aufhören wollte. Sie weinte um ihre Mutter, um den sinnlosen Streit, der eine Kluft zwischen sie getrieben hatte, haderte mit sich, weil sie sich so dumm verhalten hatte, fühlte sich schuldig. Als eine Hand auf ihre Schulter gelegt wurde, schrak sie auf. Sie hatte nicht mitbekommen, dass Maria Gabriela hinter sie getreten war. Mit tränenglänzenden Augen sah sie zu ihr auf. »Ist sie wegen mir gestorben?«
»Nein, mein Kind! So etwas darfst du keinen Augenblick denken. Deine Mutter hat dich geliebt.« Maria Gabriela haderte damit, ihr die Wahrheit zu erzählen. Sie würde es so oder so tun müssen, denn ihre Nichte war im Zustand der Todsünde gestorben und würde kein christliches Begräbnis erhalten. Spätestens dann würde sie dem Mädchen erklären müssen, warum. »Wusstest du, dass deine Mutter ein Kind erwartete?«
»Was? Nein!«
Der Schrecken, den die Schwester in Annas Gesicht ablesen konnte, unterstrich die Heftigkeit ihrer Worte. »Anscheinend hat sie niemandem auch nur ein Sterbenswort davon erzählt.« Sie griff an dem Kind vorbei, nahm Gertrudis Hand und kreuzte sie mit der anderen in deren Schoß, ehe sie den Kopf neigte und sich bekreuzigte. »Nun, wie dem auch sei, sie trug ein Kind unter dem Herzen«, stellte sie unumwunden fest.

Anna kniete vor dem Bett und sah von dem leblosen Körper ihrer Mutter zu der Muhme. »Ist sie deswegen tot?«

»In gewisser Weise schon.« Fieberhaft überlegte Maria Gabriela, wie sie einem Kind beibringen konnte, dass dessen Mutter eine Mörderin und Selbstmörderin war. »Erinnerst du dich an die Lectura zur Frauenminze?« Als sie sah, dass das Mädchen zögerlich nickte, fuhr sie fort. »Weißt du auch noch, dass man Frauen, die ein Kind erwarten, nicht damit behandeln darf?« Abermals konnte sie sehen, wie Anna nickte. »Dieses Kraut und einige andere treiben das Ungeborene aus dem Leib der Mutter.« Sie sprach jedes einzelne Wort mit Bedacht und beobachtete dabei das Mienenspiel des Mädchens. Als sie die Erkenntnis in dessen Augen aufblitzen sah, sprach sie weiter. »Die Anwendung dieser Arzneien ist sehr gefährlich. In manchen Fällen töten sie nicht nur das Kind, sondern auch die Mutter. Sie lösen so starke Blutungen aus, dass kein Mittel auf Erden diese zum Stillstand bringen kann.«

Obwohl Anna verstand, was die Muhme ihr erklärte, schüttelte sie den Kopf. »Meine Mutter hätte so etwas niemals getan!« Die blutgetränkten Tücher neben dem Bett belehrten sie jedoch eines Besseren. Der mitleidige Blick, den die Muhme ihr zuwarf, machte sie wütend. »Nein!« Sie sprang auf und schickte sich an, aus dem Zimmer zu stürmen, wurde aber von dem erstaunlich starken Griff der Nonne aufgehalten.

»Sie hatte vor, den Schleier zu nehmen und gewusst, dass ihr beide nicht hierbleiben könnt, wenn sie das Kind bekommen würde. Wahrscheinlich hat sie geglaubt, keine andere Wahl zu haben.«

Als es klopfte, richtete Maria Gabriela ihren Blick von dem Kind zur Tür. Die Äbtissin trat ein.

Die beiden Nonnen verständigten sich wortlos, bevor die Oberin sich dem Mädchen zuwandte. »Wir werden miteinander sprechen

müssen, welche Vorkehrung zu treffen sind. Aber vorerst solltest du schlafen gehen. Morgen reden wir weiter.«
Verunsichert sah Anna in das Gesicht der Muhme, die zustimmend nickte. »Ich kümmere mich um deine Mutter. Versuche, ein wenig zu schlafen. Morgen wird ein anstrengender Tag für dich.« Sie schob das Mädchen, das sie zuvor mit eisernem Griff vor dem Weglaufen abgehalten hatte, in Richtung Tür und blickte ihr traurig nach, bis sie aus dem Krankenzimmer verschwunden war.

***

Anna lag auf dem Rücken, die Hände vor dem Körper verschränkt, auf dem Bett und versuchte, einzuschlafen. Sie kam nicht zur Ruhe, weil ihr unzählige Fragen durch den Kopf gingen. Alle Gedanken führten sie allerdings zu dem unumstößlichen Schluss, dass sie das Brückenkloster würde verlassen müssen, und das wollte sie nicht. Es gefiel ihr hier. Sie mochte die Lectura mit der Muhme, liebte die Arbeit im Kräutergarten, genoss den Gleichklang der Tage. Sie hatte gehofft, den Streit mit ihrer Mutter beilegen zu können. Nun war sie tot. Sie würde niemals erfahren, wie leid Anna das alles tat. Wenn sie doch nur die Zeit zurückdrehen könnte, dann würde sie so viel anders machen. Sie wäre zwar immer noch wütend, weil ihre Mutter sie geschlagen hatte, aber sie hätte einen Weg gefunden, sich zu versöhnen. Bei dem Gedanken, dass sie nie wieder würde mit ihr reden können, drehte sie den Kopf in die Kissen und weinte ohne Unterlass.
Irgendwann musste sie doch eingeschlafen sein, denn als sie die Augen aufschlug, dämmerte es draußen bereits. Anna stand auf, wusch sich Hände und Gesicht und zog sich an. Dann machte sie sich auf

den Weg ins Refektorium, um das Morgenmahl zu sich zu nehmen. Sie lief durch die zugigen Gänge und begegnete unterwegs der einen oder anderen Schwester. Um den mitleidigen Blicken zu entgehen, setzte sie sich an den Tisch, wo kein weiterer Platz belegt war, und blickte nicht mehr von ihrem Teller auf, bis sie mit ihrem Frühstück fertig war, dass ohnehin nach nichts geschmeckt hatte. Als sie überlegte, was nun zu tun war, setzte sich Schwester Maria Gabriela neben sie auf den leeren Platz.

»Guten Morgen, mein Kind.« Die alte Frau betrachte das Mädchen von der Seite, sah die verquollenen Augen und die blassen Wangen und wünschte, dass wenigstens ihre Anwesenheit etwas Trost spenden würde. Sie seufzte, da sie wusste, was alles auf das Kind zukam. Sie würde Anna nicht vor der harten Wahrheit schützen können und bedauerte zutiefst, dass ihre Nichte sich nicht an sie gewandt hatte, bevor sie diese tragische Dummheit begangen hatte. Sie biss halbherzig in ihr Brot und kam zu dem Schluss, dass es auch nichts nützte, dass Unvermeidliche hinauszuzögern. »Die Äbtissin erwartet uns nach dem Essen.« Als sie sah, dass das Mädchen nicht reagierte, legte sie den Arm um dessen Schultern. »Bist du so weit?« Die alte Frau merkte, wie der Körper unter ihren Händen erstarrte. Sie wünschte, sie könnte irgendetwas für das Kind tun, der Enkeltochter ihrer Schwester. Aber es gab nichts, womit sie ihr wirklich helfen konnte. Sie erhob sich. »Am besten, du bringst es hinter dich. Komm!«

Anna ergriff die Hand, die Schwester Maria Gabriela ihr hinhielt und ließ sich von ihr aufhelfen. Sie ließ auch dann nicht los, als sie neben ihr den langen Gang zum Dormitorium her schritt. Mit jedem Zoll, den sie der Kammer der Äbtissin näherkamen, schlug ihr Herz schneller und es schien beinahe so, als würde es aus ihrer Brust

herausspringen wollen, als die Muhme an die Tür der Ordensvorsteherin klopfte.
Einen Moment später sah Anna sich der Frau gegenüber, die über ihre Zukunft entscheiden würde. Sie fragte sich, welchen Entschluss die Äbtissin getroffen hatte.
»Setz dich, Kind!« Als Anna der Aufforderung nicht nachkam, lächelte sie nachsichtig. »Es tut mir sehr leid, was mit deiner Mutter geschehen ist.« Sie wartete einen Moment, um abzuschätzen, ob die Worte bis zu dem Kind vordrangen. Dann sprach sie weiter. »Du bist alt genug, um zu verstehen, dass du nicht hierbleiben kannst. Ich habe mich mit Schwester Maria Gabriela unterhalten und bin zu dem Schluss gekommen, dass es das Beste für dich sein wird, wenn wir dich zu deinem Oheim schicken.«
»Aber ich möchte hierbleiben!«
Die Äbtissin betrachtete das Kind, dessen Verzweiflung ihm ins Gesicht geschrieben stand, nicht ohne Mitleid. »Du bist zu jung, um solch eine Entscheidung treffen zu können. Wir müssen dich in die Obhut deines Vormunds geben, so steht es im Gesetz und wir sind gezwungen, danach zu handeln.«
Einen Augenblick dachte Anna darüber nach, einfach wegzulaufen, Jacob zu suchen. Sie könnte in einem Haushalt hier in Mühlhausen eine Stelle als Küchenmädchen annehmen, bis sie alt genug war, um wieder zurückkehren zu können. Als die Äbtissin auf sie zutrat, schreckte sie aus den Gedanken.
»Ich sehe dir an der Nasenspitze an, dass du lieber weglaufen würdest. Aber das hätte deine Mutter nicht für dich gewollt. Sie wünschte sich ein Zuhause für dich und das kannst du, nachdem sie gestorben ist, nur bei deinen Verwandten finden.«

# Kapitel 8 - Veränderungen

Anna saß eingekeilt zwischen dem Fuhrknecht und Schwester Justina, die ohne Unterlass redete, auf dem Kutschbock. Das Bündel auf ihrem Schoß, das neben ihrer Kleidung auch das Kräuterbuch der Muhme und einen noch verschlossenen Brief ihrer Mutter enthielt, schaukelte im selben Rhythmus wie der Sitz unter ihrem Hinterteil und hüpfte bei jedem tieferen Loch in die Höhe.

Mühlhausen lag schon eine ganze Weile hinter ihnen. Der Kutscher lenkte den Wagen entlang einer mit Feldsteinen befestigten Straße, die links und rechts von bunt belaubten Rotbuchen, Stieleichen, Ahorn und Linden begrenzt war. Ein Teil der Blätter bedeckte den Boden und zauberte etwas Farbe in den grauen, diesigen Tag. Die Feuchtigkeit in der Luft sorgte dafür, dass sich die kühlen Temperaturen noch kälter anfühlten. Trotz des Schultertuchs, das Anna eng um ihren Körper gezogen hatte, fror sie erbärmlich. Sie zitterte so stark, dass ihre Zähne zu klappern begannen.

Schwester Justina, die mitbekommen hatte, dass das Mädchen fror, rutschte noch näher an sie heran, um ihr mit dem eigenen Körper ein kleinwenig Wärme zu spenden. »Wir machen gleich Halt in der Eigenrieder Warte. Dort können wir etwas Heißes trinken und uns am Feuer aufwärmen, bevor wir weiterfahren.«

Anna hörte zwar, was sie sagte, hing aber ihren eigenen Gedanken nach. Binnen eines Tages musste sie mitansehen, wie ihre Mutter vor den Mauern des Kirchhofs der Divi Blasii Kirche wie ein räudiger Köter verscharrt wurde, bevor sie aus ihrem jetzigen Zuhause gerissen und mit einem Brief an ihren Oheim auf den Weg nach Diedorf geschickt wurde. Sie war so wütend, dass sie kaum ein Wort hervorgebracht hatte, seit sie am Grab ihrer Mutter stand. In den Augen der Kirche galt Gertrudis als Mörderin ihres ungeborenen Kindes und als Selbstmörderin, weil sie durch die Kräuter, die sie eingenommen hatte, sich und die Leibesfrucht getötet hatte. Wegen dieser Todsünden verweigerte der Pfarrer der Altstadtkirche ihr ein Begräbnis auf geweihtem Boden. Anna hatte die Äbtissin angebettelt, sogar gefleht, dass man in den anderen Kirchen der Stadt nachfragen solle, aber die Frau beharrte darauf, dass es keinen Priester geben würde, der einem christlichen Totenamt zustimmen würde. Also wurde der tote Körper ihrer Mutter in ein Leichentuch gehüllt und in eine Grube vor der Kirchmauer verscharrt. Nicht einmal ein Kreuz erinnerte daran, dass unter der Erde ein Mensch ruhte und dessen unsterbliche Seele auf die Gnade Gottes hoffte, dass ihm seine Sünden vergeben würden. Anna war zutiefst erschüttert über die Verbohrtheit und grausame Unnachgiebigkeit der Kirchenmänner. Sie konnte sich daran erinnern, dass auch der Priester in Herbsleben ihre Mutter wie eine Aussätzige behandelt hatte, weil sie unverheiratet ein Kind geboren hatte. Zwar hatte er Anna die Taufe nicht vorenthalten, aber er machte in seinen Sonntagspredigten keinen Hehl daraus, was er von Frauen wie Gertrudis hielt. Und nun musste das Mädchen abermals mitansehen, wie man ihrer Mutter den Segen der Kirche verwehrte.

Um sich vor der Kälte zu schützen, zog Anna den Kopf ein und kuschelte sich in den Stoff ihres Schultertuches. Nach einer knappen halben Stunde erreichten sie endlich die Eigenrieder Warte, einem bewachten Torhaus mit Turm am Mühlhäuser Landgraben, der die

Grenze des Stadtterritoriums gen Nordwesten markierte. Anna sprang vom Kutschbock und folgte Schwester Justina zu den Wachmännern am Tor.

Diese reichte einem von ihnen einen Brief, in dem stand, dass sie das Mädchen zu Verwandten nach Diedorf begleiten sollte. Die Novizin wartete darauf, dass der Mann das Schreiben las und ihr zurückgab, bevor sie ihn darum bat, sich die Glieder an ihrem Herdfeuer wärmen zu dürfen. Nachdem sie die Erlaubnis erhalten hatte, winkte sie Anna zu. »Komm! Du bist ja schon ganz blau gefroren.«

Das Mädchen folgte der jungen Frau in das Innere des Hauses, wo sie auf ein altes Weib trafen, das am Herdfeuer stand und in einem Topf rührte, der darüber hing.

»Setzt euch, setzt euch!« Sie tippelte mit kleinen Schritten zum Tisch und wischte dessen Oberfläche mit einem Tuch sauber. »Habt ihr Hunger mitgebracht?«

Schwester Justina nickte. »Ich habe einen Bärenhunger und habe schon von deinen Kochkünsten gehört, Mütterchen!«

Ein zahnloses Lächeln erhellte das Gesicht der Alten. »Das hört man gern, meine Liebe. Und sie dir nur das kleine Vögelchen an, das kurz vor dem Erfrieren ist. Setzt dich hier ans Feuer!« Sie schob einen Schemel etwas näher an die Flammen. Dann wandte sie sich wieder ihrem Topf zu und schaufelte zwei große Kellen voll Suppe in jeweils eine Schüssel für Anna und Justina. Sie reichte ihnen Löffel und schnitt im Anschluss noch einige Brotscheiben von einem Laib. »Langt nur zu und lasst es euch schmecken!«

Obwohl Anna keinen Appetit hatte, griff sie nach dem Löffel. Die Suppe würde sie wärmen und schmeckte in der Tat hervorragend. Als sie über den Rand der Schüssel blickte, sah sie, dass Schwester Justina sie beobachtete, was ihr gar nicht gefielt. Warum sah die Novizin sie so durchdringend an? Am liebsten würde sie sich abwenden.

»Du kannst mir glauben, wenn ich dir sage, dass du noch Glück hast in deinem Unglück.« Sie lächelte das Mädchen über den Rand ihrer Schüssel an.

Anna schnaubte, antwortete aber nicht.

Die Novizin ließ sich davon nicht beirren. »Als ich so alt war wie du, verkaufte mein Vater mich für ein paar Schillinge an einen Hurenwirt«, begann Justina, ihre Geschichte zu erzählen. »Ich erinnere mich, wie der Mann ihm das Geld in die Hand zählte, bevor er sich umdrehte und verschwand, ohne sich noch einmal nach mir umzudrehen. Es war ihm egal, was aus mir wurde, Hauptsache er konnte sich wieder in irgendeinem der Wirtshäuser besaufen. In den ersten zwei, drei Jahren ging es mir nicht schlecht. Ich habe mehr zu Essen bekommen als jemals in meinem Leben. Meine Aufgabe war es, zu putzen und die Wünsche der Frauen in dem Hurenhaus zu erfüllen. Wenn abends die Männer kamen und sich nach den Huren umsahen, hielt ich mich versteckt. Eines Tages, ich war gerade zwölf Jahre alt geworden, war ich nicht schnell genug und fiel einem der Freier ins Auge. Der Wirt hatte zunächst abgelehnt, dann aber nachgegeben, als der Mann das Dreifache des Preises zahlen wollte. Die Gier des Kerls war größer als seine Skrupel und er willigte ein« erzählte Justina nüchtern. »Ich war lange genug in dem Bordell, um zu wissen, was auf mich zukam. Du weißt doch, was Männer mit Frauen machen, wenn sie sich mit ihnen vergnügen wollen?« Sie sah fragend zu dem Mädchen, das ihr gebannt zuhörte und ihren Kummer für einen Moment vergessen zu haben schien.

Anna nickte. Sie war auf einem Bauernhof aufgewachsen, dessen Fortbestehen davon abhängig war, dass die Tiere sich vermehrten.

Außerdem hatte sie, als sie auf dem Heuboden spielte, einmal heimlich den Stallknecht dabei beobachtet, wie er es mit einer der Mägde trieb.
»Der Mann nahm mich also mit in eine der Kammern und riss mir die Sachen vom Leib, als ich mich nicht ausziehen wollte. Er hat mir unaussprechliche Dinge angetan. Von diesem Tag an bot mich der Wirt als Ware feil und ich tat fünf Jahre lang, was ich musste, damit er mich nicht auf die Straße setzte. Ich wurde zu etwas, das ich nie werden wollte, zu einem liederlichen Stück Dreck, das von den ehrbaren Bürgern der Stadt gemieden wurde, es sie denn, ihnen war danach, ihre Lust an mir zu stillen. Und dann kam der Tag, an dem mich einer der Freier fast totgeprügelt hätte. Erst Tage später war ich im Margaretenhospital wieder zu mir gekommen. Es war Maria Gabriela, die mich gesund gepflegt hatte, und mich behandelte wie einen Menschen und nicht wie eine Ware oder Unrat. Den Rest der Geschichte kennst du. Ich habe den Weißfrauen so viel zu verdanken, dass ich fest dazu entschlossen bin, diese Hilfe anderen zuteilwerden zu lassen. Das ist das Einzige, das meinem Leben einen Sinn gibt.« Sie sah Anna unbeirrt in die Augen. »Du warst deiner Mutter so wichtig, dass sie sich für dich nur das Beste wünschte. Deswegen ist sie mit dir aus Herbsleben weggelaufen. Sie wollte eine bessere Zukunft für dich. Auch wenn sie nicht mehr miterleben kann, wie du erwachsen wirst, so bin ich mir sicher, dass sie dir alles mit auf den Weg gegeben hat, was du brauchst, um eine gute Frau zu werden.«
Anna ließ den Löffel scheppernd in die Schüssel fallen, schlug die Hände vor das Gesicht und weinte bitterlich.
Schwester Justina umrundete eilig den Tisch und schloss das schluchzende Mädchen in die Arme. »Schon gut Kleine, weine

nur! Und wenn du fertig bist, putzt du dir deine Nase, wischt die Tränen von den Wangen und hältst den Rücken gerade! Lass dir niemals von jemandem einreden, dass du nichts wert bist! Dann bin ich mir sicher, dass alles gut werden wird.«
Das Mädchen nahm die Hände vom Gesicht und schaute zu der Novizin auf. »Meinst du wirklich?«
»So wahr mir Gott helfe.«

***

Eine Stunde später saßen sie satt und aufgewärmt wieder auf dem Kutschbock. Anna hatte zwar immer noch Angst vor dem, was auf sie zukommen würde, fühlte sich aber von den Worten Justinas ein wenig gestärkt. Sie würde es schaffen, das musste sie einfach. Kurz bevor sie die Tordurchfahrt durch die Eigenrieder Warte durchqueren konnten, kam ihnen ein Fuhrwerk aus der anderen Richtung entgegen. Während sie darauf warteten, loszufahren, wurde Anna durch das laute Schreien unzähliger Graugänse am Himmel aufgeschreckt. Diese zogen in Massen gen Süden und zeigten an, dass der Winter wohl nicht mehr lange auf sich warten lassen würde. Hoffentlich würde er nicht so kalt und endlos werden. Das Mädchen mochte den Winter nicht. Es liebte vielmehr den Frühling, wenn alles grünte und erblühte, die Natur wieder zu neuem Leben erwachte. Anna sah den Vögeln sehnsüchtig nach und freute sich auf deren Wiederkehr im kommenden Jahr.
Kurze Zeit später schnalzte der Fuhrknecht mit der Zunge und klatschte die Zügel auf den Rücken der beiden Pferde vor ihnen, sodass die Kutsche ruckelte und die Reisenden mit ihr. Anna wandte sich an den Fuhrmann. »Ist es denn noch weit bis nach Diedorf?«

Der stille Mann antwortete ihr, ohne den Blick von dem Weg abzuwenden. »Nicht mehr weit. Wir fahren auf der Geleitstraße am Pfaffenkopf vorbei nach Katharinenberg. Dort ist der Abzweig zur alten Heerstraße, die ins Tal hinunter nach Diedorf führt.«

Anna war überrascht über die ausführliche Antwort, denn der Fuhrknecht hatte den gesamten Weg bisher kaum ein Wort gesprochen. Mit jedem Zoll, den sie dem Ort entgegenkamen, der ihre Heimat werden würde, wuchs ihre Aufregung. Sie rutschte unruhig auf dem Kutschbock hin und her und konnte die Spannung kaum noch ertragen.

Einige Zeit später traf die Geleitstraße auf eine breite, mit Steinen befestigte Straße, die von zwei Fuhrwerken nebeneinander passiert werden konnte. Das musste die Heerstraße sein, von der der Mann gesprochen hatte. Am Rande der Straße öffnete der Wald sich für eine Lichtung mit mehreren kleinen Häusern und einem großen Fachwerkhaus. Sie bogen links ab, ließen den Ort hinter sich und folgten der abschüssigen Heerstraße in das Tal, das ringsum von dicht gewachsenen Bäumen umrandet war, deren Kronen aus bunten Blättern einen verzaubernden Anblick boten. Hinter einer Biegung der steil abfallenden Straße konnte Anna die ersten Häuser in der Ferne erkennen. »Ist das dort Diedorf?«

Der Fuhrknecht brummte ein »ja« und lenkte das Gespann unbeirrt weiter den Weg hinunter, bevor er missmutig knurrte und kurz darauf den Wagen zum Stehen brachte. Vor ihnen offenbarte sich eine Menschenansammlung, die in gemächlichem Schritt aus dem Ort zog und dabei die gesamte Breite der Straße einnahm.

Schwester Justina reckte den Hals, um zu sehen, warum sie hielten. Dann schnaubte auch sie. »Oje, das kann dauern.«

Anna, die nicht wusste, was vor sich ging, stellte sich auf. »Was ist denn da?«

»Eine Prozession zum Totenamt«, erklärte Justina.
»Die Menschen laufen von der Kirche weg. Wo ist denn der Tote?«, wollte Anna wissen.
Die Novizin maß das Kind mit einem kundigen Blick. »Es ist der Kerl, der neben dem Messner steht, der in dem schwarzen Kittel.«
Entrüstet sah Anna sie an. »Aber dieser Mann lebt doch noch!«
»Nicht mehr lange«, knurrte der Fuhrknecht.
Das Mädchen wurde blass. »Wollen die Menschen ihn töten?«
Justina lächelte milde und legte beruhigend die Hand auf den Arm des Kindes. »Nichts dergleichen. Siehst du das Haus dort am Rande der Lichtung?«
Anna drehte den Kopf in die Richtung, in die Schwester Justina wies und nickte. Aus der Ferne konnte sie den schäbigen Bau erkennen.
»Das wird das Siechenhaus von Diedorf sein. Hier sind die Kranken untergebracht, für die es keine Hoffnung auf Heilung gibt.« Sie konnte sehen, dass das Mädchen noch nicht verstand, worauf sie hinauswollte. »Dieser Mann wird dort im Siechenhaus darauf warten, dass er stirbt.«
Traurig schaute Anna zu dem Erkrankten. »Niemand kann ihm helfen?«
Kopfschüttelnd fuhr Justina mit ihrer Erklärung fort. »Er hat eine dieser Seuchen, die es erforderlich machen, ihn von den Gesunden zu trennen, damit die Miasmen der Pestilenz nicht auf sie übergehen. Also führt den Messner ihn zur Kirche, das Totenamt wird gelesen und der Kranke wird zum Siechenhaus geleitet.«
Mit einer Mischung aus Neugierde und Bestürzung beobachtete Anna die Prozession. Der Kirchenmann trug ein großes Kreuz. Die Worte, die er zu dem Mann sprach, konnte sie nicht verstehen, aber sie nahm an, dass es sich um Gebete handelte, denn aus der Men-

schenmenge war in Abständen ein Amen zu vernehmen. Dann griff der Messner nach einer Schaufel und befüllte sie mit Erde, die er auf den Füßen des kranken Mannes verschüttete. Die ganze Prozedur wiederholte er drei Mal. Fragend sah sie zu der Novizin, die sogleich zu einer Erklärung ansetzte.

»Das ist sozusagen die Beerdigung. Die Erde bedeutet, dass der Kranke nun als tot und begraben gilt und somit aus der Gemeinschaft und dem irdischen Leben geschieden ist. Er wird von nun an im Siechenhaus wohnen und auch arbeiten, soweit es ihm gut geht. Er darf diesen Ort nur verlassen, wenn es dringend notwendig ist, muss dann aber mit einer Holzklapper anzeigen, dass er in der Nähe ist, damit die gesunden Menschen sich weit genug von ihm entfernen können.«

»Das ist alles sehr eigenartig«, stellte Anna fest.

»Das mag sein. Aber nur so kann man alle anderen vor den schädlichen Ausdünstungen der Seuche bewahren.«

Als sich die Menschenmenge endlich aufgelöst hatte, setzten sie ihre Fahrt in den Ort fort. Anna sah sich aufmerksam um. Sie würde fortan hier leben müssen. Am Rande der Straße stand die eine oder andere mit Stroh bedeckte Hütte. Als sie wenig später die Dorfmitte erreichten, staunte Anna nicht schlecht. Der Dorfanger war für so ein kleines Dorf recht weiträumig.

Als der Fuhrknecht sah, mit was für großen Augen das Mädchen seine Umgebung musterte, stoppte er das Fuhrwerk und deutete auf die Angeranlage. »Siehst du die beiden großen Steinkreuze dort?« Er wartete nicht ab, dass Anna antwortete, sondern fuhr fort. »Sie stammen aus der Zeit der legendären fränkischen Könige und Kaiser. Das eine zeigt die Dorffreiheit an, das andere die Marktfreiheit. Auch wenn das Dorf nicht groß ist, so war es damals doch bedeutend«, beendete der Mann seine recht ausführliche Erklärung. Er trieb die Gäule mit einem Klatschen der Zügel auf deren Hinterteile an und schnalzte mit der Zunge.

Anna sah sich neugierig um. Gen Osten stand eine kleine Kirche, an der die Heerstraße vorbeiführte. Rechts davon bog eine weitere Straße ab, die Herrengasse, wie der Mann ihr erklärte. »Wohnen dort die Herren des Dorfs?«

Der Fuhrknecht schüttelte belustigt den Kopf. »Hier in Diedorf sind sechs Freibauern ansässig, vier von ihnen haben ihre Höfe dort. Die Männer sind sehr einflussreich, aber sie sind nicht die Herren hier im Ort. Das sind die von Harstall. Dein Oheim arbeitet an ihrem Hof.«

»Wohnt er im Herrenhaus?«, wollte Anna wissen. Als der Mann mit den Achseln zuckte, fragte sie nicht weiter. Sie würde es schon herausfinden.

Das Fuhrwerk rumpelte weiter über die Steinstraße und bog kurz, bevor sie das letzte Haus erreichten, nach links ab. Diese Gasse war nicht so breit, aber befestigt und endete vor den in Stein eingefassten Toren eines Herrenhauses mit braunen Fachwerkbalken und Dachschindeln aus dunkelrotem Ton. Daneben standen eine riesige Scheune und ein weiteres Gebäude, aus der die typischen Stallgeräusche an ihre Ohren drangen und der ihr wohlbekannte Geruch von Dung an die Nase.

Mit neugierigem Blick bedachte Anna ihre Umgebung und versuchte, sich jedes noch so kleine Detail einzuprägen. Das hier war also der Ort, an dem sie in Zukunft wohnen würde.

# Kapitel 9 - Familie

ch lasse mir von so einer Nonne nicht ein Kind ins Haus zwingen!«

Aufgebracht stampfte Jutta Hiertz durch die Küche und fuchtelte dabei wild mit den dicken Armen.

Justina ließ sich davon nicht abschrecken. »Diese Nonne …« Sie betonte dabei das Wort ›diese‹. »… ist die Äbtissin des Weißfrauenklosters auf der Brücke in Mühlhausen. Du vergisst dich, Frau!«

Erschrocken, aber auch beeindruckt von der Furchtlosigkeit der Novizin gegenüber einer Frau, die fast doppelt so alt sein musste wie sie, beobachtete Anna den verbalen Schlagabtausch der beiden. Sie hatte sich so sehr gewünscht, willkommen zu sein, und fragte sich, ob die Dinge anders stehen würden, wenn ihre Mutter bei ihr wäre.

Ihr Oheim stand in der Nähe des Feuers und las aufmerksam den Brief der Äbtissin, den Justina ihm gegeben hatte.

Anna hatte ihn sich ganz anders vorgestellt. Er war groß und kräftig. Sein aschblondes Haar wich an der Stirn bereits zurück. Das runde Gesicht wurde von einer auffallend breiten Nase, die einer Knolle glich, dominiert. Um die Augen herum zeigten sich feine helle Linien, die auf der wettergegerbten Haut hervorstachen und vermuten ließen, dass er eine Frohnatur war, die viel und gerne lachte. Der beinahe mädchenhafte Mund verzog sich zu einer schmalen Linie, als er seine Frau von der Seite betrachtete.

»Es ist genug!« Die ruhige feste Stimme von Aloysius Hiertz setzte dem Gekeife seines Weibes ein Ende. Er beugte sich leicht vor und

lächelte seine Nichte freundlich an. »Wie heißt du, mein Kind?«
»Anna.«
Sein Lächeln wurde breiter. »Was für ein schöner Name. Meine Schwester hat dich nach unserer Mutter benannt. Du hast doch bestimmt Hunger nach der langen Fahrt von Mühlhausen.« Obwohl Jutta neben ihm schnaubte, fuhr er unbeirrt fort. »Wie wäre es mit einem Butterbrot? Meine Frau ...« Er blickte kurz zu ihr, bevor er sich wieder an das Mädchen wandte. »... macht die beste Butter in ganz Diedorf«, sagte er und warf seiner Ehefrau einen versöhnlichen Blick zu.
Jutta brummte und verzog den Mund zu einem schiefen Lächeln. »Ich decke den Tisch.« Dann ging sie in die Kammer neben der Küche, von der Anna annahm, dass es die Speisekammer war.
Aloysius hatte den bangen Blick beobachtet, mit dem seine Nichte hinter Jutta hersah. »Du brauchst keine Angst zu haben. Sie war nur überrascht von deinem Auftauchen. Damit haben wir wirklich nicht gerechnet.« Dann wies er auf einen der Schemel, die an dem großen Tisch in der Nähe des Fensters standen. »Setzt euch doch!« Er selbst nahm sich einen der Hocker und hockte sich darauf. Den Brief legte er vor sich auf den Tisch. Nachdem die beiden sich ebenfalls niedergelassen hatten, deutete er auf das Papier. »Hier steht, dass meine Schwester heute Morgen beerdigt wurde. War sie denn krank?«
»Gewissermaßen«, kam Justina Anna mit ihrer Antwort zuvor. Mit wenigen Worten umriss sie die Umstände, die zum Tod seiner Schwester geführt hatten, während Jutta nacheinander ein Brett mit einem Brotlaib, eine Schüssel mit Butter, Salz und einen Krug Bier auf den Tisch stellte. Dann verschwand sie wieder, um noch Teller und Becher zu holen.

Aloysius, der abwartete, dass seine Frau außer Hörweite war, fuhr mit gedämpfter Stimme fort. »Darüber werden wir hier kein Wort verlieren. Die Menschen hier im Dorf sind sehr gläubig und ein Teil von ihnen außerordentlich starr in ihren Ansichten. Man würde dir die Sünden deiner Mutter zum Vorwurf machen.« Er blickte zu Anna, um sich zu vergewissern, dass sie verstand. »Lassen wir es dabei, dass deine Eltern gestorben sind.«

»Aber der Brief«, hauchte Anna, kurz davor zu weinen. »Meine Frau kann ihn nicht lesen. Ich werde ihn unserem Pfarrer zeigen, damit er bestätigen kann, dass es der Wunsch deiner Mutter war, dass du bei uns lebst. Niemand anders wird das Schreiben zu Gesicht bekommen.« Als Jutta mit dem Geschirr auftauchte, legte er die Hand auf ihren Arm und sah mit einem bedeutsamen Blick zu ihr auf. »Es ist unsere Christenpflicht, mein Herz.«

Abermals knurrte die rundliche Frau, aber ihr Gesicht hatte seinen abweisenden Ausdruck verloren.

»Komm, setzt dich zu uns und lass uns besprechen, wo wir unsere Nichte einquartieren können!« Er schnitt ein paar Scheiben Brot von dem Laib und reichte sie nacheinander seiner Frau, Justina und Anna. Als er sah, wie das Mädchen ihre Brotscheibe dünn mit Butter bestrich, lachte er kurz auf. »Kein Wunder, dass du so zart bist wie ein Vögelchen. Du kannst die Butter ruhig etwas dicker aufstreichen.«

Anna blickte ängstlich zu Jutta, die erneut knurrte und die Schüssel mit der Butter in die Richtung des Mädchens schob. Scheinbar war ihre Base keine Frau von vielen Worten und jedes Knurren hatte seine eigene Bedeutung. »Dankeschön!«

»Ach was! Du gehörst doch zur Familie. Da muss man sich nicht bedanken.« Auf Bestätigung hoffend, blickte er zu seiner Frau.

»Nicht war, meine Liebe?«

Jutta nickte, während sie ihr Brot kaute und mit einem Schluck Bier herunterspülte. »Aber sie wird sich nützlich machen müssen. Für Faulenzer ist hier kein Platz!«

»Selbstredend, mein Herz. Aber für heute war der Tag lang genug für das arme Kind. Sieh sie dir doch an, sie schläft ja gleich im Sitzen ein.«

Anna, die sich aufrichtete, um ihnen das Gegenteil zu beweisen, riss aufgeregt die Augen auf. »Ich kann putzen und werde alles tun, was ihr mir auftragt.«

Aloysius fuhr ihr mit der kräftigen Hand zärtlich über das Haar. »Morgen, meine Kleine.«

Die Spannung in Annas Körper ließ ein wenig nach, als ihr Oheim so freundlich mit ihr sprach. Sie biss in das Brot und stellte fest, dass die Butter in der Tat hervorragend schmeckte.

Als Aloysius den genießerischen Gesichtsausdruck des Mädchens sah, lächelte er. »Gut, nicht wahr?«

Mit vollem Mund nickte Anna und sah dabei zu ihrer Base, die sich vor Stolz etwas gerader hinsetzte.

»Ich werde dir beibringen, wie man sie macht. Aber zuerst müssen wir überlegen, wo du schlafen wirst.« Sie runzelte die Stirn. »Dass du mit mir und deinem Oheim die Kammer teilst, kommt nicht in Frage.«

»Vielleicht können wir ein Lager vor dem Herdfeuer zurechtmachen, bis wir eine bessere Lösung gefunden haben«, überlegte Aloysius laut. »Was ist mir dir?« Fragend sah er zu Justina.

»Ich werde mich dann gleich auf den Rückweg nach Mühlhausen machen. Der Fuhrknecht nimmt nur seine Ladung auf und holt mich sicherlich jeden Moment ab.« Sie steckte sich den letzten Bis-

sen Brot in den Mund und betrachtete Anna nachdenklich. »Falls es dein Oheim erlaubt, werde ich dir in Abständen Briefe schreiben. Ich würde mich freuen, wenn du den einen oder anderen davon beantworten würdest. Ich bin mir auch sicher, dass Schwester Maria Gabriela sich gern an dem Schriftwechsel beteiligen möchte.«
Anna sah fragend zu Aloysius. »Darf ich?«
Der gutmütige Bauer nickte. »Natürlich. Hat deine Mutter dir das Schreiben beigebracht?«
Bei dem Gedanken an Gertrudis schossen Anna sofort Tränen in die Augen. Ihr Hals fühlte sich an wie zugeschnürt, weshalb sie als Antwort lediglich nickte.
»Sie war darin immer besser als ich.« Er sprach die Worte ohne jeden Ärger. »Auch die Miniaturen, die mein Vater in die Bücher malte, konnte sie besser nachahmen. Sie war die geborene Buchmalerin.«
Anna lauschte weiter den Erzählungen ihres Oheims, während Jutta den Tisch abräumte. Dann machte sie sich an dem Topf über dem Herdfeuer zu schaffen, der einen Eintopf zum Abendessen enthielt. Als sie einen Schmerzensschrei von sich gab, war Aloysius schneller auf den Beinen, als Anna überhaupt mitbekam, was geschehen war. Sie konnte beobachten, wir ihr Oheim die Hand seiner Frau in die seinen nahm.
Du musst Butter darauf tun«, raunte er Jutta ins Ohr.
Anna stand auf und trat schüchtern näher. »Habt ihr Frauenminze im Haus? Ein Umschlag aus den Blättern des Krautes lindert den Schmerz bei Verbrennungen und sorgt dafür, dass die Wunde schneller heilt.«
Überrascht blickte Jutta auf. »Und woher nimmst du derlei Weisheiten?«

»Aus meinem Buch«, versuchte sich Anna an einer Erklärung. Justina kam dem Mädchen zur Hilfe. »Eure Nichte hat in den letzten Monaten jede freie Minute unter der Anleitung der besten Heilerin unseres Ordens alles über die Heilkraft der Kräuter gelernt. Ihr könnt wirklich stolz auf sie sein.«

»Was nützt uns das jetzt? Wir haben kein Frauenkraut«, fauchte Jutta, bevor sie sich wieder ihrem Schmerz hingab.

»Nun, dann wird die Butter eben helfen müssen, bis die Kleine im nächsten Jahr ihre Kräuter im Garten anbaut.« Aloysius sah erst zu Anna und dann wieder zu seiner Frau. »Setz dich, mein Herz. Ich kümmere mich darum.« Sanft führte er Jutta zu einem der Schemel. Als er sich umdrehte, um die Butter zu holen, stand Anna bereits damit hinter ihm. »Wie aufmerksam!« Er griff nach der Schüssel und stellte sie auf den Tisch.

Anna setzte sich gegenüber und schaute zu, wie ihr Oheim die Wunde seiner Frau versorgte. »Ich darf wirklich ein Kräuterbeet anlegen?«

Aloysius sah auf. »Nun, ich wüsste nicht, was dagegenspricht. Wenn es stimmt, was Schwester Justina sagt, dann kann es nur gut für uns sein, eine kleine Heilerin in der Familie zu haben.«

Das Mädchen erwiderte das Lächeln seines Oheims. Bevor sie sich jedoch bedanken konnte, stand Jutta ruckartig auf.

»Aber vorher wird sie ihre Pflichten im Haus erledigen. Dann kann sie sich um ihr Unkraut kümmern.« Als hätte sie eine Schlacht gewonnen, blickte sie auf das Kind hinab. »Ich werde dir diese Flausen schon austreiben.« Dann drehte sie sich um und wandte sich wieder dem Eintopf zu.

Anna verstand nicht, was sie getan hatte, um diesen Groll ihrer Base zu verdienen. Hilfesuchend blickte sie deswegen zu ihrem Oheim,

der nach ihrer Hand griff, um diese kurz zu drücken. Bevor sie noch etwas sagen konnte, klopfte es an der Haustür.
»Das wird der Fuhrknecht sein.« Justina stand auf und verabschiedete sich von dem Mädchen. »Es wird alles gut werden, denk immer daran, wenn du zweifelst.«

***

In den frühen Morgenstunden, noch vor der Morgendämmerung, lag Anna wach, in eine Decke gewickelt, vor dem erlöschenden Herdfeuer und grübelte über die Ereignisse des gestrigen Tages. Bevor sie nach der Beerdigung auf den Kutschbock gestiegen war, hatte sie sich von der Muhme verabschiedet. Die alte Frau hatte ihr das Kräuterbuch gegeben und ihr das Versprechen abgenommen, dass sie weiter lernen würde. Aber auch Anna hatte die Muhme um etwas gebeten. Da sie am Sonntag nicht im Klostergarten sein konnte, würde Schwester Maria Gabriela Jacob treffen und ihm die Dinge erklären. Dass sie ihren Freund nie wieder sehen würde, versetzte ihr einen Stich. Mit wem sollte sie nun über alles reden? In ihrem Kopf formten sich Bilder des Jungen mit dem schmalen Gesicht. Sie sah die grünen Augen vor Schalk aufblitzen, wenn er einen Witz gerissen hatte. Sie erinnerte sich an jede einzelne seiner Sommersprossen und auch, wie sie mit dem Ausklang des Sommers und dem Einzug des Herbstes langsam verblassten. Anna würde ihn wahrhaftig vermissen und hoffte für ihn, dass er eine Anstellung als Gehilfe in einer Schmiede fand, so wie er es sich gewünscht hatte.
Mit ihrem eigenen Schicksal haderte sie im Augenblick. Jutta hatte bisher kein einziges freundliches Wort an sie gerichtet und Anna verstand den Grund dafür nicht. Sie nahm sich vor, so fleißig zu sein, dass

ihre Base keinen Anlass zur Schelte hatte. Ohne eine Aufforderung hatte sie am gestrigen Abend zu einem Tuch gegriffen und das Geschirr getrocknet, bevor sie Jutta beobachtete, wo genau sie die Teller und Becher verstaute. Das nächste Mal würde sie dies erledigen. Was ihren Oheim betraf, machte sich Anna weniger Sorgen. Er schien ein wirklich freundlicher Mann zu sein. Sein Versprechen, dass sie im kommenden Frühjahr ein Kräuterbeet im Garten anlegen durfte, erfreute sie so sehr, dass sie kaum Worte fand. In Gedanken hatte sie sich bereits eine Liste gemacht, welche Kräuter sie anpflanzen möchte. Sie würde die Muhme gleich in ihrem ersten Brief danach fragen, ob sie Samen oder Setzlinge für sie erübrigen konnte. Allerdings musste sie vorhersehen, wo sie das Papier und die Tinte für das Schreiben herbekam. Da ihre Base nicht lesen konnte, würde sie wohl auch keine Schreibutensilien besitzen. Also beschloss sie, ihren Oheim darum zu bitten, wenn sie heute vom Herrenhof zurückkehrten.
Anna war schon sehr aufgeregt, weil sie abermals nicht wusste, was sie erwartete. Aloysius hatte ihr erklärt, dass er sie bei den Herrschaften vorstellen müsse, da sie ja gemeinsam in einem Haushalt wohnen würden. Sie hoffte inständig, dass man sie willkommen hieß, damit ihre Base nicht noch mehr Grund für ihren Unmut hatte.
Alles in allem schien dieser Hof hier größer zu sein, als der in Herbsleben. Allein schon die steingefasste, überdachte Toreinfahrt wirkte sehr beeindruckend. Sie schloss die Augen und ließ die Eindrücke, die sie gestern gesammelt hatte, als Bilder in ihrem Kopf wiederaufleben. In der Mitte des Hofes fand sich ein Brunnen und unmittelbar daneben eine Tränke für das Vieh, die von dem frischen Wasser der Quelle gespeist wurde. Um den weitläufigen quadratischen Innenhof fanden sich ringsherum Gebäude. Gleich rechts stand das Herrenhaus, ein wunderschönes Fachwerkhaus mit Bleiglasfenstern. Direkt

an das Haus grenzten die Stallungen. Ihr Oheim hatte ihr erklärt, dass hier im Winter das Vieh untergebracht war, das man nicht schlachtete und im nächsten Jahr für die Zucht verwenden wollte. Staunend hatte Anna ihm zugehört, als er beim Abendessen davon erzählte. Die von Harstall mussten sehr begütert sein. Aloysius zählte noch Besitzungen in Treffurt, Creuzburg, Mila, Lauterbach und Katharinenberg auf. Der beste Honig in der Umgebung käme jedoch vom Bienenhof, der zu diesem Gut in Diedorf gehörte. Eine der Aufgaben ihres Oheims bestand in der Versorgung der vielen Bienenkörbe. Dafür bekam er von dem Herren von Harstall auch jedes Jahr eine Extraportion des süßen Golds. Ein großer Topf bereicherte die Speisekammer um eine leckere Speise, von der Anna am heutigen Morgen würde kosten dürfen. Am linken Rand des Innenhofs stand das Haus ihres Oheims, in dem sie fortan leben würde. Umständlich drehte sie sich auf den Rücken, was gar nicht so einfach war, da ihr Körper in die dicke Decke eingewickelt war. Sie lächelte bei dem Gedanken an ihren Oheim. Als er sie nach dem Abendessen fragte, ob sie ein Kraut gegen ein Lichdürn wüsste, hatte sie keine Ahnung und dachte, er spräche eine fremde Sprache. Auf ihre Frage, was denn ein Lichdürn sei, lachte er herzhaft, dass sein rundes Gesicht ganz rot wurde. »Ah, meine Kleine, du wirst einige Worte hier in Diedorf recht eigenartig finden. Aber ich mache mir keine Sorgen, dass du sie lernst, so schlau wie du zu sein scheinst«, meinte er ohne jeglichen Anflug von Missgunst in seiner Stimme. »Ein Lichdürn ist ein Hühnerauge. Weißt du, was man dagegen tun kann?« Anna hätte ihm zu gern eine Antwort darauf zu geben, aber sie wusste es nicht. Dennoch versprach sie ihm, sich nach einem Kraut, das half, bei der Muhme zu erkundigen. Im Laufe des Abends lernte Anna noch einige Wörter, von denen sie manche zwei oder dreimal aussprechen musste, bevor sie in den

Ohren ihres Oheims richtig klangen. So lernte sie, dass die Menschen in Diedorf zu Löwenzahn Bumpelbüsche sagten, zu einem Schmetterling Butterfeul, Deeben zu einer Hündin und so manches andere fremdklingende Wort.

Jutta hatte beim Abendessen die Unterhaltung zwischen ihr und Aloysius schweigsam verfolgt. Ab und an hatte sie Anna über den Rand ihres Bechers beobachtet. Auch wenn das Mädchen sich unter den Blicken unwohl fühlte, so genoss es dennoch den entspannten Plausch und den köstlichen Eintopf, den ihre Base gekocht hatte. Für eine Suppe, die es mitten in der Woche gab, war erstaunlich viel Fleisch enthalten, das ebenso wie die Rüben auf der Zunge zerging. Solch ein Essen gab es in Herbsleben nur an einem Wochenende, weshalb Anna annahm, dass es um den Wohlstand ihrer neuen Familie gut stand und sie wegen ihr als zusätzlichem Esser nicht allzu viel entbehren müssten. Auch das Vorhandensein einer Schlafkammer abseits der Küche war nicht selbstverständlich. Die meisten Mensch bewohnten ein Haus, in dem es nur eine Kammer gab, und in dem das Bett in der Nähe des wärmenden Herdfeuers stand. Ihr Oheim versprach sogar, im Frühjahr eine weitere Kammer, die nur für Anna bestimmt war, anzubauen. Er ging davon aus, dass die Herrschaften von Harstall nichts dagegen einwenden würden.

Aloysius und Jutta waren nach dem Abendmahl ins Bett gegangen. Zuvor hatte ihr Oheim noch einige Knorren und Klummerklötze in das Herdfeuer gelegt und mit Asche bedeckt, damit Anna es warm genug hatte und das Feuer am Morgen leichter wieder zu entfachen war. Knorren, so hatte ihr Aloysius erklärt, waren Aststücke und Klummerklötze altes Weidenholz. Als sie über diese vielen neuen Wörter nachdachte, die in ihrem Kopf herumschwirrten, hatte ihre Base sie angefahren und aus den Gedanken gerissen. Sie bestand dar-

auf, dass Anna sich vor der Wand, an der ein großes Holzkreuz hing, auf den Lehmboden kniete und ein Gebet zur Nacht sprach. Das Mädchen war der Aufforderung auf der Stelle gefolgt und schloss daraus, dass Jutta ausgesprochen fromm sein musste. Gewiss würden sie am Sonntag für die Messe in die Kirche gehen. Dann konnte sie den Pfarrer kennenlernen.
Bei all den vielen Gedanken schwirrte Anna abermals der Kopf. Es war nicht daran zu denken, dass sie noch einmal würde einschlafen können, weshalb sie in die Dunkelheit lauschte und darauf wartete, dass Aloysius oder Jutta aufstehen würden. Auch drückte ihre Blase, aber sie hatte Angst, sich bei der Suche nach dem Abtritt draußen zu verlaufen. In einiger Entfernung krähte ab und an ein einsamer Hahn. Sein Ruf in die Nacht erfuhr allerdings kein Echo, weshalb Anna annahm, dass die Dämmerung noch etwas auf sich warten lassen würde. Sie kuschelte sich in die Decke, schloss die Augen und lauschte den Geräuschen des Hauses.

***

Das Mädchen hatte sein gutes Kleid übergezogen, ihr Haar so lange gebürstet, dass es glänzte und in üppigen goldenen Wellen über den Rücken floss, und wartete darauf, dass ihr Oheim mit ihr zum Herrenhaus aufbrechen würde. Als sie das gute Kleid aus ihrem Bündel geholt hatte, war der Brief ihrer Mutter herausgefallen. Sie hatte ihn in all der Aufregung ganz vergessen und nahm sich vor, ihn zu lesen, wenn sie vom Gutshaus zurück waren.
Nun trat Anna unruhig von einem Fuß auf den anderen, sich fragend, was sie dort wohl erwarten würde. Aloysius hatte ihr erklärt, dass der alte Werner von Harstall die Geschicke der Familie seinem Sohn, dem

jüngeren Werner überlassen hatte. Dieser sei in seinen besten Jahren und wurde als strenger, aber gerechter Herr in Diedorf anerkannt. Dessen Bruder Hans half ihm bei den Geschäften. Des alten Werners Frau war schon vor vielen Jahren gestorben, weshalb die Schnur die Anweisungen im Haushalt erteile. Wie Anna beim Abendmahl gelernt hatte, war die Schnur die Schwiegertochter des Hauses, wieder so ein Begriff, den es wohl nur in Diedorf gab. Als Anna nachfragte, wie die Frau des jüngeren Werners hieß, zuckte Aloysius mit den Schultern, denn selbst er kannte ihren Namen nicht. »Sie ist die Schnur. Das muss reichen. Und jetzt lass uns frühstücken!«

Aloysius hatte nicht zu viel versprochen, was den Honig betraf. Er ließ das zähflüssige Gold großzügig auf Annas Butterbrot laufen und freute sich darüber, dass sie voll des Lobes dafür war. Als er ihr noch eine zweite Scheibe anbot, wollte sie mit einem Seitenblick auf Jutta zunächst ablehnen. Als diese jedoch keinerlei Anstalten für einen bissigen Kommentar machte, freute sich Anna über deren Großzügigkeit und die ihres Oheims und langte kräftig zu. Sie konnte sich nicht daran erinnern, jemals so üppig gefrühstückt zu haben, weder auf dem Hof in Herbsleben noch bei den Weißfrauen im Kloster auf der Brücke. Vollkommen im Genuss des leckeren Honigs schwelgend, bemerkte Anna nicht, wie ihr Oheim hinter sie trat. Sie erschrak, als er sie ansprach, denn sie hatte nicht einmal mitbekommen, dass er aufgestanden war.

»Nicht so schreckhaft, meine Kleine! Hier will dir niemand etwas Böses.« Mit anerkennendem Blick musterte er sie von Kopf bis Fuß und nahm wahr, dass das Mädchen ein dem Anlass angemessenes Kleid trug. »Wollen wir?« Er schien keine Antwort zu erwarten, denn er lief schnurstracks aus dem Haus, quer über den weitläufigen Hof, vorbei an dem Brunnen und der Tränke, die Anna am Vortag gesehen hatte.

Er klopfte an die große Eingangstür des Herrenhauses und trat ohne Aufforderung ein. »Bleib dicht hinter mir!«, wies er sie an, als er den großen Raum gleich rechts neben dem Eingang betrat. In der Küche des Anwesens herrschte hektische Betriebsamkeit. Eine etwas ältere rundliche Frau mit rotblonden Haaren war damit beschäftigt, mehrere Gänse auszunehmen, die bereits ihre Federn gelassen hatten. Ein Mädchen, das vielleicht etwas älter war als Anna, schürte das Feuer eines riesigen Kamins, der fast die gesamte Wand einnahm und auf dem zwei große Töpfe standen, deren drei Beine in die Glut ragten. Was auch immer darin schmorte, roch köstlich. Obwohl Anna ihren Bauch gut gefüllt hatte, lief ihr bei dem Duft das Wasser im Mund zusammen. Zwei weitere Mädchen waren dabei, Zwiebeln und Rüben in kleine Würfel zu schneiden.

Die ältere Frau sah kurz auf, als Anna hinter ihrem Onkel die Küche betrat. »Schließt die Tür, sonst zieht der Essensdunst ins ganze Haus!« Dann widmete sie sich wieder den Gänsen und rupfte die verbliebenen Federkiele aus deren hellrosa Haut. »Wen hast du denn da mitgebracht, Aloysius?« Sie blickte nicht auf, sondern setzte ihre Arbeit verbissen fort.

»Du hast Augen wie ein Luchs, Christiana. Dieses wunderhübsche Geschöpf ist Anna, die Tochter meiner verstorbenen Schwester.«

Nun sah die Köchin doch auf und hob erstaunt die Augenbrauen. »Verstorben? Armes Kind!« Dann wandte sie sich an das Mädchen, das mit dem Feuer beschäftigt war. »Hol den Topf mit den Honigpflaumen! Das Kind kann jeden Trost dringend gebrauchen.« Sie lächelte das Mädchen aufmunternd an.

Bevor Anna Einwände erheben konnte, fand sie sich auf einem Schemel in der Nähe eines riesigen Eichenholztisches wieder, einen

Teller mit drei in Honig eingelegten Pflaumen vor sich. Die resolute Köchin nahm sie unter ihre Fittiche, während sie weiterhin die Küchenmägde kommandierte.
»Ist der Herr im Haus?«, wollte Aloysius wissen.
»Willst du das Kind bei dir aufnehmen, bist du deswegen hier?«, formulierte Christiane eine Gegenfrage.
»Sie ist das einzige Kind meiner Schwester. Was glaubst du denn?«
»Das wird deiner Jutta gar nicht gefallen«, stellte die Köchin unumwunden fest.
Anna sah zwischen der Frau und ihrem Oheim hin und her und erschrak, als sie sah, wie sich dessen Miene verdüsterte.
»Hüte deine Zunge! Du weißt nicht, was du sprichst«, zischte Aloysius.
Christiana ließ sich nicht beirren. »Ach, jetzt krieg dich wieder ein. Du weißt doch genau, wovon ich rede.«
»Das weiß ich sehr wohl, aber die Kleine nicht. Also lass es gut sein!« Die Betonung legte er dabei auf das Wort ›ich‹.
»Jetzt sei doch nicht so ein Griesgram! Ich sag ja schon nichts mehr.« Sie legte eine weitere Honigpflaume auf den Teller. »Nun sieh dir nur an, was sie für ein zartes Küken ist! Du wirst ihr ordentlich zu Essen geben müssen.«
»Damit sie so rund wird wie du?« Er lachte aus voller Kehle.
»Lach nur, aber danach sieh in einen Spiegel!«, fauchte die Frau ihn gekränkt an.
Zum Zeichen, dass er sich ergab, hob er die Hände und grinste. »Zier dich nicht wie ein Mädchen! Ich habe nicht gesagt, dass ich es nicht üppig mag.«
Christiana presste die Hände auf Annas Ohren. »Doch nicht vor dem Kind, du alter Lüstling!«

Das Mädchen hörte dennoch jedes Wort, das sie sagte und dachte sich ihren Teil.
»Willst du mir nun endlich sagen, ob der Herr zuhause ist?« Die Ungeduld schwang in Aloysius Stimme mit.
»Er ist oben in der Herrenstube mit der Schnur und den Kindern.« Die Kinder, von der sie sprach, waren beinahe selbst erwachsen. Aber in den Augen der Köchin würden sie wohl immer die Kleinen bleiben, denen sie zwischendurch Naschereien zusteckte.
»Anna, lass uns hinaufgehen!«
Das Mädchen folgte der Aufforderung seines Oheims und stand auf, wurde aber von der Köchin zurückgehalten. Sie griff nach dem Tuch, das sie an ihrer Schürze befestigt hatte, und wischte ihr damit über die vom Honig klebrigen Finger. »So wird es gehen.«
Von Christiana entlassen, folgte Anna ihrem Oheim die breite Holztreppe hinauf. Sie blieben vor einer Tür stehen, an die Aloysius klopfte. Kurz darauf betraten sie eine große Stube, die durch ein prasselndes Feuer gemütlich warm war. An einer großen Tafel saßen zwei Männer mittleren Alters, eine Frau und mehrere halbwüchsige Jungen und Mädchen, die neugierig schauten und leise tuschelten. Einer der Männer erhob sich und lächelte die Besucher freundlich an. »Aloysius! Tritt ein und schließ die Tür! Wir wollen doch nicht den ganzen Flur beheizen.«
Anna trat mit ihrem Onkel näher an die Herrschaften heran und stand sogleich im Mittelpunkt der Aufmerksamkeit, als der Herr von Harstall sie ansprach.
»Wen hast du uns denn mitgebracht, Aloysius?«
Ihr Oheim räusperte sich, bevor er sprach. »Meine Nichte ist gestern aus Mühlhausen in Begleitung einer Nonne des Klosters auf der Brücke eingetroffen. Sie gab mir dies.« Er griff in seinen Umhang und zog den Brief hervor, den Anna als den der Äbtissin erkannte

und den ihr Oheim eigentlich nur dem Pfarrer hatte zeigen wollen. Aloysius trat näher an den Tisch und übergab das Schreiben an den Herrn, der das Papier entfaltete und überflog. Der Herr von Harstall blickte wieder auf und lächelte abermals, bevor er Anna ansprach. »Du weißt, was hier drinsteht?«

Sie nickte zögerlich. »Ich habe den Brief gestern gelesen.«

Überrascht zog Werner von Harstall die Augenbrauen in die Höhe. »Du kannst lesen?«

Bescheiden sah Anna auf ihre Füße und nickte, während sie den festen Griff ihres Oheims an ihrer Schulter spürte.

»Interessant«, meinte der Herr. »Es gibt nicht viele Kinder aus ärmerem Hause, die lesen können.«

Anna brannte der Geschmack der Wut auf der Zunge. Wie konnte er es wagen, sie als arm zu bezeichnen? Ihr Oheim schien bemerkt zu haben, dass sie sich gekränkt fühlte, denn er verstärkte seinen Griff. »Meine Schwester hat Anna in unsere Obhut gegeben, meine und Juttas. Es war ihr letzter Wunsch, dass wir sie großziehen«, richtete Aloysius wieder die Aufmerksamkeit auf den Brief.

Werner verständigte sich wortlos mit dem anderen Mann, sein Bruder Hans, wenn Anna richtig vermutete und nickte dann langsam. »Dann soll es so sein. Du wirst sie aufnehmen und eine Aufgabe für sie finden.«

Aloysius nickte kurz. »Habt Dank!« Dann sah er auf den blonden Haarschopf seiner Nichte hinunter. »Wir wollen die Herrschaften nicht weiter beim Morgenmahl stören.«

Anna folgte nur zu gern der Aufforderung zum Gehen, denn sie mochte den Herrn nicht besonders. Als sie sich umdrehte, konnte sie die Grimassen eines Jungen ausmachen, der sich mit den Fingern die Mundwinkel breit zog und dabei die Zunge herausstreckte. Den mochte sie auch nicht, so viel stand fest.

# Zweiter Teil: Diedorf AD 1517

# Kapitel 10 - Begegnungen

nna kniete vor dem Kräuterbeet und hielt das Gesicht in die wärmende Sonne, den Duft der feuchten Erde in der Nase. Das Licht blendete sie, sodass sie die Augen schloss. Es war einer der ersten schönen Frühlingstage des Jahres und sie war fest entschlossen, das herrliche Wetter zu genießen. Nachdem sie die letzten Wochen damit verbracht hatte, Feldsteine vom Acker zu sammeln und bei der Aussaat der Sommergerste zu helfen, die sie nach der Ernte zum Brauen von Bier verwenden wollten, war sie froh, sich endlich ihren Kräutern widmen zu können. Wenn sie darüber nachdachte, konnte sie es kaum glauben, dass sie das Beet bereits vor acht Jahren angelegt hatte.

Nach dem ersten Winter, den sie in Diedorf verbracht hatte, war es ihr Oheim gewesen, der sie an sein Versprechen erinnerte. Gemeinsam hatten sie einen Platz im Garten hinter dem Haus ausgesucht. Aloysius hatte den Boden umgegraben und ihr beim Einfassen des Beetes mit Feldsteinen geholfen. Von der Muhme bekam sie die Sämereien und Setzlinge. Anna legte das Kräuterbeet nach dem Vorbild des Klostergartens an, nur etwas kleiner. Mit Feuereifer kümmerte sie sich um die Pflanzen und nutzte jeden freien Moment, das Beet zu pflegen. Das Buch der Muhme war ihr dabei eine große Hilfe. Mittlerweile war es ziemlich abgegriffen, so oft wie Anna darin geblättert hatte, um nützliche Ratschläge nachzulesen.

Nur zu gut konnte sie sich an die skeptischen Blicke ihrer Base erinnern, die keinen Nutzen darin sah, Kräuter zu kultivieren. Eines Tages war der Pfarrer auf dem Gut zu Besuch und erkannte, was Anna dort tat. Neugierig und voller Begeisterung bestaunte er das Tun des Kindes und wusste sogar den einen oder anderen Rat zum Anbau der Kräuter, denn er hatte selbst in einem Kloster gelebt, bevor er zum Priester geweiht wurde. Entzückt von der Idee des Mädchens besuchte er Anna jedes Mal, wenn er die Herrschaften aufsuchte, um ihre Fortschritte zu beobachten. Auch Jutta gegenüber versäumte er es nicht, das Kind für seinen Fleiß und die Klugheit zu loben. Es freute die Frau, dass ihre Familie die Aufmerksamkeit des Geistlichen genoss, weshalb sie fortan kein bissiges Wort mehr zu Annas Unterfangen verlor.

Sogar die Herrschaften und ihre Bediensteten suchten ihren Rat, wenn sie kleinere Wehwehchen plagten, was ihr den Beinamen »Heilerin« eingebracht hatte. Sie konnte sich noch gut an die Begegnung mit dem alten Werner von Harstall erinnern, dessen Finger vom Rheumatismus ganz verformt und kaum zu gebrauchen waren. Sie wusste damals nicht, dass er zu den Herrschaften gehörte. Er stand im Stall und gab dem Knecht gute Ratschläge zur Pferdehaltung, weshalb sie annahm, dass er der oberste Stallknecht wäre, weswegen sie auch nichts dabei sah, den Mann formlos anzusprechen. Er war überrascht, dass sie ihn fragte, ob er schlimme Schmerzen litt, und überließ seine Hände dem Mädchen zur Untersuchung. Sie empfahl im, die Finger möglichst selten der Kälte auszusetzen und so oft wie es ging an einem warmen Feuer zu sitzen. Außerdem riet sie ihm, einen Aufguss aus Birkenblättern und Brennnesseln zu trinken, um sich Linderung zu verschaffen. Der Mann bedankte sich brav und war gerade dabei, Anna zu versprechen, ihre Ratschläge zu beherzigen, als Jutta quer über den Hof gestürmt kam, vor dem Alten kratzbuckelte und sie zurechtwies, weil sie den Herrn von

Harstall belästigt hatte. Als Anna ihren Fehler erkannte, entschuldigte sie sich erschrocken, aber der alte Werner bedankte sich noch ein weiteres Mal höflich bei ihr, bevor sie von Jutta weggezerrt und gemaßregelt wurde.

Wochen später war ihre Base beinahe in Ohnmacht gefallen, als es an ihre Haustür klopfte und Werner von Harstall Einlass begehrte. Jutta stand mit offenem Mund neben dem Mann, der Anna zum Dank für ihre ›medizinische Beratung‹, wie er es nannte, eine Pelzstola mitgebracht hatte, damit sie im Winter ebenfalls nicht frieren musste. Er war es auch, der als Erster das Wort ›Heilerin‹ in den Mund genommen hatte, das von den anderen Leuten in Annas Umfeld schnell aufgegriffen wurde, als die Geschichte der beiden im Dorf die Runde machte. Sie hatte den alten Werner wirklich gemocht und war traurig, als er im letzten Herbst gestorben war.

Als ein Schatten sich vor die Sonne schob, öffnete Anna die Augen. So in Gedanken versunken, hatte sie nicht mitbekommen, dass ihr Oheim in den Garten gekommen war. Sie sah zu ihm auf und lächelte den Mann mit einem breiten Grinsen an, der über die Jahre zu dem für sie geworden war, was einer Vaterfigur am nächsten kam.

»Suchst du nach mir?«

»Wenn man schon vorher weiß, wo man jemanden findet, kann man es kaum eine Suche nennen«, erklärte er belustigt.

»Ich habe nur ein wenig Unkraut gezupft und nach dem Rechten gesehen. Im Herbst haben die Hasen einigen Schaden angerichtet.«

»Ja, ich erinnere mich. Hast einen ganz schönen Aufstand geprobt. Ich glaube nicht, dass sich je wieder ein Hase auch nur auf eine halbe Meile unserem Garten nähert.«

»Ich könnte mir vorstellen, dass es vielleicht ein wenig an dem Zauber liegt, den du mir beigebracht hast.« Sie lachte aus voller Kehle, als sie daran dachte, was Aloysius ihr geraten hatte. Er brachte ihr bei, dass sie die Pisse, nach einer üppigen Mahlzeit, bei der es Fleisch gab, auffangen und rings um das Kräuterbeet verteilen sollte. Die Hasen würden wissen, dass Fleischfresser in der Nähe wären und das Weite suchen. Seit sie diesen Rat befolgte, hatte sich der Wildfraß auf nur geringe Schäden reduziert. »Du bist früh zurück. Seid ihr schon fertig mit dem Acker?«

Das Lächeln aus Aloysius Gesicht verschwand. »Das nicht, aber ein Bote aus Mühlhausen hat einen Brief gebracht, von dem ich dachte, dass du ihn gleich lesen willst.« Er hielt ihr ein gefaltetes Papier vor die Nase, welches das Siegel des Brückenklosters trug.

Anna erhob sich und wischte sich die mittlerweile angetrocknete Erde von den Fingern, bevor sie nach dem Brief griff. Sie hatte auf eine Nachricht der Muhme gewartet, wunderte sich jedoch, als sie eine andere Handschrift auf dem Papier sah. »Eigenartig«, sagte sie, bevor sie das Siegel brach. Eilig überflog sie die Zeilen, die von der Äbtissin des Klosters geschrieben worden waren. Dann sah sie zu ihrem Oheim. »Die Muhme ist gestorben«, sagte sie ungläubig, den Blick nochmals auf das Papier gerichtet, auf dem die Zeilen vor ihren Augen verschwammen. »Ich wusste nicht, dass sie krank war«, flüsterte sie.

Aloysius, der in den letzten Jahren seine Muhme vielleicht zwei oder drei Mal zu Gesicht bekommen hatte, als er für die Herrschaften in Mühlhausen Aufträge erledigte, kratzte sich verlegen am Hinterkopf. »Sie war schon alt, im kommenden Sommer achtzig. Das ist ein gesegnetes Alter für einen Menschen.« Mitleidig blickte er zu der jungen Frau, die leicht zu wanken begann. Entschlossen griff er nach ihrem Arm. »Lass uns hineingehen und auf den Schreck etwas trinken.« Er schlug die Richtung ein, in der das Haus stand, das in den acht Jahren, seit sie hier wohnte, durch ihr Zimmer und noch ein weiteres neben der Speisekammer zum Trocknen der Kräuter ergänzt worden war, und zog sie mit sich. Mit der freien Hand rückte er den Schemel vor dem Tisch zurecht und sorgte dafür, dass sie sich setzte. Dann holte er zwei Becher aus dem Regal und lief damit in die Vorratskammer, um sie mit Bier zu füllen. Als er zurückkehrte, fand er Anna kopfschüttelnd, den Brief erneut lesend vor. Er stellte den Becher vor sie auf den Tisch und setzte sich ihr gegenüber. Er betrachtete sie über den Rand seines Trinkbechers besorgt. »Steht da drin, wann die Beerdigung stattfindet?«

Sie zuckte erschrocken, als er sie ansprach, hatte aber trotz der Versunkenheit in ihre Gedanken mitbekommen, was er sie gefragt hatte. »Schon morgen.« Sie verlor jegliche Körperspannung und sank schicksalsergeben in sich zusammen.

Aloysius leerte seinen Becher in einem Zug, stellte ihn geräuschvoll auf den Tisch und stand eilig auf. »Ich frage bei den Herrschaften, ob wir uns ein Pferd und einen Wagen ausleihen dürfen.«

Bevor Anna etwas entgegnen konnte, verließ ihr Oheim eiligen Schrittes die Küche. Verblüfft über dessen Entschlossenheit sah sie ihm nach und schöpfte tatsächlich etwas Hoffnung. Für den Fall, dass es ihm gelang, den Herrschaften eine Kutsche abzuschwatzen, konnten sie noch vor Einbruch der Dunkelheit in Mühlhausen ankommen und sich morgen in aller Stille von Elisabeth Hiertz, verheiratete Koch, in zweiter Ehe mit dem Allmächtigen verbunden, verabschieden. Für Anna war es schwer, zu glauben, dass die betagte Frau tot sein soll. Sie war so voller Tatendrang und Schaffenskraft trotz ihres hohen Alters. Seufzend erhob sie sich, räumte die Becher vom Tisch und reinigte sie. Als sie damit fertig war, trat sie aus dem Haus und setzte sich auf die knarrende Holzbank neben dem Eingang, den Blick in Richtung Herrenhaus gerichtet. Vor der Tür des Fachwerkhauses pickten die Hühner, die das erste Mal in diesem Jahr ihren Stall verlassen durften, das sprießende Unkraut aus den Fugen zwischen den Pflastersteinen. Zwischendurch reckten sie die Hälse in die Luft und übertönten sich mit ihrem Gegacker gegenseitig, so als würden sie darum wetteifern, wer den dicksten Halm gefunden hat, während der Hahn zwischen ihnen herumstolzierte und seine Hennen mit den kleinen Knopfaugen im Blick behielt. Als Aloysius aus dem Haus trat und den Hof überquerte, stoben die Hühner laut schimpfend auseinander, widmeten sich aber im nächsten Moment schon wieder dem Unkraut.

»Gute Nachrichten«, brachte Aloysius schwer atmend hervor, als er bei ihr angekommen war. »Wir brechen in einer Stunde auf. Pack ein paar Sachen! Ich suche deine Base, um sie ins Bild zu setzen.«

Sie sprang auf und warf sich ihm stürmisch entgegen, sodass er trotz seiner Größe und Körperfülle Mühe hatte, nicht das Gleichgewicht zu verlieren. »Danke!«, war alles, was sie hervorbringen konnte, so sehr schnürte es ihr vor Rührung die Kehle zu.

Er umarmte sie mit der Linken und tätschelte ihr unbeholfen mit der Rechten den Kopf. »Schon gut, meine Kleine.«

Obwohl sie ihm mittlerweile bis zur Nasenspitze reichte, nannte er sie immer noch so, wie an dem Tag, an dem sie in Diedorf angekommen und in sein Leben gestolpert war. Sie liebte diesen ruhigen, freundlichen Mann nun schon ihr halbes Leben.

***

Gott sei Dank hatte das Wetter gehalten. Der in satte Rottöne getauchte beinahe wolkenlose Abendhimmel versprach auch für den morgigen Tag Sonnenschein. Aloysius lenkte den Wagen geschickt durch die schmalen Gassen und brachte ihn vor dem Tor des Brückenklosters zum Stehen. »Brrrrr!« Das Pferd drehte die Ohren nach hinten und folgte dem Kommando. »Geh und kündige uns an! Ich suche einen Mietstall in der Nähe und komme dann zurück.«
Anna hüpfte vom Kutschbock, strich ihr Überkleid glatt und holte noch ihr Bündel aus dem Wagen. Dann sah sie ihrem Oheim nach, wie er das Gespann durch die Viehgasse lenkte, bevor sie sich umwandte und an der Pforte eine Glocke läutete. Es war eine ganze Weile her, seit sie vor dem Eingang des Klosters gestanden hatte, genau genommen über acht Jahre. Nachdem ihre Mutter gestorben war, hatte sie keinen Fuß mehr in die Stadt, geschweige denn in das Brückenkloster gesetzt. Zu tief saß der Kummer über die damaligen Ereignisse. Auch heute konnte sie den Nonnen und dem Pfarrer nicht verzeihen, dass sie ihre Mutter gnadenlos vor ihren Augen verscharrt hatten wie einen räudigen Köter.
Es hatte sich einiges verändert. Direkt zwischen dem Viehhof und dem Brückenkloster stand ein stattliches Haus. Sie fragte sich noch, wer wohl dort wohnte, als die Tür geöffnet wurde und sie in ein Gesicht blickte, das ihr merkwürdig vertraut vorkam.
Sie blinzelte kurz, aber sie war sich sicher, dass Schwester Justina vor ihr stand und sie von oben bis unten abschätzend musterte. »Gott zum Gruße! Sie wünschen?«
Annas Herz tat einen Sprung vor Freude über das bekannte Gesicht. »Erkennst du mich denn nicht?«
Die Nonne musterte die junge Frau von Kopf bis Fuß und schüttelte langsam das mit einem weißen Schleier bedeckte Haupt, be-

vor ein plötzlicher Strahl der Erkenntnis ihre Augen aufblitzen ließ. »Anna?«, fragte sie vorsichtig und riss sie schon in die Arme, bevor sie überhaupt nicken konnte. »Ich hatte so gehofft, dass du kommst.« Justina fasste sie an den Schultern, schob sie ein Stück von sich weg, um sie genau anschauen zu können, und zog sie erneut in eine Umarmung. »Deine Muhme! Oh Anna, es tut mir so leid!« Tränen füllten die Augen der jungen Frau. »Weißt du, was passiert ist?« Justina nickte, dann besann sie sich aber, dass sie immer noch vor der Pforte des Brückenklosters standen. »Komm doch erst einmal herein! Du kannst in einer der Gästekammern schlafen. Hast du schon etwas gegessen? Ich finde bestimmt eine Kleinigkeit für dich.« Ohne Unterlass redete die Nonne auf Anna ein. »Wir sollten aber erst zur Äbtissin gehen. Mein Gott, bist du gewachsen! Ich kann es immer noch nicht glauben, dass du hier bist.«

Ruckartig blieb Anna stehen. »Mein Oheim! Er stellt den Wagen unter und dann kommt er nach.«, fiel es ihr siedend heiß ein. Sie blickte besorgt die Viehgasse hinunter.

»Das ist kein Problem. Wir haben auch für ihn eine Kammer. Nun lass uns Maria Raffaela aufsuchen. Sie wird mit dir sprechen wollen.«

»Raphaela? Nach Raphael, dem Engel der Heilung?« Anna schmunzelte. »Wie passend.«

Justina erwiderte ihr Lächeln und lief weiter. »Die Äbtissin besitzt eine besondere Art von Humor.«

In den wenigen Augenblicken, in denen Anna mit der Frau zu tun hatte, war nichts davon zu bemerken, dachte sie. Humor wäre in den Situationen allerdings auch nicht angebracht gewesen, wenn man den Umstand bedachte, dass es sich um das Sterbebett ihrer Mutter und die folgenden Ereignisse handelte. Immerhin hatte Anna es ihr zu verdanken, dass sie zu ihrem Oheim geschickt wurde, was sich im Nachhinein als wahres Glück erwiesen hatte. Nun sah sie sich erneut mit der Äbtissin konfrontiert, ein weiteres Mal in einer Situation des Todes und der Trauer, weshalb Anna sicher war, dass Maria Raphaela ihren Humor abermals nicht zeigen würde.

Sie hielt mit Justina mit und folgte ihr ins Dormitorium. Die Gänge und auch das Kloster selbst kamen Anna viel kleiner vor als noch vor acht Jahren. Als sie sich vor der Kammer der Äbtissin wiederfand, fühlte sie sich in diese Zeit zurückversetzt, was wohl zum größten Teil an dem unguten Gefühl in ihrem Bauch lag, das sich darin ausbreitete. Sie folgte Justina durch die Tür, hinter der Maria Raphaela in Papiere vertieft war, die vor ihr auf dem Tisch lagen. Sie sah auf und legte den Lesestein zur Seite. Offenbar musste die Äbtissin die Buchstaben vergrößern, um sie lesen zu können. »Was gibt es?«, fragte sie freundlich.

Justina trat einen Schritt näher. »Erinnerst du dich noch an Anna?« Als sie sah, dass Maria Raphaela sich sehr wohl an das Mädchen von damals erinnerte, sprach sie weiter. »Sie ist zur Beerdigung mit ihrem Oheim aus Diedorf angereist. Ich werde mich darum kümmern, dass sie zwei Gästekammern bekommen.« Nachdem die Äbtissin ihr bestätigend zunickte, drehte sich die Schwester zu Anna um. »Ich brauche nicht lange und treffe dich später im Refektorium. Dort können du und dein Oheim sich dann stärken.«

Nachdem sie die Kammer verlassen hatte, winkte Maria Raphaela Anna zu sich. »Du bist erwachsen geworden«, stellte sie unumwunden fest. »Setz dich doch und erzähl mir von dir! Ist es dir gut ergangen bei deinen Verwandten?«

Anna folgte der Aufforderung und nahm neben dem großen Schreibtisch Platz. »Mein Oheim und seine Frau sind gute Menschen. Sie haben mich aufgenommen und all die Jahre gut behandelt.«

»Das freut mich zu hören. Es tut mir leid, dass wir uns immer nur zu traurigen Anlässen sehen. Der Tod deiner, wie nanntest du sie? ... Muhme?« Sie wartete das Nicken Annas ab, bevor sie weitersprach. »... deiner Muhme hat uns schwer getroffen.«

»War sie denn krank? In ihrem letzten Brief klang sie so froh und munter wie eh und je.«

Die Äbtissin schüttelte vehement den Kopf und lächelte bei der Erinnerung an Schwester Maria Gabriela. »Sie hat am Tag vor ihrem Tod die neuen Novizinnen durch das Margaretenhospital gescheucht und ihnen verdeutlicht, dass Müßiggang für sie als Todsünde galt. Wenn eine der jungen Damen nicht genau das getan hatte, was sie wollte, erlebten sie ein Donnerwetter, dass ihnen Hören und Sehen vergingen. Von Krankheit oder Gebrechlichkeit konnte keine Rede sein. Nicht eine von uns hätte mit ihrem Ableben gerechnet. Umso schwerer hat es uns getroffen, als sie vor zwei Tagen nicht zum Morgenmahl erschien und wir sie deswegen in ihrem Zimmer gesucht haben. Sie hat sich einfach davongeschlichen, still und heimlich in der Nacht zuvor.«

Anna kämpfte gegen die Tränen. »Ich bin froh, dass sie offenbar nicht leiden musste.«

»Einen gnädigeren Tod gibt es nicht, wenn du mich fragst.« Maria Raphaela erhob sich und kramte in dem Regal, das hinter dem Schreibtisch an der Wand stand. »Sie hat zwar genauso wenig mit ihrem Tod gerechnet wie wir, aber sie hat ihren letzten Willen aufgeschrieben, ein Testament verfasst, in dem sich dich benennt.«

»Mich?« Verwundert riss Anna die Augen auf.

»Aber warum so erstaunt? Deine Muhme hat den Inhalt jeden Briefes, den sie von dir erhalten hat, mit uns geteilt. Sie war so stolz darauf, dass du so wissbegierig und klug bist. Du hast ihr so viel Freude bereitet. Wusstest du das denn nicht?« Nun war es an der Äbtissin, verblüfft zu sein.

»Ich weiß nicht, was ich sagen soll.«

Schwester Maria Raphaela kramte weiter in den Unterlagen, die sie in dem Regal aufbewahrte, bevor sie einen triumphierenden Ruf ausstieß. »Ha! Hier ist er!« Sie hielt einen gefalteten Brief in der Hand und drehte sich zu Anna um. »Nimm ihn mit in deine Kammer und lies ihn in Ruhe! Wir können dann morgen nach der Beerdigung ihre Wünsche umsetzen.«

Anna stand auf und war schon fast zur Tür hinaus, als ihr einfiel, dass sie gar nicht wusste, wo ihre Muhme begraben werden sollte, und stellte der Äbtissin die Frage.

»Hinter der Kapelle befindet sich die letzte Ruhestätte aller Ordensschwestern. Der Propst, Bernardus Rodemann höchstselbst, wird die Totenmesse für sie lesen.«

Anna nickte. Es war zweifellos eine Ehre, dass der Propst des Klosters auf der Brücke die Messe zelebrierte, war sich aber nicht sicher, was die Muhme dazu gesagt hätte. Sie war eine schlichte Frau gewesen, der Pomp und große Zeremonien zuwider waren. Die junge Frau verabschiedete sich von der Äbtissin, ohne ihre Gedanken laut auszusprechen, und machte sich auf den Weg zum Refektorium.

Es hatte sich kaum etwas verändert. Die langen Tische nahmen immer noch den größten Teil des Raumes ein, der so spät nach dem Essen gähnend leer war. Lediglich Justina und Aloysius saßen vor ihren Gedecken und unterhielten sich leise, als Anna zu ihnen trat.

Die Nonne blickte auf. »Habt ihr alles besprechen können?«, wollte sie wissen.

Nickend setzte sich die junge Frau neben ihren Oheim auf die Holzbank. »Ich wünschte, die Beerdigung wäre schon vorbei«, seufzte

sie und fühlte sich unangenehm an die Grablegung ihrer Mutter erinnert.
Justina las den Kummer der jungen Frau an deren Gesicht ab und legte ihre Hand tröstend über Annas Finger. »Abschiednehmen ist niemals einfach. Aber vielleicht findest du Trost in dem Gedanken, dass Maria Gabriela den Tod nicht gefürchtet hat. Sie ist ihm im Hospital tagtäglich mutig gegenübergetreten. Manchmal hat sie den Kampf gegen ihn gewonnen, ein anderes Mal verloren. Sie ist friedlich von uns gegangen, was der größte Segen ist, den man sich vorstellen kann, wenn man jeden Tag das Leiden der Kranken und Siechenden vor Augen hat.«
»Gewiss«, war das Einzige, was Anna vorbringen konnte. Die alte Frau hatte ihr so viel bedeutet. Sie war ihr Vorbild, ein Abbild dessen, was sie selbst einmal werden wollte. Nicht, dass sie die Absicht hatte, in den Orden der Weißfrauen einzutreten. Viel mehr ging es ihr um das Heilen, den unumstößlichen Willen, anderen Menschen beim Gesundwerden zu helfen. Von wem sollte sie nun die Dinge lernen, die sie noch nicht wusste? In den Briefwechseln mit der Muhme hatte es sich ständig um diese Gedanken gedreht.
Justina zog ihre Hand zurück. »Jetzt iss erst einmal etwas und dann erzählst du mir alles! Ich will wissen, wie es dir ergangen ist in all den Jahren. Deine Muhme hat uns zwar immer die Briefe vorgelesen, aber daran stand gewiss nicht alles.« Sie schob Anna einen Teller entgegen. »Aloysius hat schon von deinen Wundertaten als Heilerin von Diedorf gesprochen. Ich will alles darüber wissen, jedes Detail!«
Kopfschüttelnd biss Anna in eine gepökelte Wurst. Wundertaten? Wer erzählte denn so einen Unsinn? »Ich weiß nicht, was du glaubst. Es gibt einige Leute, die mich wegen ihrer Krankheiten fra-

gen. Ich gebe ihnen dann meine Arzneien, wenn ich denke, dass sie ihnen helfen könnten.«

»Sie hat schon vielen geholfen«, mischte sich Aloysius ein, die Brust vor Stolz geschwollen. »Es vergeht kaum ein Tag, an dem nicht eine arme Seele an der Tür klopft und nach den Heilkünsten unserer Anna fragt.«

Justina schaute zwischen beiden hin und her. Anna schien es wahrlich gut getroffen zu haben. Ihr Oheim liebte die junge Frau abgöttisch, das konnte man ihm an der Nasenspitze ablesen. Und Anna schien diese Liebe zu erwidern, denn ihre Augen strahlten, als Aloysius die Lobeshymnen auf ihr Können sang.

Sie unterhielten sich bis spät in die Nacht hinein. Aloysius hatte sich bereits zurückgezogen, aber die beiden Frauen fanden kein Ende. Justina beugte sich vor und blitzte Anna verschwörerisch an. »Und? Hast du einen Verehrer in Diedorf gefunden? Hinter den dicken Mauern des Klosters bekommt man von derlei Dingen überhaupt nichts mit.«

Die junge Frau lachte. »An Verehrern mangelt es nicht.« Sie verzog das Gesicht zu einem schiefen Lächeln.

Die Nonne rückte noch näher an sie heran. »Ist einer dabei, den du dir als Bräutigam vorstellen könntest?«

»Keiner, den ich ernsthaft in Erwägung ziehen würde. Meine Base meint, ich solle nicht so wählerisch sein, aber ich denke schon.«

»Das steht völlig außer Frage. Schließlich hast du den Kerl dein ganzes Leben am Hals. Da muss es schon der Richtige sein«, kicherte sie und ließ das Temperament erkennen, das sie üblicherweise in den heiligen Mauern unterdrückte.

# Kapitel 11 - Wiedersehen

Als Anna am Morgen die Augen aufschlug, fühlte sie sich, als wäre sie unter die Hufen eines Pferdes gekommen. Sie hätte am gestrigen Abend nicht so lange aufbleiben sollen, aber die Freude über das Wiedersehen mit Schwester Justina und die trotz des traurigen Anlasses fröhliche Unterhaltung hatte die Zeit irgendwie schneller vergehen lassen. Der heutige Tag war schwer genug, auch ohne Kopfschmerzen. Sie blinzelte durch die Fensterluke. Das Tageslicht brannte in ihren Augen und ließ einen erneuten Pfeil des Schmerzes durch ihren Kopf schießen. Von der Kapelle hörte sie den Gesang der Nonnen, die sich zur Frühmesse, der Prim, versammelt hatten. Danach würden sie gemeinsam ihr Morgenmahl einnehmen. Justina hatte ihr gesagt, dass die Grablegung der Muhme nach dem zweiten Stundengebet, der Terz, stattfinden sollte, zu dem Mann auch Bernardus Rodemann erwartete. Bis dahin hatte sie also etwas Zeit, im Infirmarium nach getrockneten Kräutern zu suchen, aus denen sie sich einen Tee gegen die Kopfschmerzen bereiten konnte. Eigentlich hatte sie den Weg dorthin vermeiden wollen, denn als sie das letzte Mal in dem Krankenzimmer war, hatte sie ihre Mutter dort sterben sehen. Aber es nützte nichts, wenn sie den Tag auch nur einigermaßen überstehen wollte, brauchte sie die Kräuter. Also wusch sie sich das Gesicht und machte sich auf den Weg. Da die Nonnen in der Kapelle waren, begegnete sie niemandem. Als sie vor der Tür angekommen war, zögerte sie. Lebhafte Erinnerungen stürmten auf sie ein, der schlaffe Körper ihrer Mutter, wie er auf dem Krankenbett lag, die blutigen Tücher, der schicksalsergebene Blick der Muhme. Anna hatte seit Jahren nicht mehr an diesen Tag gedacht. Mit einem flauen Gefühl im Magen und hämmernden Kopfschmerzen öffnete sie die Tür. Der Raum war verwaist, die Laken des Krankenbettes weiß und unberührt. Dieser Anblick ließ die Bilder in Annas schmerzendem Haupt verblassen.

Auf der Suche nach Weidenrinde durchkämmte sie die Regale mit den getrockneten Kräutern und Arzneien. Einige der Gefäße besaßen eine Aufschrift, andere nicht. Während sie suchte, drang nach wie vor der gedämpfte Gesang weiblicher Stimmen an ihr Ohr, was ihr verriet, dass sie noch genügend Zeit hatte. Als ihr Blick auf ein Holzkästchen mit der Aufschrift ›corticem salicis‹ fiel, atmete sie erleichtert auf. Sie nahm es aus dem Regal, öffnete es und fand ein Leinensäckchen darin vor, in der die zerkleinerte Rinde aufbewahrt war. Sie holte ein Tuch aus der Tasche ihres Überkleides, breitete es auf dem Regalboden aus, füllte eine Handvoll der Weidenrinde hinein und wickelte die Enden des Stoffes darum. Dann stellte sie das Kästchen wieder zurück an seinen Platz und verließ die Kammer, die so viel Unbehagen in ihr hervorrief.

Auf dem Gang in Richtung Cellerar lief sie einer kleinen Gruppe Novizinnen über den Weg, die mit gesenkten Häuptern den Flur durchquerten. Sie beachteten Anna gar nicht, sodass sie unbehelligt ihren Weg fortsetzen konnte. Die Küche des Klosters befand sich in den Kellerräumen, die über eine schmale Steintreppe zu erreichen waren. Die Stufen waren feucht, die Treppe selbst nicht beleuchtet, aber das Licht des Herdfeuers erhellte deren Fuß, sodass Anna zumindest erahnen konnte, wohin sie trat. Vorsichtig stieg sie hinab. Je näher sie der Küche kam, umso deutlicher konnte sie das Klappern

von Geschirr hören. Also war doch noch jemand da, der nicht in der Kapelle mit den anderen betete.
Als Anna die Küche betrat, stieß sie auf eine Frau, die zu ihrem Erstaunen keinen Habit trug. Sie sortierte mit ihren dicken Fingern Teller ins Regal, die sie zuvor gesäubert haben musste.
Als sie Anna erblickte, hielt sie nicht inne, sondern musterte sie nur aus den Augenwinkeln. »Wer bist du denn?«, wollte sie wissen.
»Anna Hiertz. Ich bin wegen der Beerdigung hier.«
Jetzt hielt die Frau doch in der Bewegung inne. »Hast du dich verlaufen?« Abschätzend sah sie den Eindringling an.
»Keineswegs. Ich kenne mich sogar recht gut aus. Als ich klein war, habe ich hier öfters geholfen.« Anna durchschritt zielstrebig den Raum, griff nach einer Kelle und schöpfte sich etwas Wasser in eine Keramikkanne. Sie gab die Weidenrinde hinzu, lehnte sich abwartend an einen der Schränke in der Nähe des Feuers und sah der Frau bei ihrer Arbeit zu.

***

Der Aufguss hatte geholfen, die Kopfschmerzen hatten sich in Wohlgefallen aufgelöst. Nun saß Anna neben der Äbtissin und ihrem Oheim in der vordersten Bank der kleinen Kapelle und lauschte den Worten des Propstes. Dieser zitierte lustlos lateinische Bibeltexte, deren Inhalt Anna nicht verstand. Sein gleichmäßiger Tonfall hatte eine einschläfernde Wirkung auf die Anwesenden, die so unauffällig wie möglich abwechselnd und nacheinander gähnten. Anna kämpfte dagegen an, musste sich jedoch nach einer Weile geschlagen geben. Der Muhme hätte diese Messe nicht gefallen. Sie war immer voller Leben und Tatendrang, konnte nicht stillsitzen

und selbst wenn sie dies tat, dann waren ihre Hände ständig in Bewegung gewesen. Erneut presste Anna ihre Lippen zusammen, um dem Gähnen, das sich anbahnte, nicht nachzugeben.
Sie sah sich unauffällig in der Kapelle um. Auf einer Bank vor dem schmucklosen Altar lag der Körper der Muhme, eingewickelt in ein weißes Tuch, ein Kreuz aus grünen Tannenzweigen als Kontrast darauf. Der Schein der Kerzen erhellte die Kanzel. Deren tanzende Schatten ließen das Gesicht des hochgewachsenen fülligen Mannes, der dort predigte, lebendig erscheinen.
Sie ließ den Blick weiter unauffällig über die Köpfe der Anwesenden schweifen. Jeder von ihnen hatte seine ganz eigene Geschichte, so wie Justina, die halb tot geprügelt den Weg in die Ordensgemeinschaft fand. Vom Klang des Paternosters aus den Gedanken gerissen, fiel Anna mechanisch in den Chor der Stimmen mit ein. »Pater noster, qui es in caelis, sanctificetur nomen tuum, adveniat regnum tuum, Fiat voluntas tua, sicut in caelo, et in terra.« Sie sprach das lateinische Gebet mit gefalteten Händen und gesenktem Haupt.
Als die letzten Worte gesprochen waren, breitete sich Stille über sie. Kurz darauf erhob sich eine der Nonnen, lief am Altar vorbei und zog an einem dicken Seil, das die Glocke im Turm der Kapelle zum Schwingen brachte. Das Läuten, das daraufhin erklang, ließ die Luft um sie herum vibrieren. Die dicke Holztür wurde geöffnet und vier in dunkle Kutten gekleidete Männer traten ein, liefen den Mittelgang entlang und kamen vor dem Altar zum Stehen. Jeder ergriff eine Ecke des Holzbrettes, auf dem die fleischliche Hülle der Verstorbenen lag. Auf ein Zeichen des Propstes hin hoben sie es an und wandten sich dem Ausgang zu. Bernardus Rodemann trat leise murmelnd hinter sie, gefolgt von Anna, Aloysius und der Äbtissin. In ihrer Trauer vereint bildeten sie den Anfang der Prozession, die

sich wie eine Schlange langsam durch das heilige Gemäuer bewegte. In dem Moment, bevor sie nach draußen trat, sah Anna über ihre rechte Schulter und nahm einen hochgewachsenen jungen Mann wahr, der sie durchdringend anstarrte. Bevor sie überhaupt länger darüber nachsinnen konnte, wurde sie von der Sonne geblendet und schloss die Augen. Als sie das nächste Mal hinsah, war der Platz leer. Sie verlor keinen weiteren Gedanken daran und folgte dem Propst auf dem schmalen Pfad entlang der Kapelle in Richtung des kleinen Kirchhofs, der sich dahinter befand. Hier ruhten die fleischlichen Überreste aller verstorbenen Nonnen des Weißfrauenklosters und auch die Muhme würde an diesem Ort ihre letzte Ruhestätte finden. Die Anwesenden versammelten sich um die Grube, die frisch ausgehoben war, und sahen dabei zu, wie das Brett mit der Toten mit Hilfe von Seilen in das Erdloch hinuntergelassen wurde.

Während die Gemeinschaft der Nonnen sich nach einem letzten Gebet bereits aufzulösen begann, standen Anna und ihr Oheim noch an dem Grab und sahen dabei zu, wie einer der vier Männer die Grube zuschaufelte. Mit jeder Schippe Erde drang die unumstößliche Gewissheit in Annas Bewusstsein, dass sie die Muhme niemals wiedersehen würde, nie wieder einen Brief von ihr erhalten würde und keinen ihrer Ratschläge zu den Kräutern und deren Heilkraft. Das Loch, das sich in ihrem Herzen ausbreitete, wuchs mit dieser Erkenntnis in gleichem Maß wie die Lücke, die die alte Dame hinterließ.

Als sie leise seufzte, stand die Sonne bereits hoch am Himmel und brannte Anna auf Kopf und Nacken. Aloysius berührte sie leicht an der Schulter. »Lass uns gehen.« Er legte den Arm um seine Nichte und zog sie sanft zu sich heran, bevor er ihr einen Kuss auf den Scheitel drückte.

Gemeinsam liefen sie den Pfad zurück, an der Kapelle vorbei in Richtung Kloster, als ein Mann sich aus dem Schatten einer Säule des Kreuzgangs schälte. Es war derselbe Kerl, der Anna in der Kirche angestarrt hatte. Sie versteifte sich und blieb stehen, als er auf sie und ihren Oheim zutrat. Sie musterte ihn von Kopf bis Fuß. Er war mindestens anderthalb Köpfe größer als sie, mit kräftigem muskulösem Oberkörper und Armen, soweit sie feststellen konnte.

»Anna?« Ein freundliches Lächeln umschmeichelte seine Lippen. »Erkennst du mich nicht wieder?«

Sie betrachtete ihn genauer. Sein kastanienbraunes Haar hatte er schlicht in einem Zopf im Nacken zusammengebunden, was ihr sagte, dass er keinen großen Wert auf die aktuelle Mode legte, nach der die Männer die Haare halblang und gleichmäßig unterhalb der Ohren und im Nacken abgeschnitten trugen. Sein einfaches Leinenhemd spannte um Brust und Oberarmen etwas, war aber sauber und von guter Qualität. Auf ein Wams hatte er verzichtet. Die dunkle Hose war an den Schenkeln weit geschnitten, unterhalb der Knie lag sie geschnürt am Bein an. Das Leder der Bundschuhe glänzte frisch gefettet. Anna war schon im Begriff, zu einem Kopfschütteln anzusetzen, als sie ein Aufblitzen in den grünen Augen ihres Gegenübers wahrnahm. Ungläubig sah sie ihn an. »Jacob?«

Erleichtert atmete der Mann auf. »Es hätte meinem Stolz einigermaßen zugesetzt, wenn du mich vergessen hättest«, brachte er grinsend hervor. »Aber wo sind meine Manieren?« Er wandte sich an Aloysius. »Erlaubt Ihr, dass ich mich vorstelle? Ich bin ein Freund Annas aus Kindertagen.« Er reichte dem Mann die Hand und schüttelte sie kräftig. »Es tut mir sehr leid wegen Eurer Muhme. Ich konnte es nicht glauben, als ich die Nachricht von ihrem Tod erhielt, so rüstig wie sie bis zuletzt wirkte.«

»Du hast den Kontakt zu ihr gehalten?« Diese Tatsache überraschte Anna sehr.
»Schwester Maria Gabriela und ich haben uns sonntags im Klostergarten getroffen, so wie wir damals. Sie hat mir jeden deiner Briefe vorgelesen.«
»Aber sie hat mir nie davon erzählt!«, brachte sie entrüstet hervor und fragte sich gleichzeitig nach dem Grund dafür.
Aloysius blickte während der ganzen Unterhaltung zwischen dem jungen Mann und seiner Nichte hin und her. »Ich möchte eure Wiedersehensfreude nicht trüben.« Er wandte sich Anna zu. »Aber die Äbtissin wartet auf dich.«
Sie hatte die Anwesenheit ihres Oheims beinahe vergessen, so sehr nahm sie die Unterhaltung gefangen. Fassungslos schüttelte sie den Kopf. »Richtig.« Anna war erstaunt, wie enttäuscht sie darüber war, sich so rasch wieder von Jacob verabschieden zu müssen. Sie hätte gern mehr von ihm erfahren, wie es ihm ergangen ist in all den Jahren.
»Ich kann gern im Klostergarten auf dich warten.« Fragend sah er auf sie herab. »Bei unserer Bank? So wie früher?«
Das strahlende Lächeln, das sie ihm zuwarf, bevor sie ihrem griesgrämig dreinblickenden Oheim folgte, sprach mehr als tausend Worte.

***

Anna hatte Mühe, sich auf das Gespräch mit der Äbtissin zu konzentrieren, weil immer wieder Bilder der gerade zurückliegenden Begegnung, vor allem dieser grünen Augen, in ihrem Kopf herumspukten.
»Nun, mein Kind. Maria Gabriela hat große Stücke auf dich gehalten. Sie war so stolz auf dich. Sie wusste, dass dir ein besonderer

Weg bestimmt ist. Deswegen hat sie mich gebeten, dir ihre Bücher zu geben.« Die alte Nonne schob einen Stapel Folianten über den Schreibtisch in Annas Richtung. »Sie hat jedes dieser Werke eigenhändig abgeschrieben, auch die Zeichnungen hat sie gefertigt.«

»Die sind alle für mich?« Anna glaubte, ihren Augen nicht trauen zu können.

»Du wirst sie gewiss zu verwenden wissen«, schmunzelte die Äbtissin. Dann wechselte sie rasch das Thema. »Ich habe mitbekommen, dass der junge Jacob zur Beerdigung gekommen ist. Er war oft hier bei uns im Kloster.«

»Das sagte er. Nur hat es meine Muhme nie erwähnt. Ich frage mich, warum.« Anna wusste nicht, was sie von dieser Tatsache halten sollte.

Trauer zeichnete das Gesicht der alten Frau. »Ich weiß es nicht. Die Antwort hätte dir wohl nur Schwester Maria Gabriela geben können. Es tut mir sehr leid, mein Kind.«

»Danke.« Anna erhob sich und griff nach dem Stapel Bücher. »Mein Oheim wartet.«

»Natürlich.« Die Äbtissin blieb sitzen und schaute zu der jungen Frau auf. »Ich wünsche dir alles Gute. Bleib der Heilkunst treu! Du hast die Begabung dafür und es wäre ihr Herzenswunsch gewesen.«

Wortlos nickte sie. Mit ›ihr‹ war die Muhme gemeint, was Anna erneut einen Stich versetzte. »Sie hätte mir noch so viel beibringen können.« Seufzend wandte sie sich, das drückende Gewicht der Bücher auf dem Arm, der Tür zu.

»Gott sei mit dir, Mädchen!«

Als Anna aus der Kammer trat, wartete ihr Oheim bereits davor.

»Habt ihr alles klären können?« Er nahm ihr die Bücher ab, klemmte sie sich unter den Arm und legte den anderen um sie. »Lass uns

im Wirtshaus bei der Marienkirche etwas essen. Ich verhungere.«
Anna sah zu ihm auf. »Jacob wartet auf mich im Klostergarten. Wir wollen uns doch unterhalten.« Anna konnte ihm an der Stirn ablesen, wie es dahinter arbeitete. »Wie wäre es, wenn du uns einen Tisch freihältst, und ich komme nach, sobald ich mit Jacob gesprochen habe.«
Kind, wir sind hier in der Stadt. Hier geht es nicht so friedlich zu wie in Diedorf. Du kannst nicht allein durch Mühlhausen streifen und glauben, man würde dich nicht belästigen.«
Während Anna überlegte, trat Aloysius von einem Bein auf das andere. Sie sah ihn abschätzend an. »Was hältst du davon, wenn Jacob mich begleitet, und wir gemeinsam essen?«
»Mit einem Fremden?« Seine Stimme nahm einen gefährlich hohen Ton an.
Anna stemmte die Fäuste in die Hüfte und funkelte ihren Oheim herausfordernd an. »Er ist kein Fremder, er ist mein Freund.«
Aloysius nahm den Fehdehandschuh auf und starrte zurück. »In acht Jahren kann er sich zu einem Axtmörder entwickelt haben. Was weißt du schon von ihm?«
»Die Äbtissin meinte, er wäre ein guter Junge«, schmollte Anna.
»Was weiß eine Nonne schon von der Welt? Sie hockt hinter diesen Mauern und bekommt nicht mit, wie es außerhalb zugeht.«
Anna meinte, ihren Ohren nicht trauen zu können. »Jetzt tust du ihr aber Unrecht! Sie pflegen die Kranken im Margaretenhospital und wissen sehr wohl von der Drangsal der Menschen.«
Die beiden standen sich wie zwei Kampfhähne gegenüber, keiner von ihnen zum Nachgeben bereit.
Anna hatte ihren Oheim noch nie so erlebt und fragte sich, was mit ihm los war. Wenn in Diedorf einer der jungen Männer darum bat,

sich mit ihr treffen zu dürfen, probte er auch keinen Aufstand. Im letzten Jahr durfte sie sich von Caspar Marx sogar zum Erntetanz ausführen lassen, was sie ihm sogleich als Argument an den Kopf warf.

»Ich kenne Caspar sein ganzes Leben. Er ist der Sohn eines Freundes. Diesen ... diesen ...«

»Jacob ...«, kam Anna ihm zur Hilfe.

»Wie auch immer. Diesen Kerl, was weißt du schon von ihm?«

»Dass er sich mit der Muhme jeden Sonntag getroffen hat«, erwiderte sie siegesgewiss. Die alte Frau hätte einen schlechten Charakter gewiss durchschaut.

Ein sardonisches Lächeln stahl sich auf Aloysius Lippen. »Und warum hat sie es vor dir geheim gehalten? Doch sicher, damit du keinen Kontakt zu ihm hast.«

Anna zuckte zusammen. Der Hieb hatte gesessen. »Also gut.« Sie beobachtete, wie ihr Oheim in der Gewissheit, dass er die Oberhand behielt, an Körperspannung zulegte. Sie zögerte noch einen Moment, bevor auch sie ein teuflisches Lächeln aufsetzte. »Gut. Gehen wir zu ihm und fragen ihn.« Abrupt drehte sie sich um und stürmte schnaubend in Richtung des Gartens davon.

Aloysius sah ihr ungläubig nach. Er begriff nicht, welcher Teufel in das Mädchen gefahren war. So hatte sie sich noch nie aufgeführt. Er fühlte sich unangenehm an die Temperamentsausbrüche seiner Schwester erinnert, als sie beide noch Kinder waren. Das war für ihn nie gut ausgegangen. Mit dieser Erkenntnis im Hinterkopf folgte er dem Mädchen. Er nahm sich vor, sich ein Bild von dem Jungen zu machen und dann zu entscheiden, ob er Anna mit ihm allein lassen konnte.

***

Als Anna den Kreuzgang verließ, suchte sie mit den Augen den Garten nach Jacob ab. Es hatte sich in den letzten Jahren so gut wie gar nichts verändert. Die Beete waren vom Unkraut befreit, die Kräuter zeigten ihr erstes Grün in diesem Jahr. Die Hecken vor der Mauer waren dicht gewachsen und sauber geschnitten, sodass sie in gleicher Höhe wie die Steinwand endeten. Die hellgrünen Blätter der Linde leuchteten in der Sonne. Die Blüte würde aber noch ein oder zwei Wochen auf sich warten lassen. Vor der Bank unter dem Baum stand Jacob und beobachtete jede ihrer Bewegungen. Als Anna das sah, tat ihr Herz einen Sprung, schien unmittelbar danach einen Moment auszusetzen, bevor es kurz darauf zu rasen begann. Es klopfte ihr bis in den Hals. Sie spürte, wie ihre Wangen brannten, und fragte sich, was nur mit ihr los war. Sie ging den Kiesweg entlang auf ihn zu und las dieselbe unbändige Freude auf seinem Gesicht ab, die sie empfand.

»Du kannst gar nicht erahnen, wie froh ich bin, dich zu sehen.«

Eine leichte Röte überzog Jacobs Wangen, als er nach Annas Händen griff. »Mein Gott, du bist noch hübscher, als ich dich in Erinnerung habe.« Als er sah, dass sie beschämt auf den Boden sah, ließ er eine Hand los, legte einen Finger unter ihr Kinn und zwang sie so, ihn anzusehen. »Deine blauen Augen leuchten wie der Himmel.«

Anna zog ihr Kinn zurück und lächelte schief. »Nun lass die Schmeicheleien und erzähl mir, wie es dir ergangen ist!«

Lachend legte er den Kopf in den Nacken und zog sie zu sich in Richtung der Bank, bevor sie sich setzten. »Kannst du dir vorstellen, wie erschrocken ich war, als ich dich damals im Garten zu treffen erwartet habe und dann deine Muhme erblickte? Ich war schon halb die Mauer wieder nach oben geklettert, als sie mich beim Namen rief. Als ich mich zu ihr umgedreht hatte, winkte sie mich zu ihr. Ich dachte erst, dir sei etwas zugestoßen.«

Anna schnaubte. »In gewisser Hinsicht war es das auch. Meine Mutter ist ...« Sie zögerte einen Moment. »... gestorben.«
Nickend ergriff Jacob abermals ihre Hände. »Ich weiß. Die alte Dame hat mir alles erzählt. Es tut mir so leid!«
»Es ist lange her. Ich habe meinen Frieden damit gemacht.« Bevor sie weiterreden konnte, nahm sie ihren Oheim am Ausgang des Kreuzgangs wahr und runzelte die Stirn.
Jacob bemerkte, dass etwas Annas Aufmerksamkeit erregte, und folgte ihrem Blick. Als er Aloysius Hiertz erkannte, fürchtete er, sich schon wieder von ihr verabschieden zu müssen. »Ist er hier, um dich abzuholen?«
»Das ist eine gute Frage. Ich weiß es nicht.« Sie sah abschätzend zu ihrem Oheim, der sich zögerlich in ihre Richtung in Bewegung setzte. Um ihn nicht noch mehr zu verärgern, ließ sie Jacobs Hände los und stand auf. Innerlich machte sie sich auf einen erneuten Disput gefasst. Aber er trat nicht vor sie, sondern vor Jacob.
»Junger Mann. Ich kenne dich nicht. Aber ich vertraue auf die Menschenkenntnis meiner Muhme, Gott hab sie selig. Anna zuliebe gebe ich euch die Zeit, um euch zu unterhalten. Wenn du sie mir aber nicht unbeschadet in zwei Stunden im Wirtshaus bei der Marienkirche ablieferst, dann Gnade dir Gott. In deinen schlimmsten Albträumen kannst du dir nicht vorstellen, was ich dann mit dir tun werde. Habe ich mich klar ausgedrückt?« Er funkelte den jungen Mann herausfordernd an, der verdutzt nickte. »Wir verstehen uns also.« Dies war keine Frage, sondern eine unumstößliche Feststellung. Aloysius sah noch einmal zu seiner erstaunt dreinblickenden Nichte, bevor er sich abwandte und sich mit großen, auf dem Kies knirschenden Schritten von ihnen entfernte.
Jacob fand als Erster die Sprache wieder. »Was war das denn?«

»Mein Oheim, wenn er glaubt, mich beschützen zu müssen«, erklärte Anna belustigt.
Entrüstet sah Jacob zu ihr hinunter. »Vor mir? Was denkt er denn, welchem Höllenloch ich entsprungen bin?«
Anna schaute zu ihm auf und las ihm im Gesicht ab, dass der Aufmarsch ihres Oheims und dessen Drohung ihn wirklich getroffen hatten. »Er hat sich gefragt ..., ich im Übrigen auch, warum die Muhme uns nicht erzählt hat, dass ihr euch weiterhin gesehen habt. Er vermutet in dieser Geheimniskrämerei die Absicht meiner Muhme, dich von mir fernzuhalten, und glaubt, dass der Grund dafür in deinem Charakter zu suchen wäre.«
»Damit liegt er absolut falsch!«, entgegnete er aufgebracht. »Ich habe Schwester Maria Gabriela gebeten, dir nichts von mir zu erzählen.«
»Du?« Anna war wie vom Donner gerührt. »Aber warum?«
Es dauerte einen Moment, bis Jacob zu einer Antwort ansetzte. »Nun, ich wollte dir erst wieder unter die Augen treten, wenn ich etwas aus mir gemacht habe.«

# Kapitel 12 - Geschichten

Für einen Moment verschlug es Anna die Sprache. Dann schüttelte sie erschüttert den Kopf. »Du kannst doch nicht wirklich denken, dass ich dich nur beachten würde, wenn du eine dicke Geldkatze mit dir herumträgst!«

»Aber darum geht es doch gar nicht«, versuchte er sie zu besänftigen. »Als wir uns kennengelernt habe, bestand mein einziger Besitz in den Kleidern, die ich anhatte, und selbst die waren an manchen Stellen fadenscheinig. Und ich hatte meinem Stolz. Ich war fast immer hungrig und nur, wenn ich Glück hatte, gab es alle zwei Tage etwas zum Essen. Ein Dach über dem Kopf zu haben, war ein Komfort, den ich auch nicht jede Nacht genießen durfte.« Er fuhr sich aufgebracht durch das Haar, sodass sich einige Strähnen aus dem Zopf lösten. »Ich konnte weder lesen noch schreiben und niemand wollte mich als Gesellen beschäftigen. So ein Leben würde ich für dich nie wollen!« Aufgewühlt atmete er so schnell, als hätte er eine Stunde mit dem Hammer auf ein Eisen eingeschlagen. »Ohne deine Muhme wäre ich mit großer Wahrscheinlichkeit gestorben.« Jacob sah über Annas Schulter hinweg und blickte in die Ferne. Erst als er die Berührung ihrer Finger auf der Hand spürte, verblassten die unerträglichen Bilder der düsteren Vergangenheit in seinem Kopf. »Sie hat mich in mehrfacher Hinsicht gerettet«, vertraute er ihr ohne jede Bitterkeit in der Stimme an.

Anna sah ihm unverhohlen in die Augen. »Es tut mir leid, dass du so viel Schlimmes erdulden musstest«, versuchte sie, ihn zu trösten.

Er lachte freudlos. »Als hättest du es leicht gehabt.«

»Bei meinen Verwandten ging es mir gut. Aloysius ist ein gutmütiger Mann mit dem Herzen am richtigen Fleck.« Als sie die überrascht hochgezogenen Augenbrauen ihres Gegenübers sah, musste sie kichern. »Nein, wirklich! Wenn du meinen Oheim erst einmal näher kennengelernt hast, wirst du merken, dass er eine Seele von Mensch ist.«

»Nun, wenn du es sagst, muss ich es dir wohl glauben. Und nun erzähl mir von deinem Leben in Diedorf!«

Anna zuckte mit den Schultern. »Da gibt es nicht viel zu erzählen.«

»Wer's glaubt! Wenn man danach geht, was deine Muhme erzählt hat, ist aus dir eine überragende Heilerin geworden.«

Anna spürte, wie Röte brennend ihre Wangen überzog, und blickte auf ihre Hände. »Da hat sie wohl etwas übertrieben. Ich habe ein Kräuterbeet wie das hier im Garten hinter unserem Haus angelegt und weiß ein wenig, mit den Heilkräutern umzugehen. Das ist alles.«

»Wohl eher nicht. Deine Muhme sagte, du hättest den Herrn von Diedorf geheilt«, meinte Jacob schmunzelnd. Ihr glockenklares Lachen, das daraufhin erklang, ging ihm durch Mark und Bein.

»Seine Schmerzen habe ich etwas gelindert, mehr nicht. Aber jetzt erzähl weiter! Du hast gesagt, sie hätte dich in mehrfacher Hinsicht gerettet?«, versuchte sie, von sich abzulenken.

Ein Schatten huschte über Jacobs Gesicht, als er nickte. »Sie hat mir Essen gegeben und für warme Kleider gesorgt. Es war schnell kalt geworden damals im Nebelung.«

Daran konnte sich Anna gut erinnern. Der Tag, als sie von Justina zu ihrem Oheim gebracht wurde, war einer der Letzten, die noch einigermaßen schön waren. Danach wurde es kalt und die Feuchtigkeit drang in jede Ritze. Der Winter, der kurz darauf mit viel Schnee und Eis hereinbrach, dauerte ungewöhnlich lange an. Sie erschauerte bei dem Gedanken an die Kälte und die armen Menschen, die ihre Glieder nicht an einem Herdfeuer hatten wärmen können.

Als Anna nichts erwiderte, fuhr Jacob fort. »Sie hat es tatsächlich geschafft, mich als Gesellen bei dem Schmied vor dem Erfurter Tor unterzubringen. Sie hat mich oft scherzhaft Regin genannt, obwohl das wenig schmeichelhaft war.« Als er sah, dass Anna die Anspielung nicht verstand, setzte er zu einer Erklärung an. »Regin war ein Zwerg aus nordischen Sagen. Aber er war auch ein Schmied. Wahrscheinlich hat sie mir wegen meiner Körpergröße diesen Beinamen gegeben. Ich war damals in der Tat klein für mein Alter.« Lachend fuhr er fort. »Es zeugte von dem besonderen Humor der alten Dame, als sie mir mit Hilfe des Liederbuchs der Edda das Lesen beigebracht hat.«

Meine Muhme hat dich das Lesen gelehrt?«

Er nickte eifrig. »Sie sagte, dass Bildung die Grundlage für ein gutes Leben sei. Jeden Sonntag nach der Frühmesse ging sie mit mir ins Refektorium und wartete darauf, dass ich mich satt gegessen hatte. Dann begann sie mit der Lectura.« Er schmunzelte bei dem Gedanken an die unnachgiebige Frau. »Ich kann mich noch gut an die Verse aus dem Buch erinnern. Gesund seist du und guten Sinnes. Möge Donar dich annehmen, möge Wodan dich zu eigen machen ...«, zitierte Jacob mit geschlossenen Augen aus dem Gedächtnis. Er hielt kurz inne, bevor er die Augen wieder öffnete. »Es war erstaunlich, wie belesen deine Muhme war. Aber am bemerkenswertesten fand ich, dass es beinahe an Blasphemie grenzte, diese Texte über die alten Götter in einem christlichen Haus zu lesen, und sie machte sich rein gar nichts aus dieser Tatsache.«

Anna schloss aus den Erzählungen Jacobs, dass die alte Frau ihn wirklich gemocht haben musste. Warum sonst hätte sie sich so viel

Mühe mit ihm gegeben? »Ich freue mich, dass du dich so gut mit ihr verstanden hast.«

Er senkte traurig den Kopf. »Sie fehlt mir jetzt schon.«

»Mir auch«, pflichtete Anna ihm bei. »Ich wünschte, ich hätte mehr Zeit mit ihr verbringen können.«

»Sie war in Gedanken immer bei dir, das kannst du mir glauben. Es tat ihr so leid, dass die Dinge sich so entwickelt hatten. Sie hat um deine Mutter lange getrauert.«

Anna stand auf und strich ihr Kleid glatt. »Es bringt ja nichts, sich zu fragen, wie es wohl gekommen wäre, wenn ich hätte bleiben dürfen. Wir müssen es nehmen, wie es kommt. Und damit wir überhaupt noch ein Morgen erleben, sollten wir uns langsam auf den Weg machen. Mein Oheim wird schon warten.«

»Es war richtig von ihm, darauf zu bestehen, dass ich dich begleite. In der Stadt bist du allein nicht sicher. Es treibt sich so viel Lumpengesindel herum, wie schon seit langem nicht mehr. Man könnte meinen, aus jedem Rattenloch kriecht ein Beutelschneider. Und sollte einer von den Dieben gefasst und vom Rat der Stadt verwiesen werden, rückt schon der Nächste an seine Stelle, was kein Wunder ist. Die Menschen haben weder Arbeit noch Geld, um sich Essen zu kaufen. Selbst für die Rittersleute gibt es kaum etwas zu tun. Wer nicht im Dienst eines hohen Herren steht, der überfällt arglose Reisende oder Händler, um seine Taschen zu füllen. Die meisten von ihnen können nicht lesen und schreiben. Das Einzige, das sie wirklich gut können, ist, in irgendeine Schlacht zu ziehen und mit ihren Schwertern auf irgendetwas einzudreschen. Ohne einen anständigen Krieg sind sie praktisch mittellos. Es ist eine Schande.« Jacob, der mit den Geschichten über den Heldenmut des Ritterstandes aufgewachsen war, konnte seine Enttäuschung darüber nicht verbergen.

Anna wusste nicht, was sie darauf entgegnen sollte. Scheinbar hatte ihr Oheim tatsächlich recht. In Diedorf ging es friedlicher zu. Sie rückte ein Stück zur Seite, um Jacob neben sich Platz zu machen. Als er sich zu ihr gesellte, stellte sie noch einmal erstaunt fest, wie groß er neben ihr wirkte. »Also Regin als Beiname scheint mir mittlerweile unpassend. Was mich betrifft, könntest du auch einer der Söhne Anaks sein.«

Er sah sie kurz an, bevor er in schallendes Gelächter ausbrach. Er wischte sich die Lachtränen aus den Augenwinkeln. »Ein Nachfahre der biblischen Riesen?« Jacob japste nach Luft, als er versuchte, das erneut aufkeimende Lachen zu unterdrücken. »Verzeih, ich wollte mich keinesfalls über dich lustig machen, aber ein unbesiegbarer Riese?«

Anna grinste breit und stemmt gespielt aufgebracht die Hände in die Hüften, bevor sie antwortete. »Nicht unbesiegbar. Erinnere dich an Joshua und seine Männer!«

***

Sie verließen das Gerberviertel und liefen die Linsengasse hinauf. Hier ließ der fürchterliche Gestank der Tierhäute, die zum Gerben in Gruben mit Wasser und Lohe eingeweicht waren, langsam nach. Den üblen Geruch der Abwässer, die in zwei schmalen Rinnsalen die Gasse hinunterliefen, konnte man allerdings auch nicht als besser bezeichnen.

Anna rümpfte die Nase und fragte sich, warum Jacob ausgerechnet diesen Weg gewählt hatte, um sie zu ihrem Oheim zu begleiten. Sie liefen an einigen schäbig wirkenden Fachwerkhäusern vorbei, als Jacob plötzlich stehen blieb.

»Hier wohne ich.« Er wies mit der Hand auf ein zweistöckiges Haus mit blauen Balken, die in der Mitte durchgebogen waren und von denen die Farbe an einigen Stellen bereits abblätterte. Die kleinen Fenster waren mit grünen Butzenglasscheiben verschlossen, die das Licht hineinließen und den Geruch und die Blicke draußen. »Es gehört dem Schmied, bei dem ich arbeite. Für die Unterkunft behält er seit Jahren einen Anteil meines Lohns ein. Die Kammer ist sauber, wenn auch nicht sehr groß. Aber ich hätte es schlechter treffen können.«

Jacob war schon im Begriff, wieder loszulaufen, als Anna ihn aufhielt. »Warte! Willst du mir deine Kammer nicht zeigen?«

Jacob widerstand der Versuchung, ›ja‹ zu sagen, und schüttelte den Kopf. »Wir sollten deinen Oheim nicht so lange warten lassen. Du weißt, was er mir angedroht hat, wenn ich dich nicht rechtzeitig zurückbringe.«

»Dann also beim nächsten Mal?«, fragte Anna gut gelaunt.

Jacobs Herz schlug bei ihrer Frage einige Schläge schneller. »Das heißt, ich darf auf ein Wiedersehen hoffen?« Für die Dauer, bis sie antwortete, beobachtete er ihr Mienenspiel und bemerkte erst, dass er die Luft anhielt, als ihm leicht schwindlig wurde.

»Falls du anderweitig gebunden bist ...«, stotterte sie unbeholfen.

Jacob ließ den angehaltenen Atem wie ein Blasebalg mit einem scharfen Zischen entweichen. »Himmel, nein! Warum in aller Welt hätte ich sonst mit dir reden wollen?«

Nervös schaukelte Anna von den Zehenspitzen auf die Fersen. Sie hatte sich so über das Wiedersehen gefreut, dass sie gar nicht weiter darüber nachgedacht hatte. Es fühlte sich an, als wäre zwischen dem Tag ihres Abschieds kaum Zeit vergangen. Anna mochte ihn schon damals, aber die Gefühle, die heute in ihr tobten, gingen weit über das Mögen hinaus. »Weil wir alte Freunde sind?« Sie konnte sehen, wie die Anspannung aus seinem Gesicht wich und der Enttäuschung Platz machte.

»Nur Freunde?«, brachte er mühsam hervor.

Sie schlug die Wimpern nieder und kämpfte den Kampf zwischen den Gefühlen, die in ihr tobten, und dem Anstand, der von ihr erwartet wurde. »Ich würde dich gern wiedersehen.«

Hastig ergriff er Annas Hände, hob sie abwechselnd an seine Lippen und hauchte je einen Kuss darauf, ohne die Blicke der vorbeieilenden Menschen zu beachten. Er sah nicht, wie zwei Frauen, die die Szene beobachteten, darüber tuschelten, oder wie ein Mann kopfschüttelnd einen Bogen um sie machte. Nein, er hatte nur Augen für sie.

»Hmmhmm! Ihr Turteltauben versperrt die Gasse!«, tönte ein Knecht belustigt von seinem Kutschbock, den er vor den beiden zum Stehen gebracht hatte, ohne dass Anna und Jacob etwas davon mitbekommen hatten.

Sie fuhren erschrocken auseinander und ließen den herzlich lachenden Mann mit seinem Gespann passieren.

Jacob machte einen Bogen um die Pferdeäpfel, die von den Gäulen zurückgelassen worden waren, und trat wieder auf Anna zu. »Ich werde mit deinem Oheim sprechen und ihn um Erlaubnis bitten, dich weiter treffen zu dürfen.«

***

Aloysius hatte die ganze Zeit über die Tür der Schänke im Auge behalten. Auch jetzt spähte er über den Becherrand hinweg, als Licht durch die sich öffnende Eingangstür hereinströmte und Anna mit ihrem Begleiter hereintrat. Als er sah, wie sie sich in der Menschen-

menge suchend umsah, hob er den Arm, um sie auf sich aufmerksam zu machen. Es war der junge Mann, der es mitbekommen hatte, sie an der Schulter berührte und in die Richtung seines Tisches wies. Von hier aus konnte Aloysius das Leuchten in ihren Augen und die leichte Röte, die Annas Wangen überzog, erkennen. Dann sah er zu ihm und erkannte denselben Gesichtsausdruck. Er lebte lange genug auf Gottes Erdboden, um zu durchschauen, was vor sich ging. Es hatte wohl keinen Sinn, sich gegen das Unausweichliche zu sträuben. Seufzend lehnte Aloysius sich zurück und nahm noch einen großen Schluck Bier, während er die beiden dabei beobachtete, wie sie sich an den Körpern vorbeischlängelten. Als sie vor ihm standen und nach Worten suchen, deutete er auf die Stühle an der anderen Seite des Tisches und versuchte sich an einem Lächeln. »Ich denke, ihr solltet euch setzen.« Als die beiden der Aufforderung folgten, sah er sich im Wirtshaus um, winkte der Schankmagd und hielt drei Finger in die Höhe, als diese auf ihn aufmerksam wurde. Anschließend sah er zu seiner Nichte und von ihr zu dem jungen Mann. »Also dann. Was möchtet ihr mir erzählen?« Belustigt betrachtete Aloysius die wortlose Unterhaltung der beiden, als schließlich Anna das Wort ergriff.
»Also ich ...« Sie stockte. Als Jacob seine Hand auf ihren Unterarm legte, sah sie zu ihm auf und lächelte ihn zaghaft an, ein stiller Konsens, dass er die Umstände erklären solle.
»Ich möchte Euch darum bitten, Eure Nichte weiterhin treffen zu dürfen.« Nachdem der Satz einmal heraus war, atmete er tief ein und wieder aus, in der Hoffnung, dass der Mann zustimmen würde. Als Aloysius das erwartungsvolle Glitzern in den Augen Annas sah, wusste er, dass er eigentlich nur verlieren konnte, wenn er den beiden ihr vermeintliches Glück verwehrte. Dennoch wollte er es dem

Burschen nicht so einfach machen. »Vielleicht erzählst du mir erst einmal von dir, bevor ich weiter darüber nachdenke.«

In der Zwischenzeit brachte die Schankmagd drei Becher mit Bier und stellte sie mitten auf den Tisch. »Darf es auch was zu Essen sein für das glückliche Paar und den Vater?«, kokettierte sie mit Aloysius. »Wir haben frisch geräucherte Würste, die besten in ganz Mühlhausen. Ihr seht aus, als könntet Ihr eine Stärkung gut vertragen«, übertönte sie die Stimmen im Wirtshaus und zwinkerte ihm zu. »Dazu gibt es Brot, frisch aus dem Ofen und Ziegenkäse.«

Aloysius hätte beinahe laut losgelacht, als er in die erschrockenen Gesichter von Anna und dem Burschen sah. Er dämpfte das erstickte Geräusch, das seiner Kehle entwich, und tat so, als müsste er sich räuspern. »Also gut. Wir nehmen Würstchen für drei.« Er sah der Schankmagd mit ihrem drallen Hinterteil, das sogar unter ihren Röcken sichtbar war, nach, bevor er sich wieder den beiden zuwandte. »Wir waren dort stehengeblieben, wo du mir davon erzählst, womit du dein Geld verdienst. Du glaubst doch wohl nicht, dass ich zulassen würde, wenn meine Nichte einen Taugenichts erwählen würde.« Er formulierte den letzten Satz nicht als Frage, sondern als Feststellung, die den Burschen erbleichen ließ.

»Ich könnte für Anna sorgen, wenn Ihr das damit meint«, versicherte er dem älteren Mann. »Natürlich müsste ich mich nach einem geeigneten Platz zum Leben umsehen. Die Kammer, in der ich wohne, wäre zu klein für mich und Anna.«

Anna sah ungläubig zwischen den beiden Männern hin und her, die sich hier über ihre Zukunft unterhielten. »Aber …«

Mit einer einhaltgebietenden Handbewegung gab Aloysius seiner Nichte zu verstehen, dass er im Moment keine Einwände ihrerseits duldete. »Womit verdienst du deinen Unterhalt?«, befragte er Jacob hartnäckig weiter.

Der Unterton in der Stimme des Mannes erweckte den Kampfgeist Jacobs. »Ich bin Schmied.«

»Ein ehrbarer und sehr angesehener Beruf«, brummte Aloysius.

Jacob nickte knapp. »Mein Lohn reicht aus, um eine Familie zu ernähren.«

»Diese Stadt ist ein Sündenpfuhl. Auf dem Weg hierher haben mindestens fünf Dirnen versucht, mir ihre Dienste anzubieten, an jeder Ecke treibt sich wenigstens ein Dieb herum und lauert darauf, einem der zahllosen, schon am Vormittag Betrunkenen ihre Geldkatze abnehmen zu können.«

»Für die Zustände in der Stadt trage ich nicht die Verantwortung«, konterte Jacob.

»Wenn du um meine Nichte wirbst, planst du aber, die Verantwortung für sie zu übernehmen. Kannst du ihr hier die Sicherheit bieten, die sie verdient?«

Anna rutschte unruhig auf ihrem Stuhl hin und her und war kurz davor, die Fassung zu verlieren. »Ich kann gut auf mich selbst aufpassen!«, zischte sie gerade so laut, dass die beiden Männer sie hören konnten, aber keiner der anderen Gäste in der Schänke. Sie entzog Jacob ihren Arm, den er nach wie vor festgehalten hatte, verschränkte die Arme vor der Brust und lehnte sich schmollend auf ihrem Stuhl zurück. Es ärgerte sie, dass über sie gesprochen wurde, als wäre sie überhaupt nicht anwesend.

Um Verständnis heischend sah Jacob sie an und beschwor sie mit ihrem Blick, ihm nicht böse zu sein. »Dein Oheim liegt nicht völlig falsch. In den letzten Jahren hat es hier viele Verbrechen gegeben.

Aber ich habe noch nie etwas davon gehört, dass jemand eine ehrbare verheiratete Frau belästigt hätte.«

Aloysius kam fürs Erste zu dem Schluss, dass Anna es wohl schlechter treffen könnte. »Ich schlage vor, dass du meine Nichte vorerst in Diedorf triffst, wo ich dich im Auge behalten kann. Wenn du mich davon überzeugen kannst, dass du ihr in Mühlhausen ein gutes Zuhause bieten wirst, dann reden wir weiter.«

# Kapitel 13 - Werben

Gut zwei Wochen später ritt Jacob auf einem Pferd, das er sich von seinem Freund Johannes geliehen hatte, die Heerstraße nach Diedorf hinunter. Da er kaum aus der Stadt herauskam, genoss er den Ritt umso mehr. Das Wetter zeigte sich von seiner besten Seite. Dennoch schien es hier etwas kälter zu sein als in Mühlhausen. Das erklärte auch, warum der Flachs noch nicht in voller Blüte stand. Die Felder rings um die Reichsstadt schimmerten in sattem Blau in der Frühlingssonne, hier war wohl frühestens in zwei Wochen mit dieser Farbenpracht zu rechnen.

Jacob lenkte den Gaul, der seine besten Tage bereits hinter sich hatte, den steilen Weg hinunter und betete inständig, dass er einen guten Eindruck bei Annas Familie machen würde. Er musste Aloysius und seine Frau davon überzeugen, dass es keinen besseren Mann für ihre Nichte gab. Seit zwei Wochen fieberte er auf die erneute Begegnung mit Anna hin. Jeden Abend vor dem Einschlafen galt sein letzter Gedanke ihr und jeden Morgen nach dem Aufstehen der Erste ebenfalls. Sein Freund Johannes machte sich bereits über ihn lustig, wenn er ihn bei Tagträumereien ertappte. Er meinte, es hätte Jacob schlimm erwischt, und das Einzige, was ihm helfen würde, wäre eine schnelle Hochzeit. Dabei hatte er Anna nicht einmal seine Gefühle gestanden. Aber er war sich so sicher wie noch nie in seinem Leben. Er musste sie einfach heiraten. Nachdem er sie einmal aus den Augen verloren hatte, würde ihm das nicht wieder passieren. In Gedan-

ken versunken ritt er durch Diedorf und bekam nicht mit, dass er von den Einwohnern misstrauisch beäugt wurde.
Er führte das Pferd am Dorfanger und der kleinen Kirche vorbei entlang dem Weg, den Anna ihm beschrieben hatte. Bevor die Straße aus dem Ort führte, bog er links ab und konnte am Ende der Gasse das große Tor zum Herrenhof ausmachen. Er hielt darauf zu, ritt auf den Hof und stieg vom Pferd. Er führte es zur Tränke neben dem Brunnen und ließ es erst einmal trinken, während er sich umsah. Anna hatte gesagt, dass sie in dem kleinen Haus gegenüber des Herrenhauses wohnen würden. Als er sich dorthin umdrehte, wurde die Tür bereits geöffnet. Es war Anna. In dem Moment, als er sie erblickte, setzte sein Herz einen Schlag aus, ehe es zu einem Galopp ansetzte. Bevor er auf sie zulief, besann er sich der Geschenke, die er mitgebracht hatte, und holte einen Leinenbeutel aus den Satteltaschen.
Anna wartete geduldig und wäre ihm am liebsten entgegengeeilt. Als er endlich vor ihr stand, fühlte sie sich eigenartig befangen. Sie hatte sich ihr Wiedersehen an die tausend Mal vorgestellt. Bevor sie jedoch irgendetwas sagen konnte, wurde sie von ihrer Base beiseitegeschoben.
»So so! Sie sind also der junge Mann, der bei uns alles durcheinandergebracht hat!«, begrüßte sie Jacob, die Hände in die ausladenden Hüften gestemmt.
Als er sah, dass Anna mit weit aufgerissenen Augen und Zornesröte im Gesicht, nach Worten suchte, setzte Jacob sein strahlendstes Lächeln auf. »Na das will ich doch hoffen«, nahm er Jutta jeden Wind aus den Segeln. »Ich freue mich, Euch endlich kennenzulernen. Wenn man nach Anna geht, seid Ihr die gute Seele hier im Haus.«

Anna beobachtete das Mienenspiel auf dem Gesicht ihrer Base, die Jacob mit offenem Mund anstarrte. »Vielleicht kommst du erst einmal herein.« Sie trat zur Seite, da Jutta immer noch keinerlei Anstalten machte, sich zu bewegen. Sie nahm seine Hand und zog ihn hinter sich her in die Küche. »Setz dich! Ich hole dir einen Schluck Bier.«

Während Anna nebenan werkelte, in der Speisekammer, wie Jacob vermutete, setzte er sich auf den angebotenen Platz und sah sich im Raum um. Er versuchte, sich vorzustellen, wie sie hier aufgewachsen war, ihrer Base beim Kochen geholfen und gemeinsam mit ihr und Aloysius an eben jenem Tisch, an dem er nun saß, die täglichen Mahlzeiten eingenommen hatte. Es versetzte Jacob einen leisen Stich, da ihm dieses Familienidyll nicht vergönnt gewesen war. Aber er freute sich für Anna und fügte insgeheim den Wunsch hinzu, eines Tages selbst für eine glückliche Familie sorgen zu dürfen.

»Das Pferd muss in den Stall. Auf dem Hof kann es nicht bleiben.« Wie es schien, hatte Annas Base ihre Stimme wiedergefunden. Sie schob sich an ihm vorbei, setzte sich ihm gegenüber an den Tisch und blickte finster drein. Als er sah, wie Anna drei gefüllte Becher auf den Tisch stellte, sah er sich suchend um. »Wird dein Oheim uns keine Gesellschaft leisten?«

»Er ist auf dem Feld, wie jeder fleißige Mann um diese Zeit«, antwortete Jutta schroff.

Jacob schluckte schwer, weil die Frau ihm mit dieser Aussage unterstellte, faul zu sein. Er hatte in den letzten beiden Wochen jeden einzelnen Tag vom Sonnenaufgang bis Sonnenuntergang hart gearbeitet, um Anna und ihre Familie an diesem Wochenende besuchen zu können. »Ich könnte Aloysius zur Hand gehen«, schlug er vor.

»Das kommt überhaupt nicht in Frage!«, brachte Anna aufgebracht hervor. »Du bist unser Gast. Ich bestehe darauf, dass du dich ausruhst, während ich das Abendessen für uns zubereite.«

»Hoffentlich, ohne, dass du es wegen deiner Tagträumereien wieder anbrennen lässt«, schnaubte Jutta über den Rand ihres Bechers hinweg. »In den letzten beiden Wochen gab es des Öfteren angekohltes Essen. Ich sage ja, dass du alles durcheinandergebracht hast«, sah Jutta Jacob verdrossen an.

Anna ließ sich von ihrer Base nicht beirren. »Heute gibt es einen Eintopf mit Hasenfleisch und Rübchen.« Sie setzte sich mit an den Tisch. »Wenn du dein Bier ausgetrunken hast, können wir das Pferd in den Stall bringen. Dann zeige ich dir auch, wo du das Lager für die Nacht aufschlagen kannst.«

»Bis zum Abendessen ist noch eine Menge Zeit. Du könntest mir das Dorf zeigen, jeden Ort, der dir wichtig ist, falls deine Base nichts dagegen einzuwenden hat.« Jacob warf einen Seitenblick auf Jutta, von der er Widerspruch erwartete. Erstaunlicherweise blieb dieser aus, weshalb er sein Bier austrank, sich erhob und seinen Leinenbeutel ergriff. »Ich habe ein paar Kleinigkeiten mitgebracht.« Während er in dem Beutel kramte, behielt er Anna und ihre Base im Auge. Er zog ein Säckchen hervor und übergab es Jutta. »Barbara, die Frau meines Freundes Johannes, hat mir geholfen. Sie meinte, Ihr würdet Euch vielleicht über ein Pfund Zucker freuen.«

Nachdem Jacob das Säckchen vor sie hingelegt hatte, griff Jutta ungläubig danach, sie öffnete die Schnur, die darum gewickelt war, und spähte hinein. Es war tatsächlich echter Zucker aus dem Orient. Sie hatte ihn in der Küche der Herrschaften schon einmal gesehen, selbst aber noch nie damit Gerichte zubereitet. Jutta stellte sich die neidischen Gesichter der Frauen in der Spinnstube am Abend vor, wenn sie ihnen davon erzählte. Auch von ihnen hatte noch keine mit Zucker Gebäck oder Süßspeisen verfeinert. Dafür nutzten die allermeisten von ihnen Honig, weil Zucker zu kostspielig war. Sie blickte von dem körnigen Weiß zu Jacob. »Der muss doch unerhört teuer gewesen sein.«

Lächelnd sah Jacob auf die Frau hinunter. »Barbaras Vater ist Händler und hat ihn mir zum Einkaufspreis überlassen«, versuchte er, die Ausgabe für das Geschenk etwas herunterzuspielen. Dann suchte er in dem Beutel nach dem Päckchen mit den Sämereien, die er für Anna mitgebracht hatte, und hoffte auf eine ähnliche Wirkung bei ihr, wie bei Jutta. Er fand das in Wachspapier eingeschlagene Kästchen und überreichte es Anna. Er war dafür im Benediktinerkloster am Untersteinweg bei den Mönchen gewesen und hatte sie um ihren Rat gebeten. Einer von ihnen hatte Jacob für ein paar von ihm gefertigte Gartenmesser die Kräutersamen überlassen. »Es sind Samen von Fenchel, Pestwurz, Ringelblume und Huflattich.« Als er die Freude in Annas Gesicht ablesen konnte und sah, wie sie sich das Päckchen, das sie in ihren Händen hielt, an die Brust drückte, durchströmte ihn ein Glücksgefühl ungeahnten Ausmaßes. Anscheinend hatte er mit der Auswahl seines Geschenks den Nagel auf den Kopf getroffen. Blieb nur zur hoffen, dass er auch Aloysius eine Freude machen kann. Aber nun wollte er nicht an Annas Oheim denken, sondern sich von ihr durch den Ort führen lassen.

***

Jacob richtete sich sein Lager in einer der hinteren Ecken des Stalls ein. Man hatte ihm eine frische Strohschütte und ein paar Decken zur Verfügung gestellt. Das Pferd seines Freundes knabberte gefüttert und zufrieden in einigem Abstand von ihm auf einem der Stängel. Die

Wärme der Pferde sorgte für angenehme Temperaturen im Stall, ganz im Gegensatz zu denen draußen. Hier hatte es sich empfindlich abgekühlt. Er hatte bis vor wenigen Augenblicken mit Anna vor der Tür der Stallungen gestanden und den sternenklaren Himmel beobachtet, als er bemerkt hatte, wie sie zitterte. So gern er sich weiter mit ihr unterhalten oder auch einfach nur ihre Nähe genossen hätte, musste er sich doch eingestehen, dass sie fror. Bevor Anna sich also den Tod holte, hatte er sie gedrängt, ins Haus zu gehen.

Nachdem er eine der Decken über das Stroh ausgebreitet hatte, löschte er die Fackel neben dem Tor und tastete sich an der Holzwand entlang zurück zu seinem Lager. Er machte es sich bequem und sinnierte über die Geschehnisse des Tages. Anna hatte ihm im Dorf herumgeführt, einige der Bauern vorgestellt und ihm erklärt, dass Diedorf zur Hälfte den Herren von Harstall gehörte und der Rest auf sechs freie Bauernschaften aufgeteilt war. Ursprünglich waren alle Bauern in Diedorf frei, auch der Vater Juttas. Keiner seiner Söhne hatte jedoch das Erwachsenenalter erreicht, sondern lediglich seine Tochter. Als er dann vom Schlagfluss getroffen worden war und nicht mehr in der Lage, seine Felder und den Hof zu bestellen, verkaufte er sein Land an die Herren von Harstall, so wie einige andere Bauern vor ihm. Kurz darauf starb er und Jutta blieb in den Diensten der Herrschaften. Als sie später Aloysius heiratete, trat dieser in die Fußstapfen von Juttas Vater und versorgte das Vieh, die Bienen und half auf den Feldern. Jutta gebar ihm drei Kinder, zwei Söhne und eine Tochter und wäre bei der Geburt der kleinen Rosina beinahe gestorben. Die Wehmutter, die Jutta damals von ihrer Tochter entbunden hatte, riet ihr und Aloysius, keine weiteren Kinder mehr zu bekommen, wenn ihnen Juttas Leben lieb wäre. Sie hielten sich an den Rat. Wie hätten sie ahnen können, dass der Schnitter nur

wenige Jahre später durch die Häuser schritt und alle drei Kinder mit sich nehmen würde. Aus den Erzählungen ihres Oheims hatte Anna erfahren, dass sie an der Halsbräune erkrankt und gestorben waren, so wie viele andere Kinder in Diedorf. Er meinte auch, dass Jutta seither nie mehr dieselbe war, vielmehr verbittert und bösartig. Gevatter Tod hatte nicht nur die Kinder geholt, sondern auch das fröhliche Wesen seiner Frau. Jacob mochte sich nicht vorstellen, was diese armen Menschen durchgemacht haben mussten. Er hatte zwar als Kind den Verlust seiner Eltern erlebt, durch Anna und die alte Muhme jedoch die christliche Nächstenliebe am eigenen Leib erfahren. Das würde er ihnen nie vergessen, solange er lebte. Ein wenig konnte er nun aber das Misstrauen von Aloysius und Jutta nachvollziehen, war er doch dabei, ihnen das einzige Kind, das sie großgezogen hatten, zu entreißen. Er nahm sich vor, den beiden zu erklären, dass er nicht vorhatte, ihnen Anna wegzunehmen. Vielleicht würde er sich Arbeit in der Nähe suchen können. Der hiesige Schmied hatte drei halbwüchsige Söhne und somit keinen Bedarf an Arbeitskraft, das hatte er aus Annas Erzählungen bereits herausgehört. Aber vielleicht hatte er Glück in einem der Nachbarorte.
Jacob drehte sich vom Rücken auf die Seite und hoffte, etwas Ruhe zu finden. Aber er konnte einfach nicht einschlafen. Im Geiste lief er mit Anna durch die Ortschaft und bestaunte abermals die gepflegten Häuser, den Anger und das Backhaus, wo die Frauen des Ortes zusammenkamen, um ihre Brote zu backen und den neuesten Tratsch auszutauschen. Scheinbar ging es den Menschen in Diedorf recht gut. Sie wirkten wohl genährt und gut gelaunt, zumindest diejenigen, die Anna ihm vorgestellt hatte. Nach anfänglichem Argwohn und durch Annas Fürsprache hatten sie ihn herzlich in ihrer Mitte begrüßt. Die meisten der Namen hatte er bereits wieder vergessen,

waren es doch so viele gewesen. Er konnte sich lediglich erinnern, dass sie drei von ihnen als die Frauen von den ortsansässigen Freibauern vorgestellt hatte. Die eine hieß Höppner und war unübersehbar gesegneten Leibes, eine weitere Huhnstock und die dritte, eine ältere Matrone mit ausladendem Busen und breiten Hüften hieß Noll. Die übrigen Namen hatte er allesamt vergessen.

Jacob versuchte, die verworrenen Fäden in seinem Gedächtnis aufzudröseln. Anna hatte ihm die Bauernhöfe gezeigt. Drei von ihnen lagen direkt an der alten Heerstraße. Einer befand sich in der Nähe des Pimpelhölzchens, der Fünfte vor dem Eichholz und der Sechste ... Jacob überlegte fieberhaft, dennoch fiel es ihm nicht ein.

Über all den Gedanken musste er doch eingeschlafen sein, denn als er die Augen aufschlug, stand der Stallknecht mit einer Mistgabel in der Hand über ihm und starrte halb belustigt halb neugierig auf Jacob herunter.

»So so, du bist also der Bursche, an den unsere Anna ihr Herz verschenkt hat?« Er schob den Strohhalm, der aus seinem Mund ragte mit der Zunge auf die andere Seite, bevor er weitersprach. »Die Katze scheint dich jedenfalls zu mögen.« Der Mann wies auf das Fellknäuel, das sich zu Jacobs Füßen zusammengerollt und niedergelassen hatte, sich im Schlaf gestört räkelte und gähnte, als er sich aufsetzte. »Wie auch immer, ich miste jetzt den Stall aus und füttere die Pferde. Du kannst hier Wurzeln schlagen oder dir im Garten die Beine vertreten. Soweit ich weiß, ist Anna gerade dabei, die Eier für euer Frühstück aus dem Hühnerstall zu holen.«

Jacob war so schnell auf den Beinen, dass der Stallknecht verwundert den Kopf schüttelte. »Anna ist schon wach?« Hastig klopfte er sich den Staub und das Stroh von den Hosenbeinen und bückte sich, um die Decken zusammenzulegen.

»Lass mal, ich mach das schon. Geh nur zu deiner Liebsten.«

Aufgeregt drückte Jacob dem Stallknecht die Decke in die Hand. »Danke, Mann!« Er stürmte aus dem Stall, das Lachen des Kerls und das nervöse Schnauben der Pferde im Nacken. Er hatte den Hof erst zur Hälfte überquert, als er Anna sah, deren blondes Haar rotgolden in der aufgehenden Morgensonne aufzuflammen schien. Bei ihrem Anblick stockte ihm der Atem und er wusste, dass dies eines der Bilder war, die sich unwiderruflich in sein Gedächtnis einbrannten. Sie musste ihn gesehen haben, denn plötzlich blieb sie stehen und lächelte in seine Richtung. Er beschleunigte seine Schritte, während sie dort stand und auf ihn wartete.

»Guten Morgen! Es gibt Rührei zum Frühstück.« Anna hob ihm zur Bekräftigung ihrer Worte den Korb mit den Eiern entgegen. »Ich hole noch etwas Schnittlauch aus dem Garten. Willst du mich begleiten?«

Lächelnd nahm Jacob ihr den Korb aus den Händen. »Nichts wäre mir lieber.« Er folgte ihr in den Garten, den sie ihm am Vortag stolz gezeigt hatte, zu dem Beet mit den Küchenkräutern und sah zu, wie sie die Stängel erntete. »Glaubst du, dein Oheim würde zustimmen, wenn ich dich in zwei Wochen wieder besuche?«

Aus der gebückten Stellung blickte sie zu ihm auf und strahlte über das ganze Gesicht. »Möchtest du das denn?«

»Und ob ich das möchte, ich will nichts anderes, als dass du meine Frau wirst.« Jetzt war es heraus. Jacob wunderte sich selbst über seinen kühnen Vorstoß, konnte aber keinerlei Erschrecken bei Anna erkennen. »Das heißt, wenn ..., wenn ...« Er spürte, wie er die Hitze ihm den Hals hinaufkroch und seine Wangen erreichte. »Vorausgesetzt natürlich, du möchtest das auch.«

»Ach du liebe Güte, die Leute werden mir ein Kind in den Bauch reden, wenn wir so schnell heiraten.« Langsam stand sie auf, ein Büschel voll Schnittlauch in der Hand.

»Dann werden sie die nächsten Monate wohl vollauf mit Rechnen beschäftigt sein. Ist das alles, worüber du dir Sorgen machst? Würdest du es in Erwägung ziehen, mich zu nehmen?« Mit beiden Händen griff er nach ihrer freien Hand und zog sie an sein Herz. »Du würdest mich zum glücklichsten Mann auf Gottes Erdboden machen.«

Obwohl sie sich ein wenig überrumpelt fühlte, nickte sie. In ihrem Inneren wusste Anna mit unumstößlicher Gewissheit, dass diese Entscheidung die Richtige war. Sie hatte diese tiefe Verbindung zu Jacob wohl schon vor Jahren gespürt. »Mein Oheim wird überrascht sein.«

»Das glaube ich nicht«, ertönte eine tiefe Stimme hinter ihnen, die beide erschrocken zusammenzucken ließ. Als Aloysius in die bleichen Gesichter blickte, hob er kapitulierend die Hände. »Jeder, der Augen im Kopf hat, kann sehen, wie es um euch steht. Und ich bin nicht blind, nur vor Hunger halb tot«, fügte er brummend hinzu. »Also lasst uns hineingehen und alles besprechen, während Anna das Frühstück für uns zubereitet.«

# Kapitel 14 - Neuigkeiten

Jacobs anfänglicher Optimismus war rasch der Realität gewichen. Nirgends im Umkreis von Diedorf hatte ein Schmied Arbeit für ihn. Er hatte in jeder Schmiedewerkstatt in Heyerode, Katharinenberg, Wendehausen und Wanfried nachgefragt, aber keiner der Meister wollte ihn anstellen. Viel Zeit zum Suchen blieb nicht zwischen der Arbeit in Mühlhausen und seinen Besuchen bei Anna. Sie hatten sich darauf geeinigt, dass sie nach der Hochzeit in Diedorf wohnen würden, aber so wie die Dinge jetzt standen, würde er nicht für sie sorgen können. Sich von Annas Familie aushalten zu lassen, kam in keinem Fall in Frage. Die Kammer in der Stadt wäre jedoch zu klein für sie beide und für Kinder. Es war zum Verzweifeln. In wenigen Wochen würde der Erntetanz stattfinden, am Wochenende darauf die Hochzeit. Bis dahin musste er eine Lösung finden.

Er schloss die Tür hinter sich und lief die Linsengasse hinunter in Richtung Kuttelgasse. Johannes hatte zum Abendessen geladen. Vielleicht würde er Rat wissen. Viel Hoffnung hatte er nach all den Fehlschlägen allerdings nicht. Aller Illusionen beraubt stieg Jacob die Treppe zur Wohnstube in Johannes und Barbaras Haus im Gerberviertel hinauf. Der Duft des Abendessens drang ihm ihn die Nase und weckte seine Lebensgeister. Noch als er sich fragte, was die Dame des Hauses zum Essen gezaubert hatte, wurde die Stubentür aufgerissen und Barbara trat heraus. »Da bist du ja endlich!«

»Es riecht köstlich«, begrüßte Jacob sie aufs Herzlichste. »Ich hoffe, ihr habt mir noch etwas übriggelassen.«

Barbara warf den Kopf in den Nacken und lachte laut. »Als hätten wir ohne dich angefangen. Komm endlich rein! Johannes ist schon ganz unleidlich und spricht vom Verhungern.«

Jacob trat nach ihr in die Stube und fand seinen Freund am gedeckten Tisch sitzend vor. »Es tut mir wirklich leid, dass ich so spät dran bin.«

»Ach was, nicht der Rede wert. Setz dich!« Johannes wies auf einen Platz neben sich. »Hast du wenigstens gute Nachrichten?«

»Sieh ihn dir doch an! Er zieht ein Gesicht wie sieben Tage Regenwetter«, mischte Barbara sich ein. »Man kann ihm an der Nasenspitze ablesen, dass es nicht so ist.« Tröstend legte sie ihm die Hand auf die Schulter. »Aber wenigstens habe ich Erfreuliches zu berichten.« Bevor sie sich setzte, nahm sie einen Löffel und schaufelte jedem von ihnen das Essen auf den Teller. »Frische Leber mit Zwiebeln. Lasst es euch schmecken!« Sie reichte Johannes und Jacob das Brot, das sie am Nachmittag gebacken hatte. Dann setzte sie sich ebenfalls und nahm selbst einen großen Bissen. Zufrieden mit sich, ein leckeres Mal auf den Tisch gebracht zu haben, grinste sie wie eine Katze, die eine ganze Schale Milch ausgeleckt hatte.

»Also raus mit der Sprache, ich kann zur Abwechslung mal eine gute Nachricht vertragen!« Jacob nahm noch einen Bissen und genoss das köstliche Essen. »Du hast dich im Übrigen wieder selbst übertroffen, meine Liebe!«

»Hört, hört! Vielen Dank für das Lob.« Mit einem vorwürfigen Blick in Richtung Johannes, der tausend Worte zu sprechen schien, fuhr sie fort. »Mein Vater hat den Stein, den du wolltest.«

Bevor Jacob antworten konnte, mischte Johannes sich ein, um für sich zu retten, was zu retten war. »Was bin ich für ein glücklicher Mann, solch ein Weib an meiner Seite zu haben.« Barbaras huldvoll

verzeihender Blick ließ ihn erleichtert auf seinem Stuhl zusammensinken, während er hörbar ausatmete. »Du wolltest Jacob von dem Stein erzählen«, erinnerte er sie und lächelte sie vielsagend an.
Jacob sah zwischen ihnen hin und her und spürte förmlich das Knistern in der Luft. Er konnte sich lebhaft vorstellen, auf welche Weise sein Freund ihr in der kommenden Nacht zeigen würde, wie glücklich er sich schätze, sie zur Frau zu haben, und sie war sich dieser Tatsache vollauf bewusst. Er schluckte und hoffte darauf, eines Tages selbst so eine leidenschaftliche Ehe zu führen. »Wann kann ich ihn holen?«
»Gar nicht.« Als sie Jacobs irritierten Blick sah, lachte sie erneut ihr unvergleichliches Lachen. »Er hat ihn mir mitgegeben und sagt, wenn er dir gefällt, dann kennt er einen Goldschmied, der ihn dir einfasst.«
»Das klingt wunderbar und ist in der Tat eine gute Nachricht. Lass uns den Stein ansehen, wenn wir mit dem Essen fertig sind. Es ist zu gut, als dass es kalt wird.« Jacob trank einen Schluck und sah seinen Freund neckisch an.
»Nun, wo er Recht hat ...« Johannes erhob seinen Becher. »Stoßen wir an, auf dass mein bester Freund genauso glücklich wird wie ich!«
In allerbester Stimmung nahm auch Barbara ihren Holzbecher. »Das wünsche ich dir und deiner Anna ebenfalls. Hoffen wir nur, dass ich auf eurer Hochzeit tanzen kann.«
Erschrocken hielten beide Männer in der Bewegung inne und sahen sie an. Aber es war Jacob, der als erster seine Stimme wiederfand. »Wieso solltest du nicht?« Er dachte schon, sie würde bezweifeln, dass es überhaupt zu einer Hochzeit kommen würde. Diese Ängste plagten ihn mit jedem Tag mehr.

Doch dann lächelte sie erneut. »Mit einem dicken Bauch tanzt es sich nicht gut. Das glaube ich zumindest.« Jetzt grinste sie beim Anblick ihres verständnislos dreinschauenden Gatten noch breiter. Jacob griente mittlerweile genauso über beide Ohren, wie Barbara und amüsierte sich über seinen begriffsstutzigen Freund, dessen Gesichtsausdruck sich allmählich veränderte, als er verstand.

»Ich weiß, es sind noch einige Wochen hin, bis ihr heiratet, aber ich fühle mich jetzt schon ganz dick und rund.«

»Dick? Was erzählst du da, Weib!« Ehe sie es sich versah, war Johannes aufgestanden, hatte den Tisch umrundet und kniete nun mit tränenglänzenden Augen vor ihr. »Du bist das wunderschönste Wesen auf Gottes Erdboden.« Er ließ den Tränen freien Lauf, als er ihre Hände nahm und nacheinander küsste. Dann hob er die Augenbrauen, sah zu Jacob und lachte aus voller Kehle. »Mein Gott, ich werde Vater!«

***

Am nächsten Morgen erwachte Jacob mit einem schweren Kopf und pelziger Zunge. Sie hatten den ganzen Abend lang die frohe Kunde gefeiert, dass er sogar seinen eigenen Kummer darüber vergessen hatte. Wenn er doch bloß wüsste, was er tun sollte. Wahrscheinlich blieb ihm wirklich nichts anderes übrig, als Anna den Vorschlag zu machen, künftig in Mühlhausen zu leben. Dann würde er aber ein Heim für sie beide suchen müssen, das er sich leisten konnte. Sogleich wurde er von Gewissensbissen geplagt. Vielleicht hätte er nicht so viel Geld für den Edelstein ausgeben sollen. Er hätte die Summe besser dafür verwendet, ein Heim für sie zu bezahlen. Doch dann schüttelte er, um seine Entscheidung zu bekräftigen, den

Kopf, was er im selben Augenblick bereute. Ein scharfer Schmerz durchzog sein Hirn und ließ ihn zusammenfahren. »Verdammt!«, fluchte er vor sich hin. Mit diesem Brummschädel konnte er so oder so keine sinnvolle Entscheidung treffen, weshalb er sich langsam erhob, ohne seinen Kopf allzu stark zu bewegen. Wenn er erst einmal etwas getrunken und gefrühstückt hätte, würden die Schmerzen sich hoffentlich in Wohlgefallen auflösen.

Er suchte in dem Schrank, in dem er seine Lebensmittel aufbewahrte, nach etwas Essbaren und wurde fündig. Doch als Jacob in den Brotkanten biss, verzog er das Gesicht. »Steinhart, so ein Mist.« Der Tag schien sich jetzt bereits nicht so zu entwickeln, wie er es sich wünschte. Er fragte sich, ob dies ein schlechtes Vorzeichen für sein Gespräch mit Anna wäre. »Fehlt bloß noch eine schwarze Katze«, murmelte er vor sich hin, als er das harte Brot zurücklegte. Er würde es später mahlen lassen, um es als Mehl für ein Neues zu benutzen.

Am Brunnen hinter dem Haus wusch er sich notdürftig und zog ein frisches Hemd an, als sein Meister sich zu ihm gesellte.

»Was ist dir denn für eine Laus über die Leber gelaufen? Du siehst aus, als könntest du eine Aufmunterung gebrauchen«, tönte der schwergewichtige, muskelbepackte Mann.

Niedergeschlagen seufzte Jacob, bevor er ihm von seinen Hochzeitsplänen zu erzählen begann und dass er nicht wusste, wo er und seine zukünftige Braut später wohnen sollten. »Verzeih, Gerhard, aber hier ist nicht genug Platz, um eine Familie zu gründen.«

Der Schmiedemeister kratzte sich nachdenklich am tiefschwarzen Kinnbart. »Was kann denn deine Auserkorene? Glaubst du, sie würde meiner Schwester den Haushalt führen? Sie ist krank, kann sich kaum mehr auf den Beinen halten. Zehrung sagt der Arzt. Sie könnte euch im Gegenzug bei sich wohnen lassen. Ihr Mann ist tot, die

Kinder sind fortgezogen und ich habe mit der Schmiede alle Hände voll zu tun. So brauche ich mir um sie keine Sorgen machen.«

Jacob fiel ein Stein vom Herzen, der wohl bis nach Diedorf zu hören sein musste. Er wusste zwar, dass Anna lieber dortbleiben würde, aber die Umstände zwangen ihn dazu, es in der Stadt zu versuchen.

»Wenn du mich fragst, so ist das eine Fügung des Schicksals. Ich spreche mit ihr. Anna versteht sich aufs Heilen, ist sehr geschickt mit den Kräutern. Vielleicht kann sie ja etwas für deine Schwester tun. Meinst du, dass sie Anna erlaubt im Garten ein Kräuterbeet anzulegen?«

»Was weiß ich? Das fragst du Hilde besser selbst. Gib mir bis Montag eine Antwort, sonst muss ich mich nach einer anderen Hilfe umsehen!«

»Danke, Mann!« Es war ein Lichtblick, wenn auch nicht die ersehnte Lösung. Aber dennoch war dieser Vorschlag eine Überlegung wert. »Ich spreche noch heute mit ihr. Wenn ich morgen Abend zurück bin, sage ich dir Bescheid.« Mit einem Handschlag verabschiedete sich Jacob von seinem Meister und machte sich auf den Weg, um abermals Johannes Gaul zu borgen. Sein Kopf schmerzte zwar immer noch, aber die schwindende Last der Sorgen schien ihn etwas leichter gemacht zu haben. Auch wenn es nicht das Leben war, das sie sich erträumt hatten, so war es doch ein Anfang. Jetzt musste er nur noch Anna von seinem Plan überzeugen.

Er trat aus dem Haus in die Linsengasse. Obwohl die Sonne noch tief stand, war es bereits drückend warm. Es wehte kein Lüftchen und der Mief der Abwässer, die in der Rinne die Gasse hinunterliefen, stank zum Himmel. Der Geruch wurde mit jedem Schritt in Richtung Gerberviertel noch intensiver. Ein Blick in den Himmel verriet Jacob, dass kein Regen in Sicht war. In wenigen Tagen würde eine bestialisch stinkende Dunstglocke über der Stadt hängen, die jedermann die Tränen in die Augen trieb, kein Argument für ein Leben in Mühlhausen.

***

Anna saß neben Jacob auf einer kleinen Anhöhe nahe Diedorf im Gras und blickte auf den Ort hinunter. Sie konnte sich nicht vorstellen, von hier fortzugehen, denn sie war glücklich, trotz aller Umstände, die sie letztlich hierhergeführt hatten.

»Sag doch etwas!«, bettelte Jacob, als sie ihm eine Antwort schuldig blieb. Die Furcht, die sich in ihm breitmachte, war kaum zu ertragen. »Ich wünschte wirklich, ich könnte eine Anstellung in der Nähe finden, aber niemand braucht einen Schmied.«

»Und wenn du es mit einer anderen Arbeit versuchst?«, unternahm Anna einen letzten Vorstoß, um einen Umzug nach Mühlhausen umgehen zu können.

Darüber hatte Jacob auch schon nachgedacht, aber er konnte sich nicht im Geringsten vorstellen, von frühs bis abends auf den Feldern zu schuften. Er liebte das Gefühl, das Metall, das er bearbeitete, nach seinem Willen zu formen, den Gesang des Stahls, wenn der Hammer darauf traf. Aber wie konnte er diese Liebe für seinen Beruf über die Liebe zu Anna stellen? Es sollte doch einfach sein, weil er sich ein Leben ohne diese wundervolle Frau nicht vorstellen konnte. »Der Gedanke, Schmied zu sein, so wie mein Vater vor mir und sein Vater vor ihm, war bisher mein einziger Lebensinhalt, meine Bestimmung, wenn du es so willst«, versuchte Jacob sich an einer Erklärung. Er rang so sehr mit sich, sodass es lange dauerte, bevor er weitersprechen konnte. »Aber ...«

»Ich werde mit dir nach Mühlhausen gehen«, flüsterte Anna, bevor Jacob seinen Satz beenden konnte. Die Worte waren so schnell heraus, dass selbst sie darüber erstaunt war. Sie hatte ihren Entschluss gefasst und nun gab es kein Zurück. Ihm zuliebe würde sie einen Neuanfang wagen. Als sie zu Jacob sah, konnte sie ahnen, was in ihm vor sich ging, hatten sie doch beide mit der gleichen Entscheidung gekämpft, das bisherige Leben aufzugeben und vollkommen neu zu beginnen.

»Ich werde dafür sorgen, dass du es keinen Moment bereust. Das verspreche ich dir.« Er wurde von einer solchen Aufregung erfasst, dass er nicht mehr sitzen bleiben konnte. Aufgewühlt griff er nach ihren Händen, die sich trotz der Hitze des Tages eiskalt anfühlten, und zog auch sie auf die Füße auf direktem Weg in seine Arme. Dann hauchte Jacob ihr einen Kuss auf die Lippen und drückte sie so fest an sich, dass er ihren rasenden Herzschlag an seiner Brust spürte. Beruhigend strich er ihr über das Haar, nahm sie an der Schulter und schob sie ein Stück von sich weg, um ihr ins Gesicht sehen zu können. »Schau mich an, mein Herz!« Als der Blick ihrer blauen Augen seinen traf, hatte er das Gefühl, die Zeit würde stillstehen. In diesem Augenblick gab es nur sie und ihn. »Wir werden ein gutes Leben haben, denn ich werde alles in meiner Macht Stehende dafür tun, dass es dir an nichts fehlt.«

Anna konnte der Ernsthaftigkeit in seiner Stimme entnehmen, dass er dieses Versprechen nicht einfach nur so dahingesagt hatte, sondern jedes einzelne Wort auch so meinte. Dennoch, es gab Dinge zwischen Himmel und Erde, auf die sie keinen Einfluss hatten. Um die Stimmung nicht zu verderben, brachte sie es nicht über sich, ihm das zu sagen, sondern erwiderte sein Lächeln. »Lass uns gehen. Wir müssen mit meinem Oheim sprechen.«

Sie liefen den Hang hinunter in Richtung des Weges, der in das Dorf führte, und hingen ihren Gedanken nach, als Jacob kurzerhand stehenblieb. »Dein Oheim wird enttäuscht sein. Meinst du, er wird uns trotzdem seinen Segen geben?« Das aufmunternde Lächeln, mit dem Anna ihn bedachte, beruhigte ihn ein klein wenig.

»Er wird herumgrummeln wie ein Bär, aber letztlich unserem Glück nicht im Wege stehen. Da bin ich mir absolut sicher.« Sie ergriff seine Hand und zog ihn mit sich in Richtung des Dorfes.

# Kapitel 15 - Erntetanz

Verschwitzt, mit erhitzten Wangen und so glücklich wie noch nie in ihrem Leben ließ sich Anna von Jacob durch die Tanzenden hindurch zu der Steinmauer führen, die den Anger begrenzte. Der Erntetanz bildete den Höhepunkt des Tages. Nach beinahe vier Wochen auf den Feldern, in denen die Getreidehalme von den Männern geschnitten und von den Mädchen und Frauen zu Garben zusammengebunden und zum Trocknen zusammengestellt worden waren, rumpelte heute der Wagen mit der letzten Fuhre der diesjährigen Ernte ins Dorf. Wie jedes Jahr war der Fuhrwagen mit bunten Bändern geschmückt, am Zaumzeug der Pferde wehten rote Tücher im Wind und der Fuhrknecht trug ebenfalls ein rotes Tuch um den Hals gebunden. Unter lautstarkem Gebrüll und Gesang der Bauern und ihrer Frauen rollte die Fuhre durch Diedorf in Richtung der Scheune des Harstallhofes. Die übrige Ernte hatte schon in den Speichern der Freibauern ihren Platz gefunden. Ein jeder Erntehelfer war froh, die harte Arbeit zu Ende gebracht zu haben. Brütende Hitze, blutgierige Mücken und Bremsen hatten ihnen in diesem Jahr besonders arg zu schaffen gemacht. Nun war Zeit zum Feiern und Trinken und das taten sie, als gäbe es kein Morgen. Auch Anna rang keuchend nach Luft und lachte gleichzeitig herzhaft, als sie sich auf der Steineinfassung des Angers niederließ.

»Ich hole uns Bier.« Jacob beugte sich in ihre Richtung und musste brüllen, um den Lärm der Fideln und Flöten und der mitsingenden Feiernden zu übertönen.

Anna sah ihn in der Menschenmenge verschwinden und wackelte, von der Musik getrieben, weiter mit den Füßen, während sie sich umsah. Sie versuchte, sich ihre Feierstimmung nicht von dem Gedanken trüben zu lassen, dass sie im nächsten Jahr nicht mehr Teil dieser Gemeinschaft sein würde. Gewiss würden ihr all die Abläufe des Jahres, die größtenteils von den Launen des Wetters bestimmt waren, fehlen. Aber sie tröstete sich mit dem Glauben an ihre glückliche Zukunft mit Jacob. Wer wusste schon, ob sie im nächsten Jahr um diese Zeit nicht sogar zu dritt sein würden? Die Bilder eines Säuglings mit den grünen Augen seines Vaters, die sich in ihrem Kopf formten, ließen sie vor Glück erschauern. Dennoch machte sie sich nichts vor. Gewiss würde der Neuanfang in Mühlhausen einiges von ihr abverlangen, aber sie hatte Jacob an ihrer Seite. Mit ihm fühlte sie sich beinahe unbesiegbar. Als sie ihn, zwei Becher in den Händen balancierend, auf sich zukommen sah, verstärkte sich dieses Gefühl zu einer unumstößlichen Gewissheit. Sie schälte sich von der Mauer und lächelte ihm entgegen.

Jacob reichte Anna einen der Becher, stellte sich neben sie und betrachtete die tanzenden Menschen. Er ließ den Blick über sie schweifen und nippte ab und an von seinem Bier. Über den Becherrand hinweg beobachtete er eine Gruppe junger Männer, die sich an der gegenüberliegenden Seite des Angers gegenseitig auf die Schulter klopften und zu ihren Eroberungen auf der Tanzfläche gratulierten. Einer von ihnen beteiligte sich jedoch nicht an den Scherzen und Neckereien, sondern sah unumwunden zu ihm und Anna. Verwundert über den starrenden Blick beugte sich Jacob zu ihr. »Hast du irgendeine Ahnung, warum der Kerl da drüben uns so anglotzt?«

Anna folgte mit den Augen in die Richtung, in die er mit dem Kopf wies. »Ach das ist bloß Caspar Marx«, tat sie die Sache mit einem

Satz ab und sah wieder ihren Freunden und Nachbarn zu, die gemeinsam tanzten.

»Er sieht aus, als würde er mir am liebsten an die Kehle gehen«, ließ Jacob nicht locker. »Was stimmt denn nicht mit dem Kerl?«

Anna griff nach seiner Hand und sah zu ihm auf. »Er bildet sich was darauf ein, dass er mich im letzten Jahr nach dem Sichelwerfen zum Erntetanz führen durfte«, erklärte sie. »Hat wohl geglaubt, dass er damit ein Anrecht auf mich hat. Er ist ein Raufbold, also geh ihm lieber aus dem Weg!«

Verwirrt sah Jacob auf Anna hinunter. »Sichelwerfen?«

»Am Tag des Erntetanzes ist es Tradition, dass die unverheirateten Frauen auf dem Feld ihre Handsichel nehmen und sie über den Kopf nach hinten werfen. Der Mann, auf den die Spitze der Sichel zeigt, darf die Frau zum Erntetanz führen und um sie werben.«

Überrascht zog Jacob die Augenbrauen in die Höhe. »Er hat dir den Hof gemacht?«

Anna lachte. »Er hat es versucht.«

»Und du hast ihn abgewiesen?« Er sah von ihr zu Caspar. »Das erklärt, warum er mich mit seinen Blicken am liebsten Töten würde.«

»Ach was! Lass ihn einfach links liegen. Er hat kein Anrecht auf mich. Das habe ich ihm schon mehrmals gesagt. Er hat wohl nicht viel im Kopf, wenn er es jetzt, da wir heiraten, immer noch nicht begreift.« Sie trank ihren Becher leer und stellte ihn auf die Mauer. »Komm, lassen wir uns nicht die gute Laune verderben und tanzen noch eine Runde.«

Jacob ergriff die Hand, die sie ihm entgegenstreckte, stellte seinen Becher ebenfalls zur Seite und ließ sich von Anna in den Kreis der Tänzer führen. Über den Rhythmus der Fideln hatte er schnell seinen Nebenbuhler vergessen. Seine Schritte beschleunigten sich mit dem Klang der Musik. Er wirbelte Anna herum, umkreiste sie, nahm ihre Hand und drehte sie erneut, bevor er sie losließ und der nächsten Frau gegenüberstand, bei der er die Abfolge der Tanzschritte wiederholte. So tanzte er mit jeder Frau im Kreis. Ab und an sah er sich suchend zu Anna um, um herauszufinden, wann er wieder mit ihr vereint sein würde, bevor er den Arm der nächsten Tanzpartnerin ergriff. Eine kleine, pummelige Rothaarige mit unzähligen Sommersprossen sah zu ihm auf und knickste, bevor sie sich umrundeten. Er verbeugte sich knapp und verfiel erneut in den Rhythmus der Musik, als diese jäh mit einem erstickenden Quietschen abbrach. Als Jacob sich nach dem Grund für die Unterbrechung umsah, sah er diesen Caspar schwankend vor Anna stehen, der versuchte, sie in eine Umarmung zu ziehen. Bevor er überhaupt nachdenken konnte, schob er die rothaarige Frau zur Seite und bahnte sich rüde seinen Weg durch die Tänzer, die neugierig die Szene, die sich vor ihnen abspielte, begafften. Er hörte noch, wie Anna dem Kerl sagte, er sei betrunken und solle nach Hause gehen. Als Jacob bei ihr angelangt war, versuchte der Mann abermals, nach ihren Schultern zu greifen. Danach geschah alles so schnell, dass er sich an die Abfolge der Ereignisse kaum noch erinnern konnte. Jacob entwand Anna dem Griff dieses Caspars, schob sie hinter sich, versetzte dem Kerl einen Fausthieb gegen das Kinn und brachte ihn damit zu Fall. Rasend vor Wut baute Jacob sich über ihm auf, die Hände zu Fäusten geballt, bereit, Caspar einen erneuten Schlag zu versetzen, wenn der sich nur rührte. Er bekam um sich herum nicht viel mit. Seine Aufmerksamkeit war einzig und allein auf den Kerl gerichtet, der seine Braut belästigt hatte. Erst, als er eine Hand auf seiner Schulter spürte, nahm er die Geräusche um sich herum, die Menschen, die schaulustig herangetreten waren, wieder wahr. Er sah die Angst in den Augen seines

Widersachers, nahm die Fäuste herunter und trat schwer atmend einen Schritt zurück, ohne ihm aufzuhelfen. Als er sich umschaute, konnte er die Furcht auch in Annas Blick erkennen. Was er darin nicht ablesen konnte, war die Tatsache, ob sie Angst um ihn und vor ihm hatte. Bevor er irgendetwas sagen konnte, tauchte Aloysius schon neben ihm auf.

»Bring sie heim!«, forderte er Jacob auf und schob ihn zu Anna. Dann wandte er sich dem am Boden Liegenden zu. »Caspar, mein Junge, lass dir aufhelfen.« Vornübergebeugt hielt er ihm die Hand hin. »Du hast eindeutig zu tief in den Becher geschaut«, stellte er fest, als ihm die Bierfahne des Burschen entgegenwehte. Nachdem es Aloysius nicht beim ersten Mal gelang, den schwergewichtigen Caspar auf die Beine zu stellen, blickte er sich hilfesuchend nach dessen Freunden um, die selbst so betrunken waren, dass sie kaum noch geradeaus gehen konnten. Als er zu dem Schluss kam, dass von dieser Seite wohl keine Hilfe zu erwarten war, sah er wieder zu Caspar hinunter. Seufzend unternahm er einen weiteren Versuch, als ein zweites paar Hände den Betrunkenen auf der anderen Seite ergriff. Jacob kam der Rüge, die er an Aloysius Gesichtszügen ablesen konnte, zuvor. »Auf drei, eins, zwei ...« Bei drei zerrten die beiden Männer Caspar auf die Füße und hielten ihn weiter fest, um sicherzugehen, dass er nicht erneut umkippte.

Als Caspar mitbekam, wer ihn stützte, schüttelte er die helfenden Hände ab. »Fass mich nicht an!«, fauchte er Jacob angewidert an und wandte sich zum Gehen.

Als die Schaulustigen mitbekamen, dass es nichts mehr zu sehen gab, zerstreuten sie sich in verschiedene Richtungen und die Musiker begannen wieder zu spielen. Dennoch war Jacob sich sicher, dass es in den nächsten Wochen kein anderes Gesprächsthema im Ort geben

würde als diese Prügelei. Als Anna sich zu ihm und Aloysius gesellte, war der Schrecken aus ihren Augen verschwunden. Dennoch fühlte er sich schlecht. »Es tut mir wirklich leid. Ich hätte ihn nicht gleich schlagen dürfen«, versuchte er sich an einer Entschuldigung.
Anna verzog den Mund zu einem schiefen Lächeln. »Ist schon gut. Vielleicht versteht er ja jetzt, dass er mich in Ruhe lassen soll.«
Zum ersten Mal seit Wochen bedauerte Jacob es nicht, dass sie zukünftig in Mühlhausen wohnen würden. So konnte er Abstand zwischen sich und diesen Kerl bringen. Aber wer wusste schon, ob sie nicht eines Tages darüber lachen würden, wenn sie ihren Kindern und Enkelkindern davon erzählten.

***

Am nächsten Morgen war es Jutta, der Jacob als erster begegnete. Nachdem beschlossen war, dass er und Anna heiraten würden, brauchte er sein Nachtlager für die Wochenendbesuche nicht mehr im Stall aufschlagen, sondern durfte in der Küche am Herdfeuer schlafen. Jutta war früh aufgestanden, um das Feuer zu schüren, als sie neben ihn trat. »Da hast du ja gestern Abend für jede Menge Aufregung gesorgt. Ich kann den Tratsch der Weiber förmlich bis hierher hören. Sie werden uns anstarren und sich die Mäuler zerreißen, wenn wir nachher zur Messe gehen.« Die dicke Frau ließ sich schwerfällig auf einen Stuhl sinken, nachdem sie mit dem Schürhaken die Asche beiseitegeschoben und eine Handvoll Zweige auf die zum Vorschein kommende Glut gelegt hatte.
Jacob setzte sich auf und rieb sich die müden Augen. Es war spät geworden und er fühlte sich zerschlagen, als hätte er überhaupt nicht geschlafen. »Hätte ich den Kerl damit durchkommen lassen sollen,

dass er deine Nichte in aller Öffentlichkeit begrabscht?« Er sah die Frau, die er trotz ihrer ständigen Übellaunigkeit in den letzten Wochen liebgewonnen hatte, herausfordernd an.

Bevor sie ihm antwortete, grinste Jutta schief. »Mit Sicherheit nicht! Was mich betrifft, hat Caspar eine Abreibung mehr als verdient. Ich kann es nur nicht ausstehen, wenn das ganze Dorf über uns herzieht.«

Mit knackenden Knochen stand Jacob auf und legte die Decken seines Nachtlagers zusammen. »Gut, dass wir uns in dieser Sache einig sind. Dein Mann schien mir doch weniger erfreut darüber.«

»Ach was, Aloysius beruhigt sich schon wieder. Caspars Vater ist einer seiner besten Freunde. Als Zugezogener aus der Stadt hatte er es nicht leicht. Die Diedorfer sind ein besonderes Völkchen, eine verschworene Gemeinschaft, wenn du es so nennen willst. Aber der alte Bauer Marx hatte ihn damals unter seine Fittiche genommen und ihm erklärt, was er wissen musste. Das wird Aloysius ihm nie vergessen. Wahrscheinlich hätte er es gern gesehen, wenn Caspar und Anna ein Paar geworden wären.«

»Aber dann kam ich und habe ihm seinen schönen Plan zunichtegemacht«, schnaubte Jacob verächtlich. »Und nun halte ich mich nicht einmal an mein Versprechen, sondern nehme Anna mit nach Mühlhausen. Kein Wunder, dass er kaum ein Wort mit mir gesprochen hat, seit ich euch davon erzählt habe.«

Jutta winkte ab. »Du kennst doch den Spruch mit den knurrenden Hunden. Er beruhigt sich schon wieder. Abgesehen davon wäre es wirklich schön gewesen, noch einmal einen Säugling im Haus zu haben.«

Anna hatte Jacob vom Verlust der Kinder erzählt, die Jutta geboren hatte. »Du musst mir wirklich glauben, dass ich alles getan habe, um bei einem Schmied in der Nähe unterzukommen. Ich kann gar nicht in Worte fassen, wie leid es mir tut.«

Jutta erhob sich und sah ihn wehmütig an. »Du musst uns nur versprechen, dich gut um Anna zu kümmern.«

»Das werde ich. Wir werden euch so oft besuchen kommen, dass ihr euch wünschtet, wir wären weiter weggezogen.« Jacob sah, wie Jutta den Korb für das Feuerholz anhob und griff danach. »Lass mich das machen! Dann kannst du dich in aller Ruhe auf die sensationslüsternen Blicke der Nachbarn in der Kirche vorbereiten.«

Jutta lachte und hieb mit dem Tuch nach ihm, mit dem sie die Decken einschlagen wollte, bevor sie diese wieder in der Truhe verstaute. Sie sah ihm noch nach, als er längst die Küche verlassen hatte, und hoffte inständig, dass die beiden ein glückliches Leben führen und mit zahlreichen Kindern gesegnet sein würden. In all den Jahren war Anna ihr so ans Herz gewachsen, wie ihre eigenen Kinder, die so früh gestorben waren. Obwohl sie anfangs erschüttert war über die Entscheidung der Äbtissin, hatte sie das Mädchen lieben gelernt. Die Tatsache, dass sie in der nächsten Woche das Haus für immer verlassen würde, lastete schwer auf Jutta. Sie hatte sich in den vergangenen Jahren an die ständige Anwesenheit ihrer Nichte gewöhnt und konnte sich nicht vorstellen, wieder mit Aloysius allein zu sein.

Ihm musste es genauso gehen, dessen war sie sich sicher. Seine Übellaunigkeit nahm mit jedem Tag, den die Hochzeit näher rückte, zu. Meistens ging er morgens so zeitig aus dem Haus, dass sie nicht einmal gemeinsam frühstücken konnten. Abends saß er regelmäßig griesgrämig vor seinem Essen und brachte kaum einen Bissen herunter. Jutta hasste es von ganzem Herzen, ihren Mann so leiden zu sehen, wusste aber nicht, wie sie ihm helfen konnte. Wenn sie sich

ihm in den Nächten näherte, drehte er ihr abweisend den Rücken zu, als ob sie an den Umständen schuld wäre.
Seufzend wandte sie sich wieder den Decken zu, wickelte sie in das Leinentuch und verstaute sie in der großen Holztruhe neben der Tür. Dabei fiel ihr ein weiteres Tuch ins Auge, in das sie eine Überraschung für Anna eingeschlagen hatte. Es war ein neues Kleid, von dem Jutta hoffte, dass das Mädchen es auf seiner Hochzeit tragen würde. Nächtelang hatte sie daran gearbeitet und es mit wunderschönen Stickereien aus Silberfäden an den Säumen versehen. Nun lag es fertig genäht ganz unten in der Truhe und wartete darauf, von der glücklichen Braut getragen zu werden.

## Kapitel 16 - Hochzeit

Barbara, die am Vorabend gemeinsam mit Johannes und Jacob angereist war, stand neben Anna und betrachtete die Braut. »Du siehst wirklich wunderschön aus!« Dann sah sie zu Jutta, die noch an den Falten des Kleides herumzupfte. »Findest du nicht auch?«

Anna drehte sich zu ihrer Base um und sah deren tränenglänzenden Augen. »Ich kann immer noch nicht glauben, dass ich heute heirate.« Dann schluckte sie ihre eigenen Tränen hinunter und schlang die Arme um Jutta. »Ich bin dir so dankbar, für alles«, setzte sie hinzu. Als Anna ihre Base aus der Umarmung entließ, wischten beide Frauen sich über die feuchten Wangen und lächelten verhalten. »Das Kleid ist traumhaft schön.« Mit den Fingerspitzen strich sie über die Stickereien am Saum des Ärmels. Blumen und Ranken zierten den blauen Stoff und fanden sich auch am Rocksaum wieder. »Ich habe dich nie daran arbeiten sehen«, stellte Anna erstaunt fest.

»Es hat mir wirklich Freude bereitet, das Kleid zu nähen und zu besticken. Ich habe mir die ganze Zeit vorgestellt, wie du wohl darin aussiehst.« Jutta schniefte verlegen. »Aber ich muss sagen, dass das hier ...« Sie fuhr mit der Hand in der Luft von Annas Kopf bis zu den Füßen. »... nun, es übertrifft alles, was ich mir erträumt habe.« Jutta schniefte erneut, während Barbara dichter an sie herantrat und auf den Hals der Braut wies. »Die Kette ist auch wunderschön. Ein Erbstück?« Fragend sah sie Anna an.

Gedankenverloren griff Anna danach und strich mit den Fingerspitzen an dem Lederbändchen entlang und ließ sie auf den eingefassten Steinen ruhen, die ein Kreuz bildeten. »Meine Mutter hat sie mir vermacht.« Es versetzte ihr einen Stich, wenn sie daran dachte. Kurz, nachdem sie hier in Diedorf angekommen war, ängstlich und traurig, hatte sie sich nach einem letzten Gespräch mit ihrer Mutter gesehnt. Wochen vor Gertrudis Tod hatten sie sich so gestritten, dass Anna, trotzig wie sie damals war, kein Wort mit ihr gesprochen hatte. Sie wünschte sich, sie wäre nicht so eigenwillig und dickköpfig gewesen. Es blieben so viele Dinge ungesagt. Der Brief, den ihre Mutter hinterlassen hatte, enthielt die Kette, begleitet von den Worten ›es tut mir leid‹. Vier Worte, das war alles, was Gertrudis ihrer Tochter damals zu sagen hatte, vier Worte, die sich beim Lesen in Annas Gedächtnis eingebrannt hatten. Die Kette hatte sie mitsamt dem zerknüllten Brief in der Truhe verstaut, die Aloysius für sie gezimmert hatte. Bis heute, dem Tag ihrer Hochzeit, hatte es Anna nicht über sich gebracht, das Schmuckstück anzulegen. Sie wusste auch nicht, wie ihre Mutter dazu gekommen war, ob es ein Erbstück war oder ein Geschenk. Mit einem Seufzer und einem Schulterzucken versuchte sie, die traurigen Gedanken abzuschütteln. »Ich kann mich nicht daran erinnern, dass meine Mutter sie getragen hätte, aber sie hat sie mir hinterlassen.«

Jutta, die mitbekommen hatte, wie es damals um das Kind stand, versuchte, ihre Nichte aus den trüben Gedanken zu reißen. Sie räusperte sich und blickte dann verschwörerisch drein. »Nun, da wir Frauen unter uns sind, gibt es noch einiges zu besprechen.« Sie zog die Augenbrauen in die Höhe, bevor sie nach links und rechts sah, um sich zu vergewissern, ob ihnen auch wirklich niemand zuhörte.

Anna, die durch das eigentümliche und ungewöhnliche Gebaren ihrer Base zugleich neugierig geworden war, sich aber auch wunderte, blickte von Jutta fragend zu Barbara. Die wiederum presste die Lippen zusammen, um sich daran zu hindern, laut zu lachen, und gab sich den Anschein, als wüsste sie nicht, wovon die ältere Frau sprach. Jutta lief zum Tisch, goss ihnen je einen Becher Bier ein und ließ sich auf den Stuhl sinken. Nachdem die beiden jüngeren Frauen es ihr gleichtaten, beugte sie sich vor. »Es geht um die Hochzeitsnacht«, flüsterte sie bedeutungsvoll. Sie nahm einen Schluck Bier, stellte den Becher wieder ab und wischte sich den Schaum von der Oberlippe. »Es ist eigentlich die Aufgabe der Mutter, aber unter diesen Umständen ...« Jutta legte eine bedeutsame Pause ein, bevor sie weitersprach. »Es geht darum, was der Mann mit dir tut, wenn ihr das Lager teilt.«

Um Gotteswillen! Als Anna begriff, was Jutta ihr erklären wollte, griff sie erschrocken nach ihrem Becher und trank ihn langsam leer, um etwas Zeit zu gewinnen. Dann richtete sie sich, sofern das im Sitzen möglich war, zu voller Größe auf und nickte zum Zeichen des Verstehens.

»Also du musst wissen ...«

Anna hob einhaltgebietend die Hand. »Ich weiß, was auf mich zukommt«, brachte sie hastig hervor.

Erschüttert und mit offenem Mund lehnte Jutta sich an die Stuhllehne. »Du willst doch damit nicht andeuten, dass ...«

»Nein! Himmel! Nein! Was denkst du denn von mir?« Anna wurde blass und im nächsten Moment spürte sie, wie eine flammende Röte ihre Wangen überzog. »Ich habe gehört, wie die Frauen sich beim Wäschewaschen unterhalten. Glaubt mir, da schnappt man das eine oder andere auf.«

»Ich bin froh, das zu hören.« Jutta goss sich erneut den Becher voll und hob den Krug zum Einschenken fragend in die Luft, während Barbara sich weiterhin in aller Stille köstlich amüsierte.

Anna hielt ihrer Base den Becher entgegen und sah zu, wie die goldene Flüssigkeit hineinlief. »Obwohl ich mich gefragt habe, wie es wohl sein muss, kann ich mir nicht vorstellen, dass es mir gefallen wird«, gab sie schüchtern zu. Nun konnte Barbara ihr Lachen nicht mehr zurückhalten. »Glaub mir, es wird dir gefallen, vielleicht nicht beim ersten Mal, aber später schon.« Sie wies auf den geschwollenen Bauch unter ihrem Kleid. »Wenn es nicht so wäre, dann gäbe es nicht so viele Menschen auf Gottes Erdboden.« Sie kicherte und die beiden anderen Frauen fielen in das Gekicher mit ein, während die Tür geöffnet wurde und Aloysius hereinkam.

»Was ist denn hier so lustig?« Er sah ungläubig zu seiner Frau, von der er so viel Ausgelassenheit nicht mehr gewohnt war. Als er - außer bemüht ernst dreinblickenden Gesichtern - keine Antwort erhielt, fuhr er fort. »Der Pfarrer ist da. Ihr solltet zusehen, dass ihr fertig werdet. Ich für meinen Teil mache mich auf den Weg in die Kirche.«

Jutta stand auf. »Sehr gut. Dann lasst uns gehen!« Sie sah zu Anna. »Dein zukünftiger Gemahl wird dich schon sehnsüchtig erwarten.« Als sie das Wort ›sehnsüchtig‹ betonte, brachen die Frauen erneut in lautstarkes Gelächter aus.

Da Aloysius nicht begriff, was sich hier abspielte, schüttelte er tadelnd den Kopf, drehte sich auf dem Absatz um und verließ das Haus.

Als Jutta sich wieder beruhigt hatte, erhob sie sich, trat zu ihrer Nichte und sah auf sie hinunter. Dann strich sie ihr eine verirrte blonde Strähne hinter das Ohr. »Bist du soweit?« Als Anna nickte, schniefte sie die aufsteigenden Tränen weg. »Dann hole ich mal den Kranz.«

Barbara erhob sich auch und strich ihr Kleid über dem runden Bauch glatt. »Ich hole ihn.« Sie durchquerte die Küche und holte den Blumenkranz, den sie am Morgen gebunden und in der eigens für das Hochzeitsfest üppig gefüllten Speisekammer aufbewahrt hatten. Sie setzte den Kranz, der aus bunten Blüten von Wiesenblumen und Bändern kunstvoll geflochten war, auf Annas Kopf und befestigte ihn mit Hilfe von kleinen Holzkämmen in dem blonden Haar. Sie trat einen Schritt zurück und begutachtete ihr Werk. »So ist es perfekt!«

Jutta betrachtete sie ebenfalls und nickte zufrieden. »Dann wollen wir mal.« Sie wandte sich der Tür zu und wollte loslaufen, als sie von Anna zurückgehalten wurde und sich einen Augenblick später in ihren Armen wiederfand.

»Danke!« Schluchzte Anna. »Für alles!«

Jutta stand zunächst stocksteif da und ließ die Umarmung über sich ergehen. In all den Jahren hatten sie nie ein inniges Verhältnis entwickelt, geschweige denn sich offen ihre Zuneigung gestanden. Verlegen tätschelte sie Anna den Rücken, bis diese sich von ihr löste. Dann hielt Jutta ihrer Nichte auffordernd den Ellenbogen entgegen. Anna hakte sich unter und lächelte sie noch ein letztes Mal von der Seite an, bevor sie das Haus verließen. Der Anblick, der sich ihr bot, verschlug ihr die Sprache. Zwar hatte sie gewusst, dass die Herren von Harstall es erlaubt hatten, den Hof für die Hochzeit zu nutzen, aber das, was sie jetzt sah, trieb ihr erneut die Tränen in die Augen. »Mein Gott! Wann habt ihr das alles gemacht?« Sie sah sich erstaunt um. Mehrere Tische standen in langen Reihen quer über den Hof, davor Stühle und Bänke, die mit Birkenzweigen und bunten

Tüchern geschmückt waren, die jetzt in der leichten Brise flatterten.
»Das war alles eine Frage der Planung.« Jutta schmunzelte. »Dich ein wenig abzulenken, gehörte natürlich auch zum Plan. Bist du bereit? In der Kirche warten alle nur auf dich.« Jutta freute sich, dass die Überraschung gelungen war.

***

Als die drei Frauen in der Kirche ankamen, war diese bereits zum Bersten voll. Die Gespräche verstummten und die Aufmerksamkeit aller Anwesenden richtete sich auf Anna, die nun aufrecht durch den Mittelgang schritt. Sie hatte nur Augen für Jacob, der sie mit strahlendem Blick fixierte. Es war beinahe so, als gäbe es nur sie beide. Als sie bei ihm ankam, ergriff er ihre Hände und hauchte zärtlich jeweils einen Kuss darauf. »Bist du bereit?«
Unfähig, auch nur ein Wort zu sagen, nickte Anna bloß, bevor sie sich neben ihn stellte.
Jacob beugte sich zu ihr hinunter. »Du siehst wunderschön aus«, flüsterte er von der Seite.
Bevor Anna irgendetwas entgegnen konnte, trat der Pfarrer an das Paar heran. Lächelnd sah er von ihr zu Jacob. Dann hob er die Hände und stimmte ein Gebet an, während alle Anwesenden die Köpfe senkten und in die in Latein rezitierten Worte mit einfielen. Als der letzte Satz gesprochen war, fuhr er mit der Hochzeitszeremonie fort. »Die Ehe ist ein Sakrament und wird nicht leichtfertig geschlossen. Es ist ein wahrer Segen, wenn zwei Menschen diesen heiligen Bund besiegeln möchten.« Nachdem der Pfarrer eine bedeutungsschwere Pause eingelegt hatte, in der er den Blick auf seine Gemeinde richtete, fuhr er unverdrossen fort. »Und so frage ich dich, Jacob, ob du

dieses Weib zu deiner Frau nehmen möchtest.« Als der breit grinsende Bräutigam diese Frage mit einem ›Ja‹ beantwortete, glitt der Blick des Pfarrers zur Braut. »Willst auch du, Anna, diesen Mann zu deinem Ehemann nehmen?« Als sie ebenfalls zustimmte, legte der Geistliche seine mit Kreuzen bestickte Stola auf die verschränkten Hände der Brautleute und besiegelte damit den vor Gott und den Augen aller Anwesenden geschlossenen Bund. »So erkläre ich euch denn zu Mann und Weib. Möge der Herr diese Verbindung segnen.«

Nachdem die Messe vorüber war, verließen die Brautleute unter dem Jubel der Gäste die Kirche und zogen gemeinsam mit ihnen zum Harstallhof. Die beiden genossen die ausgelassene Stimmung und ließen sich von der jubelnden Menge mitreißen. Unter lautem Gesang, dem Klang von Trommeln, Flöten, Fideln und Gelächter wurden sie an die Stirnseite des Tisches geführt. Die Sonne stand mittlerweile hoch am Himmel und brannte unbarmherzig auf die Köpfe der Feiernden.

Anna saß mit klopfendem Herzen neben ihrem frisch angetrauten Ehemann und fragte sich immer noch, ob das alles um sie herum tatsächlich geschah. Das Glück, das sie in diesem Moment empfand, beängstigte sie ein wenig, so als ob sie träumte und jeden Augenblick in einer trostlosen Wirklichkeit aufwachen könnte.

Jacob beugte sich zu ihr hinüber. »Kneifst du mich mal?« Als er ihren überraschten Gesichtsausdruck sah, griff er unter dem Tisch nach ihrer Hand. »Es fühlt sich alles so ... unwirklich an.«

»Ich weiß genau, was du meinst. Aber dass zwei Menschen den gleichen Traum träumen, kann ja wohl nicht sein.« Sie löste den Blick erst von Jacob, als Barbara sich auf den Platz neben Anna setzte und sie ansprach. »Ich möchte die Erste sein, die euch beiden gratuliert!« Sie legte ein in Wachstuch eingeschlagenes Päckchen auf den Tisch. »Es sind Gewürze aus dem Orient, mit denen mein Vater handelt, und ein Tischtuch, das ich selbst bestickt habe.« Sie stand wieder auf, umarmte Anna und auch Jacob, bevor sie sich abwandte, um den übrigen Frauen beim Eindecken der Tische zu helfen.

Wie von Zauberhand tauchten die köstlichsten Speisen vor ihnen auf. Die Hochzeitstafel wurde so reich gedeckt, dass sie sich unter den Delikatessen bogen. Es war unglaublich, was die Frauen im Dorf alles vorbereitet hatten. Anna erkannte Jutta zwischen ihnen, die ein Brett vor sich her balancierend den Weg durch die Menge suchte. Sie brachte Brot und Salz, um ihre Verbindung mit Wohlstand zu segnen und böse Zauber von dem Paar fernzuhalten.

Jacob ergriff das Messer, das auf dem Brett lag und überreichte es Anna mit einer leichten Verbeugung.

Mit ernsthafter Miene griff sie danach, führte die Messerklinge mit der flachen Seite an den Mund, und küsste sie, bevor sie die Spitze auf das Brot senkte, und drei Kreuze in die Kruste ritzte. Dann schnitt sie es an, bestrich die erste Scheibe dick mit Butter und streute etwas von dem bereitgestellten Salz darüber. Auffordernd hielt sie das Brot ihrem Mann entgegen, der davon abbiss, Anna die Brotscheibe abnahm und sie einen Bissen nehmen ließ, was lauten Beifall, Gejohle und Pfiffe in der Menge der Feiernden auslöste. Das Brot war gebrochen, so wie es der Wunsch Gottes war, und wurde nun Stück für Stück unter den Hochzeitsgästen verteilt. Nachdem jeder sein Brotstück verspeist hatte, wandten sie sich den übrigen Köstlichkeiten zu. Die Teller wurden mit Braten und Wurst beladen, dazu gab es Kraut und Brot, feine Gebäckstücke und Plätzchen. Derweil ein jeder herzhaft zulangte, wurde die Stimmung immer ausgelassener. Die Musiker griffen zu ihren Instrumenten und stimmten fröhliche

Lieder an, die vom Gesang der Gäste begleitet wurden. Keinem unter ihnen machte es etwas aus, dass es nicht jedem gegeben war, die richtigen Töne zu treffen. Sie genossen es, gemeinsam zu feiern und Spaß zu haben, eine Pause von dem anstrengenden Tun ihres Alltags. Anna und Jacob eröffneten traditionell als Brautpaar den Tanz, gefolgt von Aloysius und Jutta sowie Barbara und Johannes. Kurz darauf hielt es niemanden mehr auf seinem Sitzplatz. Die Tische, die zwischenzeitlich von den Frauen abgeräumt worden waren, wurden zur Seite geschoben, um mehr Platz zum Tanzen zu haben.
Als Anna die Luft ausging und die Beine sie kaum noch trugen, schlug die Stundenglocke der Kirchturmuhr bereits drei. Wie gern würde sie weiterfeiern, aber sie hatten noch den Weg nach Mühlhausen vor sich, um das Haus in der Görmargasse, nahe dem Erfurter Tor, zu beziehen, in dem die Schwester von Meister Gerhard wohnte. Dort würden sie die Hochzeitsnacht verbringen, was in Anna Erregung hervorrief, die sie nicht in Worte hätte fassen können. Es war eine Mischung aus Angst vor dem Unbekannten und Vorfreude auf das Leben mit Jacob.

***

Die Sonne in ihrem Rücken stand bereits tief und färbte den Himmel ringsum blutrot, als sie mit dem Fuhrwagen das Frauentor passierten. Anna und Barbara saßen neben Johannes auf dem Kutschbock, während Jacob es sich zwischen den vielen Geschenken und Annas sperriger Aussteuertruhe auf den Planken der Ladefläche mehr oder weniger bequem gemacht hatte. Nachdem sie sich von Jutta und Aloysius mit dem Versprechen, sie bald wieder zu besuchen, verabschiedet hatten, wurden sie unter lautem Jubel und scherzhaften Sprüchen

mit Tipps für die Hochzeitsnacht von den Hochzeitsgästen aus dem Dorf begleitet. Als sie den Lärm der Menschenmenge hinter sich gelassen hatten, unterhielten sich die beiden Paare über ihre Pläne für die Zukunft. Anna hatte Hilde, die Schwester von Schmiedemeister Gerhard schon kennengelernt. Die beiden Frauen hatten sich auf Anhieb gemocht. Sie waren übereingekommen, dass das junge Paar im Erdgeschoss des Hauses in der Görmargasse einziehen würde, während Hilde, die es kaum noch die Treppen hinunterschaffte, ihre Schlafkammer bewohnte. Vor ihrem Einzug hatte Gerhard eine Verabredung mit den Weißfrauen getroffen, die sich bis zur Hochzeit von Anna und Jacob um die kranke Frau kümmerten.
Die Gespräche der vier jungen Leute waren zwischenzeitlich verstummt. Ein jeder hing seinen eigenen Gedanken nach. Johannes hielt die Zügel der beiden Pferde, die ihren Weg nach Hause kannten, locker in den Händen. Als die Tiere in die Linsengasse abbiegen wollten, zog er an dem Leder der Zügel. »Ho!« Die Gäule schnaubten kurz, ließen sich dann aber bereitwillig weiter den Steinweg hinunterführen. Unterwegs begegneten sie einigen Bekannten, die sich auf den Weg zur Abendmesse in die Marienkirche gemacht hatten. Jacob kniete sich hinter den Kutschbock und erklärte Anna, wer die Menschen waren, die er grüßte. Er kannte sie entweder aus der Schmiede, vom Markt, aus der Kirche oder sie waren direkte Nachbarn. »Siehst du die kleine, dicke Matrone mit der blauen Schürze?« Als Anna seinem Blick folgte, nickte er. »Das ist die alte Katharina Schwerdtfeger. Sie ist Krämerin. An ihrem Marktstand kannst du alles kaufen, was wir brauchen. Sie wird dir gute Preise machen. Außerdem weiß sie genau darüber Bescheid, was in Mühlhausen so vor sich geht, und ist auch nicht zurückhaltend, ihr Wissen weiterzuerzählen. Ihr Sohn ist Mönch im Kloster Reifenstein.«

Während Anna all die Informationen verarbeitete, fragte sie sich, wie oft diese Frau beim Verbreiten ihres Wissens wohl gegen das achte Gebot verstieß, in dem es hieß, kein falsches Zeugnis wider seinen Nächsten abzulegen. Als sie noch darüber nachdachte, wurde sie von Jacob bereits auf einen weiteren Passanten aufmerksam gemacht.

»Das ist Johann Gödicke, einer der Ratsmeister«, erklärte Jacob vielsagend.

Anna sah zu dem hochgewachsenen, dürren, in feine Stoffe gekleideten Mann, der einen Gesichtsausdruck zur Schau trug, als hätte er an einem Fass verdorbener Aale gerochen. Auf seinem Kopf saß ein Barett, dessen lange Feder bei jedem seiner Schritte auf und ab wippte. »Er schaut nicht sehr glücklich drein«, stellte sie unumwunden fest, nachdem sie an ihm vorbeigefahren waren.

Barbara lachte bei Annas Bemerkung herzlich. »Ja er sieht aus, als hätte er üble Verdauungsbeschwerden.«

»Himmel, Weib, der Mann ist Ratsmeister! Über solch einen wichtigen Vertreter der Stadt darf man doch nicht abfällig reden.« Johannes legte eine übertriebene Schärfe in seine Stimme, die im deutlichen Kontrast zu seiner belustigten Miene stand. »Auch, wenn du natürlich recht hast«, fügte er dann spitzbübisch grinsend hinzu.

Anna wunderte sich, dass die drei sich in der Öffentlichkeit über einen Mann aus dem Rat lustig machten, dem sie eigentlich ihren Respekt erweisen müssten. Ihr Oheim lag wohl richtig mit seiner Aussage, dass in Mühlhausen einiges anders sei als auf dem Dorf. Die Tatsache, dass dieser Herr Gödicke sich nicht einmal zu einem Austausch von Grüßen herabgelassen hatte, sprach jedoch in Annas Augen nicht für den Mann. Sie erschrak, als kurz, bevor sie in die Görmargasse abbogen, im Wirtshaus an der Ecke zum Steinweg die Tür aufgerissen wurde und mehrere Betrunkene herausgetorkelt kamen.

Johannes zerrte an den Zügeln und konnte nur mit Mühe verhindern, dass die Kerle unter die Hufen der Pferde gerieten. »Passt doch auf, ihr Trunkenbolde!«, fuhr er sie wütend an, als der Wagen gefährlich schlingerte, sodass Anna und Barbara sich festhalten mussten, damit sie nicht vom Kutschbock rutschten. Als die Kerle einfach so ihres Weges zogen, als wäre nichts passiert, rief ihnen Johannes wüste Beschimpfungen hinterher. »Idioten!«, murmelte er leise vor sich hin, nachdem er sich wieder etwas beruhigt hatte.

Jacob, der genauso erschrocken war, wie seine Freunde, stellte sich hinter Johannes und legte ihm die Hand auf die Schulter. »Lass sie laufen! Morgen werden sie sich nicht einmal mehr erinnern, wie knapp sie dem Tode entronnen sind.« Versonnen blickte er ihnen nach. »Ich möchte heim, die Geschenke auspacken und dann endlich meine Frau in die Arme schließen.«

Barbara stieß Johannes in die Rippen. »Hast du das gehört? Er möchte seine Frau in die Arme nehmen.« Sie grinste anzüglich, als sie die Worte aussprach.

Johannes schnalzte mit der Zunge, um die Gäule anzutreiben. »Na dann wollen wir doch unser Bestes tun, damit ihm dieser Wunsch im Handumdrehen erfüllt wird. Schließlich sind die beiden frisch vermählt.« Er lachte, als Jacob ihm einen Klaps auf den Hinterkopf versetzte, drehte sich zu ihm um und setzte eine Unschuldsmiene auf. »Was denn? Ich spreche doch nur die Wahrheit.«

# Kapitel 17 - Eheleben

Anna saß nackt und gedankenverloren auf der Bettkante und flocht ihr Haar zu einem dicken Zopf. Sie glaubte, noch immer Jacobs Hände auf ihrem Körper zu spüren. Bilder der vergangenen Nacht blitzten durch ihren Geist und ließen sie angenehm erschaudern. Die Geschichten, die sie gehört hatte, konnten sie nicht im Geringsten darauf vorbereiten, was Jacob und sie in der letzten Nacht getan hatten. Der Schmerz, auf den sie sich innerlich vorbereitet hatte, war letztlich nicht so schlimm gewesen. Vor ihrem geistigen Auge sah Anna das Gesicht ihres Mannes über sich, vom Schimmer des Kerzenlichts in sanftes Gold und bewegliche Schatten getaucht, die Augen voller Liebe und Sehnsucht auf sie herabblickend. Bei dem Gedanken an seinen Gesichtsausdruck beschleunigte sich Annas Herzschlag erneut. Ihr Körper wurde bei der Erinnerung, wie seine Fingerspitzen sanft darüber glitten, von einer Gänsehaut überzogen. Ihre Brustwarzen stellten sich auf, als sie erneut von der Erregung der gestrigen Nacht überwältigt wurde. Es schien beinahe so, als würde das Blut, das durch ihren Körper rauschte, direkt unter ihrer Haut entlangfließen und diese noch empfindsamer für jede Berührung machen. Wenn irgendjemand erzählt hätte, dass sie zu solchen Empfindungen fähig war, dann hätte sie ihn für verrückt erklärt. Als sie merkte, dass sich die Matratze hinter ihr bewegte, drehte sie sich um.

Jacob blinzelte gegen das Licht, das durch die schmalen Fenster fiel und die Kammer erhellte. »Was machst du denn schon so früh am Morgen?«

»Früh? Die Glocke der Kilianikirche hat bereits vor einer halben Stunde zur Messe geläutet. Ich flechte mir die Haare. Schließlich bin ich nun Frau Hofmann, das ehrbare und tugendsame Weib eines Schmieds.«

Jacob stützte sich auf seinen Ellenbogen. »Wegen mir könntest du sie auch offen tragen. Das gefällt mir weit besser.« Als er Annas erschrockenen Blick sah, winkte er mit der freien Hand ab. »Ich weiß! Was würden die Leute sagen, wenn du herumläufst wie eine Jungfer mit wallender Mähne.« Er kratzte sich an den sprießenden Bartstoppeln und grinste breit, als ihr Gesichtsausdruck vor unterdrücktem Entsetzen kaum noch zu überbieten war. »Sie würden glauben, ich hätte meine Sache nicht gut gemacht und womöglich die Ehe in Frage stellen.«

Anna griff nach dem Kissen und warf es direkt in Richtung von Jacobs Gesicht. »Wie kannst du darüber Witze reißen, nach allem, was wir in der letzten Nacht getan haben?«

Jacob, der das Kissen abgefangen hatte und es sich jetzt vor die nackte Brust presste, grinste breit. »Vielleicht sollten wir das eine oder andere wiederholen, nur um ganz auf Nummer sicher zu gehen.«

So schnell, wie er nach Anna griff und sie an sich zog, konnte sie gar nicht reagieren. Im Handumdrehen lag sie unter ihm, während er seine Hände neben ihrem Kopf abstützte und aufreizend seine harte Körpermitte gegen ihr Becken drückte. »Am besten fangen wir dort an, wo wir gestern aufgehört haben, meinst du nicht?« Als sie Jacobs überraschten Gesichtsausdruck sah, fing sie an zu kichern. »Ein gottgefälliges Leben zu führen, ist nicht zum Lachen, mein Herz. Und wenn ich die Wahl habe, ob ich in die Kirche gehe, oder mich zu vermehren, wie es im Buch Mose von Gott anbefohlen wird, so steht mir der Sinn doch mehr nach dem Praktischen.« Als er zärtlich an Annas Ohrläppchen zu knabbern begann, hämmerte es an die Haustür. »Mist!« In seinen Bemühungen gestört, löste sich Jacob von seiner Frau, schlüpfte mit einem Bein in seine Hose und hüpfte auf dem anderen in Richtung Tür. Bevor er diese öffnete, vergewisserte Jacob sich mit einem Blick über die Schulter, dass Anna ihre Blöße mit der Bettdecke bedeckt hatte. Dann drückte er den Riegel zur Seite und blickte in das Gesicht von Schwester Justina.

»Gott zum Gruße, Jacob! Ich möchte nach Meister Gerhards Schwester sehen, wenn es dir recht ist?« Als er perplex zur Seite trat und sie hereinließ, lächelte sie Anna an, die nebenan in der Schlafkammer auf dem Bett saß und versuchte, die flammende Röte, die ihr Gesicht überzog, hinter der Bettdecke zu verbergen. »Ich dachte mir, dass ihr gewiss heute noch etwas Zeit für euch haben wollt, bevor euch morgen der Alltag einholt.«

Jacob riss sich aus seiner Erstarrung. »Das ist äußerst aufmerksam von dir. In der Tat muss Anna sich erst ein wenig einrichten und dann sind da noch die vielen Geschenke, die es auszupacken gilt.« Er wies auf den Stapel Hochzeitsgaben, die sie am gestrigen Abend lediglich ins Haus geschafft hatten, ohne sie weiter zu beachten.

Justina lächelte breiter, denn sie wusste, wo die Prioritäten des jungen Paares gelegen haben mussten. »Dann möchte ich euch nicht davon abhalten, euch weiter häuslich einzurichten. Ich gehe nur rasch nach oben zu Hilde und bin gleich wieder weg.«

Als Jacob zu Anna zurückkehrte, ließ sie die Decke sinken und machte sich eilig daran, in ihr Unterkleid zu schlüpfen. Für die Hochzeitsnacht hatte sie eigentlich auch ein Nachtgewand genäht, aber die Aussteuertruhe stand genauso unangetastet in der Ecke der Kammer wie die Geschenke. »Meine Güte, wie unangenehm war das denn?« Zwar wusste sie, dass Justina, wegen ihrer Vergangenheit als Freudenmädchen im Bordell gewiss keinerlei Probleme mit Nacktheit hatte, aber bei Anna sah die Sache ganz anders aus.

Jacob, der sich ebenfalls rasch angezogen hatte, trat auf sie zu und zog sie in eine Umarmung. Dann drückte er ihr einen Kuss auf den Scheitel und seufzte. »Jeder, der bei klarem Verstand ist, weiß ganz genau, was frischverheiratete Paare zu Beginn ihrer Ehe tun. Aber zerbrich dir nicht den Kopf darüber, was andere Leute von uns denken. Sie sollen sich besser um ihre eigenen Sachen kümmern und nicht ihre Nasen in fremder Leute Angelegenheiten stecken.«

Anna entwand sich der Umarmung ihres Mannes. »Also gehen wir zur Messe?« Sie sah fragend zu ihm auf.

Nachdem Jacob kurz darüber nachgedacht hatte, schüttelte er den Kopf. »Nein. Wir sollten besser die Geschenke auspacken und uns häuslich einrichten.« Dann sah er sich um. »Eine weibliche Hand wäre hier sicher nicht von Nachteil. Du kannst alles so gestalten, wie du möchtest. Da rede ich dir nicht dazwischen.«

Suchend sah Anna sich in der kleinen Kammer um, die vor ihrem Einzug von Hilde und ihrem verstorbenen Mann als gute Stube genutzt worden war. Neben dem Kamin hatte Jacob sein Bett platziert, das er aus der Linsengasse mitgebracht hatte. In der Ecke links von der Tür stand Annas Aussteuertruhe, die dort eigentlich auch stehenbleiben konnte. Direkt darüber hing ein Regal, auf dem einige Bücher lagen. Neugierig durchquerte sie den Raum, ergriff eines davon und las den Titel ›Epistolae obscurorum virorum‹. Überrascht zog sie die Augenbrauen in die Höhe. »Du kannst Latein?«

Jacob zuckte mit den Schultern. »Deine Muhme war eine kluge Frau. Sie hat mir beigebracht, was sie wusste.« Er trat hinter sie und nahm ihr das Buch aus den Händen. »Es ist eine Sammlung von

Briefen, die als Dunkelmännerbriefe bekannt sind, weil ihre Verfasser nicht bekannt sind. Eigentlich handelt es sich um den humorvollen Schlagabtausch zwischen Gelehrten, in denen einige der Magister der Theologie auf die Schippe genommen werden. Es wundert mich, dass die Kirche die Verbreitung dieser Schriften nicht längst verboten hat. Mit Sicherheit haben sie aber jede Menge Aufregung unter den Geistlichen und Gelehrten hervorgerufen. Nachdem ich den ersten Band gelesen hatte, konnte ich nicht anders, als mir auch den zweiten zu kaufen.«

»Und du bist dir sicher, dass es ungefährlich ist, solche Schriften im Haus zu haben?«

Jacob grinste schief. »Ich wüsste nicht, was dagegenspräche. Es gibt hier in Mühlhausen genügend Menschen, die ähnlich denken, wie die Verfasser dieser Briefe. Ich wünschte, ich wüsste, wer sie waren.« Wehmütig sah er auf den Buchdeckel, bevor er das Buch wieder in das Regal stellte. »Hier ist jedenfalls noch jede Menge Platz für deine Kräuterbücher.«

Anna öffnete die Truhe mit ihren Habseligkeiten und warf einen kritischen Blick auf deren Inhalt. »Du wirst noch ein zweites Regal anbringen müssen, damit wir alle Bücher unterbringen können.«

Als Jacob ihrem Blick folgte, nickte er zustimmend. »Das sollte kein Problem sein. Vielleicht sollten wir doch erst einmal die vielen Geschenke auspacken. Damit werden wir den ganzen Tag beschäftigt sein, wenn ich mir den Stapel so anschaue. Heute Abend werden wir bei Johannes und Barbara zum Essen erwartet. Ums Kochen müssen wir uns jedenfalls keine Gedanken machen.« Dann trat er nervös von einem Fuß auf den anderen. »Ich möchte dir auch gern noch ein Geschenk geben, deine Morgengabe, wenn du es so willst.« Jacob lief zu seiner Truhe, die am Fußende des Bettes stand und in

der er seine Kleidung und Waffen aufbewahrte, kramte darin herum und brachte ein Holzkästchen zum Vorschein.
Von Neugierde gepackt, nahm Anna die kleine Schachtel entgegen, entfernte den Strick, der darumgebunden war und öffnete sie. »Mein Gott, wie wundervoll!« Vorsichtig ergriff sie den silbernen Ring, dessen eingefasster und kunstvoll geschliffener blauer Stein das Licht des Feuers in tausenden Facetten spiegelte.
Jacob nahm ihr den Ring aus den Fingern und schob ihn vorsichtig über Annas Ringfinger der linken Hand. An der Rechten trug sie seit der Trauung, genau wie er, den Ehering, der das heilige Bündnis der Eheschließung und ihre unendliche Liebe symbolisierte. Er beobachtete, wie sie die Finger der Linken streckte und von allen Seiten betrachtete. »Ich habe an deine wunderschönen blauen Augen gedacht, als ich mich für eine Farbe entscheiden musste. Hätte ich gewusst, dass du ein Schmuckstück mit roten Steinen besitzt, wäre es vielleicht passender gewesen, einen Rubin zu wählen.«
Energisch schüttelte Anna den Kopf. »Die Kette trage ich nicht jeden Tag, den Ring schon. Ich kann gar nicht mit Worten ausdrücken, wie wundervoll ich dein Geschenk finde.« Freudentränen glitzerten in ihren Augen, als sie zu ihm aufsah. »Da wir nun die Morgengaben austauschen, bin ich wohl jetzt an der Reihe.« Sie holte das Geschenk für ihn, überreichte es feierlich und sah ihm zu, wie er das Tuch entfaltete und die Lederschürze hervorholte, die sie ihm genäht hatte.
»Damit kann ich meinem Meister Konkurrenz machen«, rief Jacob begeistert, als er sich die Schürze umhängte. Er strich ehrfürchtig über das Leder und bewunderte die kunstfertigen Stiche. »Ich werde sie übermorgen zur Schau tragen und wahrscheinlich viele neidische Blicke auf mich ziehen. Hab Dank!« Während er die letzten Worte aussprach, zog er sie an sich und küsste sie ausgiebig.

Erst durch die Schritte auf der Treppe wurden sie unterbrochen und fuhren atemlos auseinander.

Anna strich sich den Rock glatt, bevor sie sich seufzend der Tür zuwandte. Wenn sie von Justina schon in einer verfänglichen Situation ertappt wurde, so wollte sie sich doch zum Abschied als respektable Ehefrau präsentieren. Am Treppenabsatz angekommen, wurde sie von der jungen Nonne in eine stürmische Umarmung gezogen. Lachend löste Anna sich wieder von ihr. »Sachte! Du erdrückst mich ja noch«, lachte sie noch lauter, als Justina in ihr Gekicher mit einfiel.

Als sich die beiden Frauen wieder voneinander gelöst hatten, taxierte die Weißfrau Anna von Kopf bis Fuß. »Man sieht dir an, wie glücklich du bist. Ich wünsche dir wirklich von ganzem Herzen, dass du ein unbeschwertes und zufriedenes Leben führen wirst. Das wünsche ich euch beiden!«

***

Es hatte in der Tat den ganzen Tag in Anspruch genommen, all die vielen Geschenke ihrer Freunde auszupacken und einen passenden Platz dafür zu finden. Die Tischdecke von Barbara, die von ihr mit großem künstlerischem Geschick bestickt worden war, lag jetzt auf dem Tisch in der Küche, die Haushaltsgegenstände waren in Schränken und Regalen verstaut, sogar ein Buch war unter den Geschenken. Es war ein Druck von Johannes de Cuba, ›Garten der Gesundheit‹, ein Kräuterbuch, das als Erstes ihrer Bücher den Platz auf dem Regal neben Jacobs Schriften erhalten hatte. Anna nahm sich vor, sich bei Jutta zu bedanken, wenn sie das nächste Mal in Diedorf wäre. Als sie an ihre Verwandten dachte, wurde Anna schwer ums Herz. Sie vermisste beide schon jetzt, erst recht, da Jutta nun endlich offen ihre Zuneigung zu ihr gezeigt hatte. Seit sie in Diedorf bei Aloysius und Jutta wohnte, hatte sie sich die Anerkennung und Liebe ihrer Base gewünscht.

»Wo bist du denn nur mit deinen Gedanken?«, wollte Barbara wissen, als sie an Anna vorbei langte und eine Schüssel mit Schmorfleisch auf den Tisch stellte.

»Also ich hätte da schon eine Vorstellung«, mischte sich Johannes in die Unterhaltung ein, grinste dabei anzüglich und klopfte Jacob verschwörerisch auf die Schulter. »Sie träumt wahrscheinlich von der letzten Nacht. Ich weiß noch, als wir jung verheiratet waren«, wandte er sich an seine Frau. »Wir konnten die Finger nicht voneinander lassen.«

»Als ob sich daran irgendetwas geändert hätte,« feixte Barbara. »Aber nun Schluss mit den Frotzeleien. Lasst euch das Essen schmecken. Ich habe den ganzen Tag dafür in der Küche gestanden und geschuftet wie ein Esel.«

Nachdem die Schüssel einmal herumgereicht worden war, langten sie herzhaft zu und genossen auch das frischgebackene Brot, dessen köstlicher Duft das ganze Haus erfüllte.

Nachdem Johannes die Kochkünste seiner Frau ausführlich gelobt hatte, nahm er den Gesprächsfaden wieder auf. »Ihr solltet es die Nacht aber nicht zu doll treiben. Schließlich musst du morgen wieder arbeiten. Ich glaube nicht, dass Meister Gerhard Rücksicht auf einen liebestollen Gesellen nehmen wird.«

Jacob griff nach dem Bierkrug und prostete seinem Freund zu. »Ob du es glaubst oder auch nicht. Er hat mir für den morgigen Tag noch frei gegeben. Das ist sein Hochzeitsgeschenk an uns.« Er nahm einen Schluck, griff unter dem Tisch nach Annas Hand und erhob

den Becher in ihre Richtung. »Wir werden uns die Stadt ansehen. Ich will dir auf dem Markt die Leute vorstellen, bei denen du einkaufen kannst, ohne Angst zu haben, dass man dich übervorteilt.«
Seufzend lehnte sich Anna auf dem Stuhl zurück. »Mein Gott, ich bin so satt, dass ich keinen Bissen mehr herunterbringe.« Dann wandte sie sich an Jacob. »Ich werde mich aber vorher um Hilde kümmern müssen. Justina wird ab morgen nicht mehr kommen.«
»Eins nach dem anderen, mein Herz. Der morgige Tag ist lang.«

## Kapitel 18 - Unruhen

Ein eisiger Wind pfiff um die Häuserecken auf dem Steinweg, sodass Anna den Schal um ihren Hals noch weiter in Richtung Gesicht zog. Der Schnee knirschte unter ihren Sohlen, die eine Spur in der knöchelhohen Schneedecke hinterließen. Trotz der Kälte fror sie nicht, denn sie war in einen dicken Wollmantel gehüllt. Dieser machte freilich nicht so viel her wie der Mantel ihrer Freundin Barbara, der an den Umschlägen mit Hermelinpelzen besetzt war, aber er schützte sie vor der Kälte. »Es ist kaum zu glauben, dass wir in drei Wochen schon das Christfest feiern.«

»Ja, die Zeit galoppiert dahin, könnte man meinen«, übertönte Barbara das Getöse des Windes.

Anna hatte ihren Schritt an den ihrer Freundin angepasst, der es sichtlich schwerfiel, sich mit ihrem unförmigen Bauch den Steinweg hinaufzubewegen. Für sie war es zur Gewohnheit geworden, dreimal in der Woche mit Barbara auf den Markt bei der Marienkirche zu gehen und einzukaufen. Hier erfuhren sie stets die neuesten Gerüchte, was in der Stadt, aber auch außerhalb vor sich ging. »Am heutigen Tag ist es genau vier Monate her, dass ich nach Mühlhausen gezogen bin. Es fühlt sich an, als wäre es gestern gewesen und dann auch wieder nicht. Die Tage sind so ausgefüllt, dass jeder Einzelne kein Ende zu finden scheint und doch ist im Handumdrehen eine Woche vorbei, und noch eine.«

Barbara seufzte. »Ich weiß genau, was du meinst.« Sie schob Anna etwas zur Seite, damit sie nicht über die Füße eines Bettlers stolperte, der sich am Eingang einer Wirtsstube hingesetzt hatte, um bei den ein- und ausgehenden Gästen ein paar Münzen zu erbetteln. Kaum waren sie an ihm vorbei, baute sich ein Pfaffe mit brauner Kutte vor ihnen auf und hielt den beiden Frauen ein Kreuz entgegen.

»Lasst ab von eurem sündigen Leben und macht euch frei davon!« Er ließ den angewiderten Blick über Barbaras geschwollenen Leib gleiten, bevor er ein schmieriges Grinsen aufsetzte. »Ihr könnt euch befreien von den Höllenqualen, die im Fegefeuer alle sündigen Menschen erwarten. Ich kann dafür sorgen, dass ihr von allen irdischen Sünden freigesprochen werdet und nach eurem Tod direkt in das Himmelreich einziehen könnt.«

Anna wurde wütend. »Tritt zur Seite! Wir haben keine Sorgen um unser Seelenheil. Wir sind fromme Christinnen, die in der Messe zu Gott beten.«

»Das ist löblich, liebe Frau, aber wie kannst du sicher sein, dass deine Gebete auch von unserem Herrn erhört werden? Willst du nicht vielmehr die Gewissheit vor dem Tod, im nächsten Leben wieder mit deinen Liebsten vereint zu sein? Ich kann dir das garantieren. Mit dem Kauf dieses Ablassbriefes …« Er hielt ihr ein Schriftstück mit dem Bildnis der Jungfrau Maria entgegen.

Bevor er den Satz zu Ende sprechen konnte, schob Barbara sich vor Anna und hob die Hand, um ihm Einhalt zu gebieten. Sie baute sich mit ihrer Körperfülle vor ihm auf und funkelte ihn wütend an. »Du Wicht! Wie kannst du es wagen, zwei unbescholtene Frauen mit diesem Unfug zu belästigen! Ich werde einen Teufel tun und dir deine Taschen mit dem sauer verdienten Geld meines Mannes füllen! Nimm deine Briefe oder ich zeige dir, was ich von dem Ablasshandel der Kirche halte!«

Erschrocken trat der Mönch einen Schritt zur Seite, während die beiden Frauen ihren Weg fortzusetzen begannen. Als er sich wieder gefangen hatte, hob er wütend das Kreuz in die Luft. »Ihr werdet es bereuen, das verspreche ich euch! Wenn euch dereinst an der Himmelspforte der Eintritt verwehrt wird, dann erinnert euch an diesen Tag und die Chance, die ihr gehabt hättet!« Aufgebracht machte er auf dem Absatz kehrt, wütend darüber, dass die beiden Frauen ihn mit Nichtachtung straften, den Blick bereits auf den nächsten Passanten gerichtet, von dem er sich den Kauf eines Ablassbriefes versprach.

Als der Pfaffe weit genug von ihnen entfernt war, machte Barbara erneut ihrem Herzen Luft. »Was glaubt der denn? Es ist ohnehin schon schlimm genug, dass manche Menschen auf diesen Schwindel hereinfallen.«

Anna hakte sich bei ihrer Freundin unter. »Beruhige dich, der Kerl ist es nicht wert, dass du dich dermaßen aufregst«, versuchte sie Barbara zu beschwichtigen.

Barbara blieb auf Höhe der Marienkirche stehen und deutete darauf. »Sieh sie dir doch an, die vielen Kirchen! Reicht es nicht, dass wir den Kirchenzehnten bezahlen, regelmäßig eine Spende in den Opferstock werfen und für jede verdammte Glocke mit aufkommen? Überall zieht man uns das Geld aus den Taschen.«

»Du hast ja Recht. Mehl, Brot und Fleisch sind auch wieder teurer geworden. Aber was sollen wir denn tun? Wir haben keinerlei Macht, irgendwas daran zu ändern.« Auch wenn es Anna nicht gefiel, sich in dieses Schicksal zu fügen, hatte sie doch keine Idee, was sie dagegen unternehmen konnte. »Komm, lass uns den Einkauf erledigen, damit wir schnell wieder nach Hause und in die Wärme kommen! Es ist kein Tag für lange Spaziergänge.«

»Da kann ich dir nur beipflichten. Lass uns in der Herrengasse bei Meister Künemund das Fleisch kaufen. Vielleicht hat er ja wieder einen Rost über dem Ofen, auf dem seine leckeren Würste braten. Mir steht der Sinn nach einer schönen, heißen, fetttriefenden Bratwurst.« Allein bei der Vorstellung davon lief Barbara das Wasser im Mund zusammen.

Anna beschleunigte bei dem Gedanken an eine Wurst den Schritt. Sie mochte die Bratwürste von Meister Künemund, obwohl er, anders als die Diedorfer, Kümmel hineintat. Wie es aussah, hatten sie Glück. Als Anna die Tür öffnete, schlug ihnen der Geruch der auf dem Rost vor sich hin brutzelnden Würste entgegen. Bastian Künemund war nirgends in Sicht, aber seine Frau machte sich am Ofen zu schaffen. Sie drehte die Bratwürste, deren heraustropfendes Fett zischend im Feuer landete und seine einladenden Aromen im ganzen Raum verteilten. Anna sog den Duft ein, was sogleich ein Knurren in ihrer Magengegend hervorrief. »Gott zum Gruße, Frau Künemund«, begrüßte sie die Fleischerfrau. »Wir hätten gern zwei dieser köstlichen Würste.«

Griseldis Künemund war so beschäftigt, dass sie den beiden Frauen den Rücken weiter zuwandte, während sie antwortete. »Sie brauchen noch ein wenig. Ihr könnt euch ja in der Zwischenzeit umsehen. Mein Mann hat gerade frische Leberwurst und Sülze gemacht. Eisbeine haben wir auch, falls ihr noch nicht wisst, was ihr am Wochenende kochen wollt.« Sie wendete die Würste ein letztes Mal, bevor sie die Zange neben dem Ofen an den Haken hing und sich ihnen zuwandte, sie breit angrinste und dabei ihre ungeraden gelben Zähne entblößte. »Wann ist es denn so weit?« Sie taxierte Barbaras Bauch abschätzend. »Lange kann es doch nicht mehr dauern bis zur Niederkunft.«

Barbara rieb sich schnaubend das schmerzende Kreuz. »Lieber heute als morgen, das ist gewiss. Ich weiß nicht, wie manche Frau diese Tortur Jahr für Jahr durchmachen kann. Heute Morgen hatte ich sogar Schwierigkeiten, mir meine Stiefel anzuziehen.« Sie wandte sich an Anna. »Kannst du dir sowas vorstellen?«

Bevor Anna etwas erwidern konnte, mischte sich Griseldis schon wieder ein. »Alles, was mit dem Kinderkriegen zu tun hat, ist anstrengend. Ein Kind unter dem Herzen zu tragen, ist davon noch die leichteste Übung. Warte es nur ab.« Ein erneutes Aufzischen der Glut erforderte die Aufmerksamkeit der Fleischerfrau. »Wie es aussieht, sind eure Würste durch.« Sie schnitt zwei Brotscheiben ab und klemmte je eine der Bratwürste zwischen eine Scheibe. »Hier!« Sie reichte das Essen weiter. »Lasst es euch schmecken! Also, wann kommt denn der Nachwuchs?«, ließ sie nicht locker.

Barbara pustete an ihrer Wurst, bevor sie antwortete. »Wenn alles so kommt, wie die Wehmutter ausgerechnet hat, dann nach dem Christfest, so Gott will, noch in diesem Jahr.«

Zufrieden mit der Antwort nickte Griseldis mit dem Kopf. »So in etwa hab ich es mir gedacht.« Dann wandte sie sich an Anna. »Und wie sieht es bei euch aus? Wie man so hört, ist der Meister Gerhards Schmiedegeselle kaum noch in einem Wirtshaus anzutreffen.« Sie grinste anzüglich und betrachtete Anna ungeniert von Kopf bis Fuß. »Und wer sollte es ihm verdenken?« Schallend lachend warf sie ihren Kopf in den Nacken, oder vielmehr unternahm sie den Versuch. Ihr Hals war so kurz, dass es schier unmöglich schien. Dennoch brachte sie es irgendwie zustande.

Brennende Röte kroch Anna in die Wangen, sodass sie sich zur Ablenkung ausgiebig ihrer Wurst widmete, als hätte sie die Frage überhört.

»Nun sag schon! Ich kann es den Frauen an ihren Ohren ansehen, wenn sie ein Kind unter dem Herzen tragen. Der Teufel soll mich holen, sollte es bei dir anders sein.«

Barbara, die gerade von ihrer Wurst abbeißen wollte, ließ die Hand mit dem Essen sinken und starrte Anna mit offenem Mund an. »Ist das wahr?«

In die Enge getrieben, wäre Anna am liebsten aus dem Laden gestürmt. Da ihr der Ausgang aber von der dicken Fleischerfrau verstellt war, blieb ihr keine Möglichkeit zur Flucht. Verschämt blickte sie zu Boden, bevor sie antwortete. »Ich bin mir noch nicht ganz sicher«, brachte sie flüsternd hervor und verbarg ihre von der Hitze des Blutes brennenden Ohren im Kragen ihres Wollmantels.

»Sag ich es doch!«, rief Griseldis und klatschte vor Freude in die Hände.

Barbara war mit zwei Schritten bei ihrer Freundin und riss sie vor Freude an sich, was sich wegen ihres dicken Bauches etwas schwierig gestaltete. »Ist das wirklich wahr?« Sie lachte und weinte gleichzeitig, als Anna schüchtern nickte.

Erneut klatschte die Fleischerfrau in die Hände. »Die Würste gehen auf mich. Und wenn du im nächsten Jahr einen prachtvollen Sohn zur Welt bringst, dann erzähl allen, dass meine Würste dir dabei geholfen haben, einen Sohn zu empfangen. Die Geschäfte gehen nicht schlecht, aber dann ...« Die Augen der Frau wurden glasig, als sie blicklos an den Freundinnen vorbeischaute und in Gedanken schon das viele Geld zählte, was sie einnehmen würde.

Barbara lachte. »Was machst du in dem Fall, dass es ein Mädchen wird?«

Das schelmische Grinsen, dass Griseldis den beiden zuwarf, reichte von einem Ohr zum anderen. »Dann, meine Liebe, hat sie nicht genug von den Würsten gegessen.«

***

Anna und Barbara lachten immer noch, als sie schon längst den Fleischerladen der Künemunds mit vollen Körben verlassen hatten. Beide mochten die Frau, die das Herz an der richtigen Stelle trug. Ihr Gespür für die zwischenmenschlichen Dinge wurde lediglich von ihrem Geschäftssinn übertroffen.

Barbara, die sich bei ihrer Freundin untergehakt hatte, lenkte ihren Schritt in Richtung Obermarkt. »Wann willst du es Jacob sagen?«, wollte sie wissen.

»Ich fürchte, dass ich nicht allzu lange warten kann. Nun, da Griseldis es weiß, ist auch bald die halbe Stadt im Bilde. Es wäre schon besser, wenn er von mir erfährt, dass er Vater wird. Ich werde uns etwas Besonderes kochen. Brathähnchen ist er am allerliebsten.«

Anna legte sich schon einen Plan zurecht, wie sie den restlichen Tag verbringen würde. Wenn sie zuhause ankäme, wollte sie zuerst noch einmal nach Hilde sehen und ihr den neuesten Tratsch erzählen. Dann würde sie sich um das Essen kümmern und sich an den Berg kaputter Strümpfe machen, die es zu stopfen galt. Vielleicht würde sie auf dem Markt etwas Wolle finden, mit der sie eine Decke für das Kind häkeln konnte, dessen Entstehen sie Stück für Stück realisierte. Nun, da sie ihre Vermutung laut ausgesprochen hatte, nahm deren Bedeutung für die Zukunft in ihrem Kopf langsam Form an. Ihr war es egal, ob sie einen Jungen oder ein Mädchen unter dem Herzen trug. Sie wünschte sich einfach nur ein gesundes Kind.

»Jacob wird vor Freude außer sich sein«, riss Barbara sie mit dieser Feststellung aus den Gedanken. »Ich wünschte, ich könnte sein Gesicht sehen, wenn du es ihm sagst.«

Anna war kurz davor, sie kurzerhand zum Abendessen einzuladen, überlegte es sich aber letztlich anders. Sie wollte mit Jacob allein sein, wenn sie ihn in ihr Geheimnis einweihte. »Ich werde dir alles bis ins Kleinste erzählen, versprochen.«

»Ich nehme dich beim Wort.« Barbara verstärkte ihren Griff um Annas Arm und sah sich suchend um. Sie wollte zuerst zu Catharina Schwerdtfeger gehen, um neue Bürsten einzukaufen, konnte die Krämerin aber im Gedränge rings um ihren Stand nicht ausmachen.

»Was gibts denn da?« Eine große Menschentraube hatte sich versammelt. Aus dem Gemurmel konnte Barbara Wörter wie ›Luther‹, ›Thesen‹, ›Ketzer‹, ›Fegefeuer‹, ›Papst‹ und andere heraushören. Sie schob einen breitschultrigen Kerl zur Seite und bahnte sich den Weg zu der Schwerdtfegerin.

Neben ihr stand ein hochgewachsener, gut gekleideter Mann, der bedruckte Zettel verteilte und sogleich auch ihr einen in die Hand drückte. »Hier, junge Frau! Ihr seht aus wie eine wahre Gläubige.«

Barbara wollte schon ablehnen und den Kerl beschimpfen, so wie sie es gemeinsam mit Anna bei dem Ablassprediger getan hatte. Dann lass sie die ersten Zeilen ›da unser Herr und Meister Jesus Christus spricht »Tut Buße« ...‹ Sie hob den Kopf, hielt ihm den Zettel entgegen und starrte den Mann an. »Was soll das hier sein?«

Freundlich lächelnd blickte er auf Barbara hinunter. »Das, meine Liebe, sind die Thesen des Doktor Martinus«, sprach er mit lauter Stimme, damit auch die Umstehenden ihn gut hören konnten.

Anna, die sich in der Zwischenzeit neben ihrer Freundin postiert hatte, stemmte die Hände in die Hüfte. »Und wer bitte schön soll das sein?«

Überrascht riss der Unbekannte die Augenbrauen in die Höhe. »Ihr habt noch nicht von Doktor Martin Luther gehört?« Da das Gemurmel um sie herum verstummte und einer angespannten und von Neugier vibrierenden Stille gewichen war, fiel es ihm nicht schwer, sich Gehör zu verschaffen. »Doktor Martinus ist ein gelehrter Mann, ein Augustinermönch, der es zum Doktor der Theologie gebracht hat. Er übt Kritik an den Praktiken der Kirche. Lest selbst!« Er tippte mit dem Zeigefinger auf das Papier, das Barbara nach wie vor in der Hand hielt.

Anna richtete den Blick auf den Druck und überflog die Zeilen. »Der Papst kann nur Strafen erlassen, die er selbst auferlegt hat.« Sie schnaubte spöttisch. »Erzähl das mal den Ablasshändlern, die überall in Mühlhausen die Leute belästigen und ihnen das Geld aus der Tasche ziehen!« Das Gelächter aus der Menschenmenge bestätigte Annas Worte.

Der Mann grinste über beide Ohren, weil sie den Nerv der Menschen getroffen hatte. »Wohl gesprochen, Frau! Wenn du die Worte liest, dann wirst du verstehen, dass Doktor Martinus genau dagegen angehen will.« Er reichte ihr einen kleinen Stapel bedruckten Papiers. »Wenn du noch mehr Menschen kennst, die so denken wie du, dann gibt die Thesen von Doktor Luther gern weiter.«

Sie sah auf die ausgestreckte Hand, machte aber keine Anstalten, ihm die Drucke abzunehmen. »Was ich denke, geht nur mich etwas an. Wenn du die Worte dieses Doktors unters Volk bringen willst, dann musst du das schon selbst tun.« Anna sah ihn herausfordernd an und erntete für ihre Aussage erneut den Beifall und das Gelächter der Menschenmenge. Dann zog sie eines der Blätter aus dem Stapel und legte es in den Korb zu dem Fleisch und der Wurst, die sie in der Herrengasse gekauft hatte.

Catharina Schwerdtfeger, die bisher geschwiegen hatte, trat hinter ihrem Marktstand hervor und griff nach dem Papier. »Gib schon her! Ich werde jedem Käufer einen deiner Zettel in die Hand drücken, wenn du dafür nicht weiter meine Geschäfte behinderst.« Sie legte die Handzettel zwischen ihre Auslagen, beschwerte sie mit einer der Bürsten und schob den Mann zur Seite. »Nun mach den Weg frei für meine Kunden und nimm die Schreihälse mit Dir! Hier und jetzt ist nicht der Platz für solche Diskussionen, die uns zu Verschwörern gegen die Kirche machen. Wir wollen unseren Frieden, denn wir haben es auch ohne diesen Aufruhr schon schwer genug.«

Barbara trat an den Stand und schob den Mann, der die Schwerdtfegerin mit einer Mischung aus Bewunderung und Missfallen ansah, achtlos zur Seite. »Ich hätte gern eine Wurzelbürste.«

Während ihre Freundin sich eine der Bürsten kaufte, sah Anna nachdenklich zu, wie sich die Menge zerstreute und in Richtung des Wirtshauses davonlief. Dort würden sie sich gewiss bei Bier und Wein die Köpfe heißreden, gegen Kirche, Fürsten und die anderen hohen Herren wettern, deren Joch sie irgendwann abschütteln wollten. Anna spürte die nahenden Veränderungen, die wie eine Gewitterwolke über ihnen aufkamen, und fürchtete sich einmal mehr vor der Zukunft.

# Dritter Teil: Mühlhausen AD 1522

# Kapitel 19 - Nachkommen

Sieh dir das an! Ich kann es immer noch nicht glauben.« Barbara, deren Gesicht vor Aufregung ganz rot angelaufen war, überreichte ihrer Freundin das Buch, das sie, eingeschlagen in ein Tuch, in ihrem Korb hereingetragen hatte.

Beim Lesen des Titels bekam Anna weiche Knie. »Wo hast du die denn her?« Sie blätterte aufgeregt in der Schrift, um sich noch einmal zu vergewissern, dass das Werk, das sie in den Händen hielt, tatsächlich das war, was sie glaubte. Es war ein Exemplar der Bibel, die von Doktor Martinus in die deutsche Sprache übersetzt worden war.

»Mein Vater hat drei davon von der Leipziger Herbstmesse mitgebracht. Er sagte, der Händler hätte sie im Handumdrehen verkauft.«

Hellhörig geworden drückte Anna die Heilige Schrift an die Brust. »Drei?«

Barbara grinste breit. »Mein Vater weiß doch, dass du alles liest, was der liebe Doktor verfasst hat. Er hat je eine Bibel für sich, eine für mich und Johannes und eine für dich gekauft. Das Buch gehört dir, wenn du es möchtest.«

»Möchtest?« Anna wurde bei den Worten ihrer Freundin ganz schwindlig und griff nach der Lehne des Stuhls, der neben ihr stand. »Glaub mir, dass das Wort ›möchten‹ nicht annähernd beschreibt, was mir gerade im Kopf herumspukt.« Anna drückte die Schrift noch fester gegen ihre Brust. »Wenn mir jemand vor fünf Jahren gesagt hätte, dass ich zu einer Anhängerin der von Luther ausgelösten Bewegung werde, dann hätte ich ihn für verrückt erklärt.«

Lachend setzte sich Barbara auf einen der Stühle in der Küche ihrer Freundin. »Ich weiß, ich weiß! Aber da bist du ja bei Weitem nicht die Einzige. Die Menschen strömen in Scharen zu seinen Predigten, was dem Papst und dem Kaiser gewiss nicht gefallen dürfte.«

Anna setzte sich ebenfalls. »Bevor wir schon wieder in politische Diskussionen verfallen, wo sind denn deine Kinder?« Sie wunderte sich, weil Barbara ihren jüngsten Sohn, den sie gerade einmal vor acht Wochen geboren hatte, keinen Moment allein lies.

»Johannes passt kurz auf sie auf. Glaub mir, ich bin froh, einmal für eine halbe Stunde zu entkommen.«

Das konnte sich Anna lebhaft vorstellen. Seit dem Christfest vor fünf Jahren hatte Barbara in jedem Jahr einen Sohn geboren. Nach Hans, Peter, Karl und Justus hatte der kleine Philipp an Mariä Geburt das Licht der Welt erblickt. Es war Anna ein Rätsel, wie Barbara ihren Haushalt bestritt, die fünf Kinder versorgte und nebenher beinahe jede Woche eine Zusammenkunft der Anhänger Luthers in ihrem Haus arrangierte. Seit nunmehr fünf Jahren gaben sich freitags abends die Menschen die Türklinke in der Kuttelgasse im Haus der Görlichs in die Hand und diskutierten bis spät in die Nacht über den wahren Glauben der Christen. Natürlich wetterten sie auch über die hohen Herren des Rates, die sich mit immer neuen Steuern an den Armen bereicherten und ihrer Meinung nach ihre Ämter missbrauchten. Sie waren fast so habgierig, wie die Männer der Kirche, die sich nach wie vor mit dem Verkauf von Ablassbriefen die Taschen füllten.

»Mein Vater sagte, wenn du die neue Bibel haben möchtest, dann bekommt er einen Gulden von dir«, riss Barbara sie aus den Gedanken. »Er meint, das wäre ein angemessener Preis.«

Obwohl es eine stattliche Summe war, sah Anna es genauso und überlegte nicht lange, bevor sie sich erhob. Sie legte das Buch so vorsichtig, als wäre es aus Glas, auf den Tisch. »Warte einen Moment, ich hole das Geld. In der Zwischenzeit kannst du dir gern einen Becher Bier aus dem Fass in der Speisekammer zapfen. Du weißt ja, wo es steht.« Aus dem Augenwinkel sah sie noch, wie Barbara nickte, als sie die Küche verließ und die Treppe nach oben stieg. Nach dem Tod von Hilde vor knapp vier Jahren hatten sie von Meister Gerhard das Haus in der Görmargasse, unweit des Erfurter Tors gekauft und in den oberen Zimmern die Kammern für die Mädchen eingerichtet. Sie lächelte bei dem Gedanken an ihre beiden Töchter, die ein halbes Jahr nach Barbaras ältestem Sohn auf die Welt gekommen waren. Eigentlich hatten Jacob und sie mit einem strammen Jungen gerechnet, weil Annas Bauch in den letzten Wochen vor der Geburt ein enormes Ausmaß angenommen hatte. Zu ihrer aller Überraschung hatte sie aber im Brachmond des Jahres 1518 innerhalb von einer halben Stunde zwei Töchter geboren. Gertrud, die den Namen ihrer verstorbenen Großmutter trug, war ein stilles Kind und hatte nicht einmal geweint, als sie das Licht der Welt erblickt hatte. Das war auch gut so, denn Herta, die nach Jacobs Mutter benannt worden war, besaß genug Temperament für sie beide. Äußerlich wiesen sie ebenfalls kaum Ähnlichkeiten auf. Während Hertas Kopf, passend zu ihrer wilden Ungezähmtheit, rotbraune Locken umtanzten, kräuselten sich Gertruds rehbraune Haare lediglich leicht auf deren Rücken. Jacob hatte ihr erklärt, dass die Haarfarbe seiner Mutter einen ebenso warmen Braunton hatten, auch wenn er sich sonst kaum an sie erinnern konnte. Herta war eher kräftig, Gertrud klein und zartgliedrig, so wie Anna es ihr Leben lang gewesen und immer noch war. Lediglich die moosgrünen Augen hatten beide mit ihrem Vater gemeinsam. In ihrem ganzen Wesen konnten die Mädchen nicht unterschiedlicher sein. Hertas Mund stand niemals still, während Gertrud kaum ein Wort redete. Sie verständigte sich mit ihrer Schwester wortlos und Herta sprach in ihrem Namen. Sie waren praktisch immer zusammen anzutreffen, weil Gertrud ihrer Schwester wie ein Schatten folgte. Anna fragte sich, wo die beiden sich wieder herumtrieben. Es war so still im Haus, dass es am wahrscheinlichsten war, dass sie draußen auf der Gasse mit den Kindern der Nachbarn spielten. Spätestens, wenn es Zeit für das Abendessen war, würde sie nach ihren sehen müssen. Die Tür zur Schlafkammer der Mädchen quietschte beim Öffnen in den Angeln. Etwas Schmierfett würde das Problem mit Sicherheit beheben. Mit wenigen Schritten durchmaß Anna den Raum, umrundete das Bett, das in der Mitte stand, kniete sich auf den Boden und suchte nach der losen Diele darunter, unter der sie ihre Ersparnisse aufbewahrten. Sie lockerte das Brett, tastete in der Tiefe, bis ihre Finger ein Holzkästchen berührten, das sie heraushob. Nach dem Öffnen zählte sie Pfennige, Heller und Groschen zusammen, die in Summe den Wert eines Guldens ergaben. Es war viel Geld, für das sie genauso gut zwanzig Brote oder sechs Pfund bestes Rindfleisch kaufen konnte. Aber eine Bibel in deutscher Sprache war im Grunde genommen unbezahlbar. Sie hatte auch keinerlei Zweifel daran, dass Jacob mit dem Kauf einverstanden sein würde. Anna zählte noch einmal nach, da sie ihre Freundin nicht übervorteilen wollte, und machte sich zurück auf den Weg in die Küche, nachdem sie das Kästchen an seinen Platz zurückgestellt und den Boden wieder mit der Diele verschlossen hatte. Während Anna die Treppe hinunterstieg, hörte sie von draußen das Lachen ihrer älteren Tochter. Sie hatte also in ihrer Annahme richtig gelegen, dass die Mädchen auf der Gasse spielten, und freute sich über deren Unbeschwertheit.

In der Küche angekommen, zählte sie das Geld vor Barbara auf den Tisch, die zufrieden lächelte und die Münzen in ihrer Geldkatze verschwinden ließ. Dann holte auch Anna sich einen Becher, füllte ihn mit Bier und gesellte sie sich zu ihrer Freundin. »Jacob wird ein neues Bierfass kaufen müssen. Hast du etwas gehört, ob der Bierausrufer schon verkündet hat, dass die Braumeister frisches Bier verkaufen?«

Barbara leerte ihren Becher und stellte ihn auf den Tisch. »Ich werde mich umhören und sage dir Bescheid.« Seufzend erhob sie sich und griff nach ihrem Korb, den sie neben ihrem Stuhl abgestellt hatte. »Ich wünschte, ich könnte noch ein wenig bleiben. Aber die Pflicht ruft.« Sie wandte sich zum Gehen, drehte sich aber noch einmal um. »Kommt ihr am Freitag zu unserem Treffen?«

»Dieses Mal nicht. Wir haben schon länger geplant, Jutta und Aloysius in Diedorf zu besuchen. Das letzte Mal waren wir zum Erntefest dort. Das ist auch schon wieder fast drei Monate her. Jacob hat bereits mit Johannes gesprochen wegen eures Gespanns.«

»Richtig, das hatte ich vergessen. Dann eben das nächste Mal. Die Gespräche drehen sich sowieso immer um die gleichen Themen.«

Anna nickte bestätigend. »Das denke ich auch.« Sie folgte Barbara zur Tür, um sie zu verabschieden. »Grüße mir deinen Mann und am Freitag unsere Freunde.« Nachdem Barbara es ihr versprochen hatte, sah Anna ihr hinterher, wie sie die Görmargasse in Richtung der alten Linde hinauflief und dabei der Horde tollender Kinder lachend auswich, unter denen sich auch ihre beiden Töchter befanden. Sie winkte den Mädchen, die sich sogleich von ihren Freunden lösten.

»Mama, wir haben Fangen gespielt!«, setzte Herta ihre Mutter in Kenntnis.

Gertrud, die kurz nach ihrer Schwester bei Anna angekommen war, nickte zustimmend.

»Es sieht ganz so aus, als hättet ihr jede Menge Spaß gehabt«, schlussfolgerte Anna beim Anblick der rotwangigen Mädchen, deren Haare sich aus ihren Flechtzöpfen gelöst hatten. »Habt ihr denn Lust, mir beim Kochen zu helfen?« Der Schmollmund, den Herta zog, war Antwort genug. Anna sah zu Gertrud, die noch unentschlossen schien. »Ich zeige euch, wie man einen leckeren Eintopf aus Rüben und Fleisch kocht.«

»Aber ich möchte weiterspielen«, beharrte Herta darauf, noch ein wenig Zeit mit ihren Freunden zu verbringen. »Wir wollen murmeln.« Als Beweis kramte das Mädchen in der Tasche an der Vorderseite ihrer Schürze und brachte ein kleines Leinensäckchen hervor, das die bunten Tonkügelchen enthielt.

Da Anna bei ihrer älteren Tochter nicht weiter kam, sah sie fragend zu Gertrud. »Wie ist es mit dir? Möchtest du in der Küche helfen?« Sie beobachtete das Mienenspiel des Kindes und die wortlose Kommunikation, die beide Mädchen nur mit den Augen führten und damit endete, dass Gertrud die Hand ihrer Schwester ergriff. Also war es entschieden. Anna seufzte. »Nun gut. Aber nur noch eine Stunde. Hört auf die Stundenglocke der Kilianikirche! Wenn sie fünfmal schlägt, dann kommt ihr nach Hause. Euer Vater möchte keine schmutzigen Schweinchen vorfinden, sondern den Abend mit seinen liebreizenden Töchtern verbringen, wenn er mit der Arbeit fertig ist und heimkommt.«

Kopfschütteln sah Anna den Kindern nach, die bereits wenig später lachend hinter der Hausecke verschwanden. Sie war viel zu nachsichtig mit den Mädchen. Mit ihren vier Jahren konnten sie durchaus schon einige Pflichten im Haus übernehmen. Als sie in ihrem Alter war, hatte sie die Hühner gefüttert, ihrer Mutter beim Reinigen des Geschirrs und bei der Wäsche geholfen. Auch wenn es Anna schwer viel, die Freiheiten ihrer Töchter zu beschränken, so war es doch nötig, sie in die Arbeit und die Pflichten im Haushalt einzuführen. Beim Hineingehen überlegte sie, wann sie das erste Mal eine Häkelnadel in der Hand gehalten hatte, konnte sich aber nicht mehr genau erinnern. Auch das Stopfen der Strümpfe würde sie ihnen beibringen müssen. Anna nahm sich vor, mit Jacob beim Abendessen darüber zu sprechen, wie sie die Mädchen in die Führung des Haushalts einbinden konnte. Was Gertrud betraf, machte sie sich wenig Sorgen, aber sie rechnete mit deutlichen Schwierigkeiten, wenn es darum ging, Herta zu begrenzen.

***

»Da sind sie doch, meine Lieblingsmädchen!« Aloysius erhob sich schwerfällig von der Bank, die neben der Haustür stand. Er sah zu, wie Jacob das Gespann auf den Hof lenkte und breitete einladend die Arme aus.

Der Wagen hatte noch nicht richtig gestanden, als Herta schon von der Ladefläche hüpfte und sich in die ausgebreiteten Arme des Mannes warf, der einem Großvater am nächsten kam. Obwohl Aloysius von Rechts wegen Annas Oheim war, so hatte er sie doch großgezogen, als wäre sie seine leibliche Tochter. Deswegen erschien es niemandem falsch, als Gertrud Aloysius eines Tages als Großvater betitelt hatte. Nachdem es einmal ausgesprochen war und auch kei-

nerlei Einwände dagegen erhoben wurden, besaßen die beiden den Status der Großeltern und gingen in ihrer Rolle auf.
Jacob, der in der Zwischenzeit vom Kutschbock gestiegen war, hob Gertrud von der Ladefläche und setzte sie vor Aloysius ab. »Du verwöhnst sie mir viel zu sehr! Wenn du weiter so machst, dann wollen sie nicht mehr mit nach Hause.«
Gespielt entsetzt sah Aloysius Herta an, die er nach wie vor auf dem Arm hielt. »Stimmt das denn?« Er lachte mit ihr zusammen, als das Mädchen nickte. »Was, du möchtest nicht wieder mit deinen Eltern nach Hause fahren?« Sein Lachen wurde noch lauter, als das Kind den Kopf schüttelte.
»Siehst du, wovon ich rede?« Jacob nahm Aloysius seine Tochter ab und stellte sie vor sich auf den Boden. »Wir sind noch keine fünf Minuten hier und schon kommt es mir so vor, als gäbe es mich für meine Jüngste nicht mehr.« Als er sah, wie Gertrud die Hand ihres Großvaters ergriff, deutete er auf die verschränkten Finger der beiden und sah seine ältere Tochter an. »Du also auch?« Kopfschüttelnd und im Vorbeilaufen Gertruds Kopf streichelnd wandte er sich der Haustür zu. »In Ordnung, ich glaube, jetzt brauche ich erstmal ein Bier.«
Anna sah ihrem Mann nach, der im Haus ihres Oheims verschwand. »Es fällt ihm schwer, seine Lieblinge zu teilen.« Sie umarmte Aloysius und gab ihm einen schmatzenden Kuss auf die Wange.
»Dürfen wir bei Großvater bleiben?«, unterbrach Herta die Begrüßung und zupfte mit Nachdruck an Annas Rock.
Aloysius lachte abermals. »Er scheint nicht der Einzige zu sein, der mit dem Teilen seine Schwierigkeiten hat.« Er beugte sich zu den Mädchen hinunter. »Was haltet ihr davon, wenn wir uns in der Scheune den Wurf Katzen ansehen, den unsere Miez vor zwei Wo-

chen geboren hat, derweil eure Eltern sich in der Küche die Kälte aus den Gliedern vertreiben?«

Herta hüpfte aufgeregt auf und ab. »Die Miez hat Junge?«

»So ist es. Vier.« Er richtete sich wieder auf und sah Anna liebevoll an. »Geh hinein! Jutta wird auch gleich kommen. Die Frauen wollen heute mit dem Flachshecheln fertig werden und in der nächsten Woche mit dem Spinnen beginnen.«

Anna erinnerte sich an die Winterabende, an denen die Mädchen und Frauen jeweils getrennt voneinander Flachs gesponnen hatten. Als sie Jutta das erste Mal in die Spinnstube begleitet hatte, war sie dafür verantwortlich, die Netzetöpfchen mit Wasser aufzufüllen und die Frauen mit Essen und Trinken zu versorgen. Später hatte sie selbst gelernt, wie man die gekämmten goldgelben Flachsfasern spinnt. Das Gefühl, wie sie die Finger in das Töpfchen tauchte und mit Wasser befeuchtete und damit den trockenen Flachs berührte, würde ihr wohl ewig im Gedächtnis bleiben. »Eines Tages werde ich euch beide mit in die Spinnstube nehmen und euch zeigen, wie ihr Flachs spinnt.«

Die Gesichter der Mädchen spiegelten keinerlei Begeisterung für die Ideen ihrer Mutter wider.

»Jetzt schaut nicht so miesepetrig drein! Spinnen macht Spaß. Da werden Lieder gesungen und Geschichten erzählt. Abends kommen dann die Männer dazu, stehlen den Jungfrauen ihre Flachsrocken und lösen sie für einen Kuss wieder ein.«

Herta verzog das Gesicht. »Iiiiiigitt! Küsse.«

Aloysius verwuschelte das Haar der Kleinen. »Braves Mädchen! Du wirst dir deine Rocken nicht von irgendeinem dahergelaufenen Burschen wegnehmen lassen. Und nun kommt, sehen wir nach den Katzen.« Er nahm beide Mädchen bei der Hand und wandte sich der Scheune zu.

Anna sah ihnen nach. »Sucht ein Kätzchen aus, das wir mit nach Mühlhausen nehmen können, wenn es alt genug ist. Es kann uns die Mäuse und Ratten vom Leib halten und wird damit viel zu tun haben.« Der lautstarke Jubel der Kinder, der daraufhin ausbrach, war wohl bis zum Dorfausgang zu hören. Sie hüpften den restlichen Weg zur Scheune.

***

Am Abend saßen die Mädchen frisch gebadet, mit glänzenden Augen und roten Wangen in ihren Unterkleidern am Esstisch. Jutta hatte sie kurzerhand in den Badezuber gesteckt, als sie vom Flachshecheln zurückgekehrt war. Sie hatte ihnen den Staub und Strohhalme aus den Haaren gespült und sie kräftig von Kopf bis Fuß abgeschrubbt.

»Die Miez hat vier Junge. Ich möchte das rote Katerchen mit nach Mühlhausen nehmen«, erklärte Herta. »Es ist jetzt schon ganz groß.«

Aloysius beugte sich zu ihr herüber. »Du kannst es aber trotzdem erst im neuen Jahr mitnehmen, wenn es selber fressen kann.« Dann wandte er sich an Gertrud. »Und du möchtest auch das rote Kätzchen?«

Das Mädchen sah zu seiner Schwester, dann zu Aloysius und wieder zu Herta, bevor es seufzte, aber nicht antwortete.

Anna lehnte sich auf dem Stuhl zurück. »Ich verstehe. Du würdest also lieber eine andere Katze mitnehmen?«

Gertrud sah noch einmal zu ihrer Schwester, dann auf ihren Teller und nickte vorsichtig. »Mir gefällt das mit den drei Flecken. Es ist ein Mädchen und nur halb so groß wie der Rote.«

Anna blickte fragend zu Jacob, der wortlos nickte, und beugte sich wieder nach vorn. »Also gut. Wie es aussieht, werden wir zwei Kätzchen holen, wenn sie alt genug sind.«
Gertrud formte mit den Lippen das Wort ›wirklich‹, sprach es aber nicht aus. Als ihre Mutter zur Bestätigung nickte, erhellte ein Lächeln das Gesicht des Kindes, als wäre die Sonne aufgegangen.
Herta stieß vor Freude ein Quietschen aus und sprang von ihrem Stuhl. Sie lief zu Anna und schlang die Arme um sie. »Dürfen wir noch ein bisschen hierbleiben?« Der moosgrüne Blick bohrte sich beschwörend in Annas blauen.
»Hier bei den Großeltern oder hier bei den Katzen?«, wollte Anna wissen, obwohl es letztlich auf das Gleiche hinauslief. Abermals sah sie fragend zu Jacob, als dieser als Zeichen des Ergebens seine Hände hob. »Aber nur, wenn Großvater und Großmutter damit einverstanden sind.«
Jutta, die bisher schweigend der Unterhaltung gefolgt war, grinste breit über beide Ohren, denn auch sie freute sich jedes Mal, wenn sie die Kinder um sich hatte. »Von mir aus können Gertrud und Herta gern hierbleiben, solange sie wollen.« Sie blinzelte den Mädchen verschwörerisch zu.
Das Klopfen an der Tür wäre beinahe im Freudengeschrei der Mädchen untergegangen. Aloysius stand auf und staunte nicht schlecht, als er Caspar Marx vor der Haustür stehen sah. »Was hat dich denn hierher verschlagen? Hast du dich verirrt?«
Vom Tonfall in Aloysius Stimme alarmiert, reckten die Frauen die Hälse, als Jacob aufstand, die Küche durchquerte und sich breitbeinig hinter Annas Oheim postierte. »Was willst du denn hier?«
Caspar, das musste Jacob ihm lassen, hatte so viel Schneid, nicht vor ihm zurückzuweichen.

»Sachte!« Er hob die Hände. »Ich will keinen Ärger.«
Aloysius trat zur Seite. »Komm rein! Wir reden drinnen weiter.«
Jacob zögerte einen Moment, bevor auch er Platz machte. Es war nicht sein Haus. Aloysius konnte hereinbitten, wen er wollte. Dennoch ließ er Caspar nicht aus den Augen. »Also sprich! Was willst du?«
»Von dir gar nichts. Ich möchte zu Anna.«
Aloysius schob sich zwischen die beiden Streithähne und füllte die Lücke mit seiner Körperfülle gänzlich aus. »Sagtest du nicht, du willst keinen Ärger?«
Caspar entspannte seine Körperhaltung und stieß einen Seufzer aus. »Allerdings. Meine Frau liegt in den Wehen, aber die Wehmutter ist nicht abkömmlich. Als ich gehört habe, dass Anna da ist, hatte ich gehofft ...«
»Du bist verheiratet?« Überrascht zog Anna die Augenbrauen in die Höhe. »Seit wann? Niemand hat mir was davon erzählt. Wer ist denn die Glückliche?«
»Seit knapp sechs Monaten. Du kennst sie. Elisabeth Fischer, die Tochter von Hieronymus, dem Knecht auf unserem Hof.«
Anna, die nicht lange zu rechnen brauchte und keine Mühe hatte, sich die Umstände auszumalen, unter denen diese Ehe zustande gekommen war, schob den Stuhl zurück und stand auf. »Ich bin keine Wehmutter, aber ich kann versuchen, deiner Frau zu helfen. Hast du jemanden nach Heyerode geschickt, um nach der dortigen Hebamme zu fragen?« Als Caspar zur Bestätigung nickte, wandte sie sich an Jacob. »Bringst du die Kinder ins Bett? Es wird eine lange Nacht.«
»In der Tat und ich werde dich begleiten.«
»Aber das ist Frauensache!«, protestierte Anna.

Jacob ging auf sie zu und blieb vor ihr stehen. »Das mag sein, aber ich lasse dich nicht allein mit ihm gehen!« Er wies mit dem Kopf in Richtung des Besuchs.

»Meine Güte!« Juttas Stuhl scharrte über den Boden, als sie ihn zurückschob. »Ich werde dich begleiten.«

# Kapitel 20 - Gerüchte

Jacob wollte einfach nur noch etwas essen und ins Bett. Der Tag war sehr anstrengend gewesen. Das Auftragsbuch von Meister Gerhard war brechend voll und doch nahm er einen Auftrag nach dem anderen an, ohne sich deswegen Gedanken zu machen, ob und wie die Menge zu bewältigen war. Er war stets der Erste in der Schmiede und blieb noch, nachdem alle anderen schon gegangen waren. Während Jacob darüber nachdachte, ob der Haussegen bei seinem Meister schief hing, sah er sich, als er in die Görmargasse abbog, plötzlich von einer Kinderschar umringt.

»Wann kommt denn Herta wieder?«, wollte der kleine Hannes Koch wissen. Er war der Sohn von Wollwebermeister Michael aus der Linsengasse, seines Nachbarn, bevor er mit Anna in das Haus in der Görmargasse umgezogen war.

Der Blick in das schmutzige Gesicht des Jungen versetzte ihm einen Stich. Er vermisste seine Töchter seit dem Moment, als er sie in Diedorf bei Aloysius und Jutta gelassen hatte. Auch, wenn er wusste, dass sie bei ihnen gut aufgehoben waren, konnte er es nicht erwarten, sie in zwei Tagen abzuholen. »Am Wochenende fahre ich nach Diedorf und bringe sie heim. Dann könnt ihr am Montag wieder zusammen spielen.« Er sah dem Burschen hinterher, der sich, ohne eine Antwort zu geben, den anderen Kindern anschloss und davonstürmte. »Ja, du bist nicht der Einzige, der sie vermisst«, murmelte er vor sich hin, als er seinen Heimweg fortsetzte. Dennoch freute er sich auf das Abendessen, obwohl er sich fragte, wie er den Löffel zum Mund führen sollte, so sehr, wie ihm seine Arme schmerzten. Vielleicht hatte Anna irgendein Kraut, das hier half. Jacob beschleunigte bei dem Gedanken an sie seine Schritte, als er hörte, wie jemand seinen Namen rief. Er drehte sich um und sah die Schwerdtfegerin auf ihn zueilen.

»Schön, dass ich dich treffe. Das erspart mir den Weg bis zu dir nach Hause«, begrüßte sie Jacob.

»Gott zum Gruße, Frau Schwerdtfeger!« Er schüttelte ihre Hand. »Was gibt es denn so Dringendes?«

Catharina wedelte abwiegelnd mit der Hand. »Nichts, was nicht auch bis morgen Zeit hätte. Ich soll von Justus Färber ausrichten, dass er die neueste Schrift von Doktor Martinus, ein Betbüchlein, für dich hat. Du kannst es dir bei ihm abholen.«

»Richtet ihm meinen Dank aus! Ich werde Anna bitten, es in den nächsten Tagen abzuholen.« Nachdem er sich von der Schwerdtfegerin verabschiedet hatte, drehte er sich noch einmal zu ihr um und rief ihr hinterher. »Nein, vergesst, was ich gesagt habe! Ich werde es besser selbst holen und Anna das Büchlein schenken, als kleine Aufmerksamkeit zwischendurch sozusagen.«

»Wie du meinst. Sie wird sich sicher freuen«, setzte sie hinzu und winkte ihm zum Abschied.

Jacob freute sich darüber, dass er seiner Frau eine Überraschung bereiten konnte, hatte sie ihm doch am Vorabend eine noch Größere bereitet, als sie ihm eröffnet hatte, dass er im kommenden Jahr abermals Vater werden würde. Sie hatten sich bis in die Nacht hinein unterhalten, Pläne für die Zukunft geschmiedet und darüber debattiert, ob sie das Kind taufen lassen würden oder ob sie warten wollten, bis es selbst entscheiden konnte, so wie einige kühne Stimmen im Moment argumentierten. Anna vertrat ebenfalls die Meinung, dass eine Gotteserfahrung die notwendige Voraussetzung sei, den wahren Glauben zu erleben. Die Taufe sollte solch eine Gelegenheit sein. Er hatte deswegen eine andere Haltung. Die Furcht vor dem Fegefeuer nahm einen zu großen Platz in seinem Denken ein. Was, wenn, Gott bewahre, das Kind stirbt, ohne getauft zu sein? Er würde es im irdischen Leben nicht mehr in die Arme schließen können und seine Hoffnung auf eine Wiedervereinigung im Himmel ebenfalls begraben müssen. Diesem Risiko wollte Jacob weder sich noch das Kind aussetzen.

Letztlich hatte Anna gelacht und ihn damit getröstet, dass noch weitere sechs Monate ins Land gehen würden, bis sie sich endgültig entscheiden mussten. Somit bliebe ihnen genügend Zeit, seine Meinung zu ihren Gunsten zu verändern. Bevor er widersprechen konnte, hatte sie es geschickt verstanden, ihre körperlichen Reize einzusetzen, um ihn vom weiteren Nachdenken abzuhalten.

Jacob nahm sich vor, die Diskussion genau an dieser Stelle wieder aufzunehmen und jeden Zoll ihres Körpers zu huldigen. Es war der ideale Zeitpunkt dafür, weil sie nicht Gefahr liefen, von den Mädchen unterbrochen zu werden. Als er sich die Details über den weiteren Verlauf des Abends vor seinem geistigen Auge ausmalte, schienen seine Schmerzen und die Müdigkeit plötzlich wie weggeblasen. Vom Hunger nach Annas Berührung getrieben, beschleunigte er seine Schritte, lief an der dicken Linde neben der Kilianikirche vorbei und konnte schon die Tür seines Hauses ausmachen, als abermals sein Heimweg unterbrochen wurde. Innerlich fluchend, versuchte Jacob sich an einem Lächeln, als Bastian Künemund seinen Wagen neben ihm zum Stehen brachte.

»Gut, dass ich dich sehe, mein Freund!«, begrüßte der Fleischer ihn, während er sich vornüber über den Kutschbock beugte und

ihm die Hand zum Gruß entgegenhielt. »Deine Frau hat zwei Gänse bei mir bestellt und wollte sie morgen abholen. Wenn du willst, kannst du sie gleich mitnehmen. So ersparst du ihr einen Weg.«
In Erwartung einer Antwort sah Bastian auf seinen Freund hinunter, wie immer ein Grinsen auf dem Gesicht.
»Das ist nett von dir. Allerdings habe ich nicht das nötige Kleingeld dabei, um sie dir zu bezahlen, fürchte ich.«
»Ach was. Ich lasse es von Griseldis anschreiben und ihr bezahlt es einfach das nächste Mal, oder noch besser, bringt das Geld morgen mit zu Johannes. Du und Anna, ihr wolltet doch auch kommen?«
»In der Tat. Allerdings kann ich heute noch nicht sagen, ob wir pünktlich sein werden. Mein Meister hat so viele Aufträge angenommen, dass wir jeden Tag länger arbeiten müssen, um sie alle zu erledigen.« Bei diesem Gedanken fühlten sich Jacobs Arme an, als hätte er seinen Schmiedehammer immer noch in der Hand. Müde sah er zu dem Fleischer auf und wollte sich bereits verabschieden, als dieser die Zügel seines Pferdes am Kutschbock festband und heruntersprang.
»Der arme Gerhard«, flüsterte er und zog vielsagend seine Augenbrauen in die Höhe.
Jacob, der nicht wusste, was Bastian damit meinte, schüttelte den Kopf. »Wieso? Was ist mit ihm?«
»Man erzählt sich, dass ein Pfaffe aus Sankt Antonii seiner Frau den Kopf verdreht hat. Griseldis hat es von der Ludolphin erfahren, als die in der letzten Woche im Geschäft war.«
»Ist sie sich sicher? Mit einem Kirchenmann?« Ungläubig sah Jacob sein Gegenüber an, bevor er den Kopf schüttelte. »Was ist nur aus der Moral der Leute geworden. Wie kann ein Diener Gottes einer verheirateten Frau den Hof machen? Das ist schändlich!« Die

Eröffnung dieser Neuigkeit erklärte Jacob allerdings, warum sich sein Meister neuerdings so in die Arbeit stürzte. Allein die Tatsache, dass seine Frau mit einem Anderen herum tändelte, war beschämend genug, aber mit einem Pfaffen. Das setzte dem Ganzen die Krone auf. Der Sittenverfall, der sich in den vergangenen Jahren zu einem Flächenbrand ausgebreitet hatte, schien nicht mehr aufzuhalten zu sein. Ein jeder glaubte, was er wollte und tat, was ihm beliebte. Es war an der Zeit, dass man etwas dagegen unternahm. Nur was?

Über diese Frage grübelte er noch nach, als er sich längst vom Fleischermeister verabschiedet hatte und bereits die Türklinke zu seinem Haus in der Hand hielt. Von drinnen klang Annas Stimme an seine Ohren. »Der Sommer hat sich geschieden. der Winter ist im Land, Tier, Vogel auf der Heiden ...« Er kannte dieses Lied aus seiner Kindheit und hatte noch nie gehört, dass Anna es sang. Als Jacob eintrat, hielt sie inne und drehte sich lächelnd vom Topf über dem Herdfeuer, in dem sie rührte, zu ihm um. »Das war hübsch. Warum hörst du auf?« Hastig legte er die beiden Gänse auf den Küchentisch und war mit wenigen Schritten bei Anna. Von Liebe erfüllt schlang er die Arme um sie und hätte sie am liebsten nicht wieder losgelassen. »Du solltest wirklich öfter singen.«

»Es ist eines der Lieder, die meine Mutter mir beigebracht hatte. Wenn du mich fragst, grenzt es an ein Wunder, dass ich den Text nicht schon längst vergessen habe. Ich sollte einige der Melodien den Mädchen beibringen, wenn sie wieder zuhause sind.« Ihr wehmütiger Blick ging an ihm vorbei ins Leere. »Sie fehlen mir. Am liebsten würde ich heute schon nach Diedorf fahren und sie abholen.«

Jacob löste sich von Anna, nachdem er sie auf den Scheitel geküsst hatte. »Wir gönnen uns heute noch den Abend in trauter Zweisamkeit. Das Treffen morgen wird auch für Ablenkung sorgen und schnell vorbeigehen. Ehe du dich versiehst, sind wir wieder bei den Mädchen.«

»Du hast ja Recht, aber die Tage sind so einsam ohne sie. Du bist ja neuerdings länger auf Arbeit, als sonst.« Es war nicht so, dass sie nicht genug zu tun gehabt hätte. Sie hatte den ganzen Tag damit zugebracht, Brot zu backen, Butter zu stampfen und auszuwaschen und die Suppe zu kochen.

Über Annas Schulter hinweg sah Jacob in den Topf und versuchte, mit der Nase den Geruch einzufangen. »Das riecht gut.«

»Rotkohlsuppe. Dazu gibts frisches Brot und Butter. Du kannst uns, wenn du die Gänse in die Speisekammer gehängt hast, Buttermilch eingießen. Ich decke derweil den Tisch.« Sie rührte in der Suppe, bevor sie weitersprach. »Wo bist du denn auf Bastian Künemund gestoßen? Von ihm sind doch die Gänse, oder?«

»So ist es. Ich habe ihn bei der dicken Linde getroffen. Er meinte, wir könnten sie ihm morgen bezahlen, wenn wir bei Johannes und Barbara sind.« Mit jedem Schritt, den er der Speisekammer näherkam, sprach er seine Worte lauter aus. Er hängte die toten Tiere, die mit einem Strick um die Hälse zusammengebunden waren, an einen Haken und sah sich in der Kammer um. Der Krug mit der Buttermilch stand neben dem Butterfass im Regal, direkt auf dem Regalbrett darüber das Geschirr. Er griff nach zwei Bechern und dem Milchkrug und lief zurück in die Küche. Er sah, dass Anna bereits den Tisch abgewischt und den Brotlaib aufgeschnitten hatte, der den herrlich einzigartigen Duft verbreitete, den frisch gebackenes Brot nun einmal innehatte. Er goss die Buttermilch in die Becher und setzte sich, froh, endlich seine müden Beine unter dem Tisch ausstrecken zu können. Er beobachtete seine Frau dabei, wie sie die Suppe in die Teller füllte und griff den Gesprächsfaden auf. »Unser Fleischermeister war wieder einmal sehr redselig.«

Vor Belustigung schnaubend stellte Anna die Suppenteller auf den Tisch. »Nun, das ist ja nichts Neues.«

»Wo du recht hast, hast du recht. Aber, was er mir erzählt hat, erklärt zumindest, warum Meister Gerhard sich in letzter Zeit so eigenartig verhält. Er spricht ja kaum noch ein Wort, schaut finster drein und arbeitet für drei.« Nachdem Anna sich zu ihm gesetzt hatte, erzählte er ihr alles, was er über die verhängnisvolle Liebschaft dieses Pfaffen mit Gerhards Frau erfahren hatte, während er nebenbei seine Suppe aß. »Griseldis hat es von Hans Ludolphs Frau. Jetzt weiß wahrscheinlich die ganze Stadt von dem sündigen Verhalten.«

»Der arme Mann.« Anna war ernsthaft bestürzt. »Sollte der Rat sich nicht um die Angelegenheit kümmern oder einer der Kirchenvorsteher?«

»Dafür müsste Gerhard die Sache erst einmal anzeigen. Ich kann mir nicht vorstellen, dass er das getan hat. Er ist ja Tag und Nacht in der Schmiede.« Er kratzte mit dem Löffel über den Boden des Tellers. »Die Suppe schmeckt im Übrigen köstlich, auch wenn kein Fleisch darin ist.«

»Es kann nicht jeden Tag Fleisch geben, zumal es immer teurer wird«, brummte Anna, weil sie zum einen Jacobs Worte als Kritik auffasste und zum anderen verärgert war über die ständig höher werdenden Kosten für Fleisch, Milch, Mehl, Holz und all die wichtigen Dinge, die sie zum Leben benötigten.

Beschwichtigend hob Jacob die Hand. »Du weißt, dass ich es so nicht meinte. Aber in wenigen Tagen feiern wir Sankt Martin, dann gibt es bis zum Christfest kein Fleisch mehr.«

»Und auch keine Butter«, ergänzte Anna missmutig. »Ich werde die Gänse zum Martinstag vorbereiten. Dann haben wir wieder ein paar Kiele zum Schreiben. Mit den Daunen fülle ich eine Decke für das Kleine.«

Bei dem Gedanken an das ungeborene Kind war im Nu sämtlicher Groll verschwunden. »Bis zur Geburt werden wir wohl noch einige Gänse rupfen müssen, damit die Decke rechtzeitig fertig wird.«

»Was das betrifft, so bin ich mir ziemlich sicher, dass das kein Problem sein wird. Deinen Appetit und Hunger zu stillen, ist eine stetige Herausforderung für mich. Genau genommen war das ja schon so, seit wir uns kennen.« Anna erinnerte sich an den Tag, als sie Jacob im Klostergarten kennengelernt hatte. Damals hatte sie ihn bei jedem Treffen mit Essen versorgt.

Jacob, der wusste, worauf seine Frau anspielte, griff über den Tisch hinweg nach ihrer Hand. »Du hast mir damals das Leben gerettet. Genau genommen tust du das immer noch, Tag für Tag. Ohne dich wäre ich nichts.« Sein Blick bohrte sich in ihren und ließ sie erröten.

Bevor Anna etwas erwidern konnte, hämmerte jemand mit Nachdruck an die Tür. Ihr Blick ging zum Fenster. Draußen war es bereits dunkel geworden. »Wer kann das jetzt noch sein?« Sie sah Jacob nach, der seinen Stuhl zurückgeschoben hatte und mit wenigen Schritten an der Eingangstür war. Sie konnte erkennen, wie er sich versteifte, als er sie geöffnet hatte. Ein ungutes Gefühl überkam sie. Bevor Jacob irgendetwas sagen konnte, wurde er rüde zur Seite geschoben.

»Wir haben keine Zeit!« Caspar Marx eilte an Jacob vorbei zu Anna. »Du musst mit mir kommen!«

Erschrocken stand Anna auf. »Was ist denn geschehen? Stimmt etwas nicht mit deiner Frau oder dem Kleinen?«

Jacob stellte sich zwischen sie und griff nach Caspars Kragen. »Was fällt dir ein, so einfach hier hereinzuplatzen?« Wütend schüttelte er den Kerl.

»Lass ihn doch los!« Anna hieb mit der Faust auf den Arm ihres Mannes. »Jacob, lass ihn los! Er kann dir nicht antworten, wenn du ihn umbringst.« Es dauerte einen Moment, bis die Worte in Jacobs Verstand vordrangen und er von dem Kerl abließ, wenn auch widerwillig.

Caspar, dessen Gesicht unter dem Würgegriff rot angelaufen war, beugte sich keuchend und japsend nach vorn und hustete sich die Seele aus dem Leib.

Anna trat neben ihn, rieb ihm über den Rücken und sprach beruhigend auf ihn ein. »Versuche, langsam zu atmen!« Wütend funkelte sie Jacob über Caspars vornübergebeugte Schultern an. »Jetzt ist ein für alle Mal Schluss mit euren Streitereien! Du benimmst dich wie ein kleines Kind, dem man sein Spielzeug wegnehmen will.«

Caspar, der sich in der Zwischenzeit aufgerichtet hatte, schüttelte nachdrücklich den Kopf. »Ich habe nicht vor, irgendwelchen Ärger zu machen. Ich bin hier, um euch abzuholen.«

Das flaue Gefühl in Annas Magen nahm schlagartig zu. »Setz dich, ich hole dir einen Becher Bier und dann erzählst du in Ruhe, was los ist.«

»Dafür ist keine Zeit. Sie sind alle krank. Die Hälfte der Menschen in Diedorf liegt mit Fieber darnieder. Johannes Sieland und mein Oheim Ottmar Marx sind schon gestorben.«

Jacob griff nach Caspars Arm und sah ihn flehend an. »Meine Töchter?«

»Sind auch krank, ebenso Aloysius und Jutta. Ich habe drei Pferde dabei. Wir sollten so schnell wie möglich aufbrechen.«

# Kapitel 21 - Seuche

Es war nach Mitternacht, als sie endlich in Diedorf angekommen waren. Der Ritt hatte wegen der Dunkelheit länger gedauert, als Anna lieb gewesen war. Während sie zuhause schnell mit Caspars Hilfe das Herdfeuer gelöscht und das Geschirr gereinigt hatte, war Jacob auf dem Weg zu Meister Gerhard, um ihm zu sagen, dass er am kommenden Tag auf ihn verzichten müsse. Als er zurückgekehrt war, ritten sie gemeinsam in der Dunkelheit durch Mühlhausens Gassen. Bevor sie sich auf den Weg aus der Stadt machten, hielten sie noch in der Kuttelgasse, um Barbara und Johannes Bescheid zu geben, dass sie nicht zu ihrem freitäglichen Treffen kommen würden und, um sie zu bitten, ein Auge auf ihr Haus zu haben. Bei dem Gesindel, das sich in Mühlhausen herumtrieb, mussten sie damit rechnen, dass man sie ausraubte, sobald sich herumsprach, dass sie für mehrere Tage nicht da waren. Anna schien es wahrscheinlich, dass sie nicht vor Anfang der kommenden Woche zurückkehren würden.

Nachdem sie sich mit ihren Freunden verständigt hatten, ritten sie zum Frauentor, das bei Einbruch der Dunkelheit bereits verschlossen worden war. Der Wachmann wollte sie zunächst nicht hinauslassen, ließ sich aber mit ein paar Pfennigen davon überzeugen, zumal sie ja nicht in der Nacht wieder Einlass fordern wollten. Zu allem Überfluss hatte ein eisiger Regen eingesetzt, der anhielt, bis sie an der Eigenriedener Warte angekommen waren. Caspar hatte den dortigen Wächter bereits darauf vorbereitet, dass er das Tor in der Nacht noch einmal passieren würde, weshalb der Mann nicht überrascht war, sie zu sehen. Er war sehr freundlich und bot ihnen sogar an, sich am Feuer aufzuwärmen und einen heißen Würzwein zu trinken. Nachdem sie die Einladung dankend abgelehnt hatten, ritten sie weiter durch die eiskalte verregnete Nacht. Auf ihrem Weg hatte Anna sich dutzende Bilder ausgemalt, in welchem Zustand sie die Kinder, ihren Oheim und Jutta vorfinden würde. Eine eisige Klaue der Angst grub sich tief in ihr Herz und den Verstand und ließ sie noch heftiger erschaudern als das widrige Wetter.

Endlich auf dem Hof angekommen, saß sie ab und konnte sehen, dass sowohl im Herrenhaus als auch im Haus ihrer Verwandten ein fades Licht brannte. Sie drückte Caspar die Zügel des Pferdes in die Hand und hastete an ihm vorbei in die Wohnstatt ihres Oheims, der vornübergebeugt vor dem Herdfeuer saß und gegen den Schlaf ankämpfte, der ihn jeden Moment zu übermannen drohte.

Aloysius musste den kalten Luftzug gespürt haben, den Anna mit hereinbrachte, denn er fuhr herum, als sie eintrat. Erleichterung und Angst waren ihm abwechselnd an seinem Gesichtsausdruck abzulesen. »Wo sind die Mädchen?« Sie hielt sich nicht lange bei der Vorrede auf, sondern wandte sich in Richtung ihres Zimmers, auf das Aloysius wortlos gedeutet hatte. Als sie dort angekommen war, erschrak sie beim Anblick ihrer Kinder so sehr, dass sie das Gefühl hatte, keinen Knochen mehr im Leib zu haben. Jeglicher Rest von Kraft war mit einem Mal aus ihrem Körper verschwunden. Um nicht zusammenzubrechen, musste sie sich an der Tür festhalten. Wie sie es letztlich zum Bett geschafft hatte, in dem die Mädchen lagen, vermochte sie nicht zu erinnern. Sie legte die Hand auf Hertas Stirn, ohne dass das Kind wach wurde. Die Hitze, die Anna fühlen konnte, schien ihre Tochter innerlich zu verbrennen. Die Haut war heiß und trocken, die Augen eingefallen und dunkel umrandet. Die aufgesprungenen Lippen bettelten stumm um Flüssigkeit. Anna sah sich im Zimmer um. Neben dem Bett stand ein Krug. Sie hob ihn an, roch daran und erkannte den süßen Geruch von Apfelmost.

»Wir haben noch Honig hineingetan.« Aloysius stand wankend im Türrahmen und atmete schwer. »Ich muss, ...« Er krallte die Finger in das Holz. »Verzeih mir, mein Kind, aber ich muss nach deiner Base sehen.«

Anna nickte. »Geh nur! Ich kümmere mich um meine Töchter. Wenn ich fertig bin, schaue ich, wie ich Jutta helfen kann. Du solltest dich auch ausruhen. Du siehst furchtbar aus«, fügte sie beim Blick in seine fieberglänzenden Augen hinzu, bevor sie sich wieder den Mädchen zuwandte. Sie musste die Angst, die sich lähmend in ihr ausbreitete, beiseiteschieben und alles tun, was sie konnte.

Gertrud, die sich neben ihrer Schwester unruhig umher wälzte, stöhnte leise und strampelte die Decke von ihren Beinen. Ihre Haare klebten an ihrem vom Schweiß feuchten Hals.

Anna verschaffte sich, nachdem sie den durchnässten Umhang achtlos auf einen Stuhl fallengelassen hatte, einen Überblick über die Lage und wies Jacob, der gerade zur Tür hereingestürzt kam, an, ihr vom Brunnen einen Eimer frischen Wassers zu holen. Sie selbst suchte in ihrer alten Truhe nach Tüchern, die sie als Wickel verwenden konnte.

Caspar, der ihre Tasche mit den getrockneten Kräutern und Salben hereintrug, stellten diese neben Anna ab und beobachtete ihr Tun. Als er erkannte, dass sie nicht von der Seite der Kinder weichen würde, räusperte er sich. »Nun, ich werde nach meiner Familie sehen. Wenn es dir nichts ausmacht, würdest du kommen, sobald du hier abkömmlich bist?«

Anna, die bereits ein Tuch in das kühle Nass tauchte, das Jacob soeben in einem Eimer hereintrug, sah zu ihm auf. »Wenn Elisabeth und dein Sohn hohes Fieber haben, dann mach es wie ich. Kalte Wickel um die Beine, auf die Stirn und in den Nacken. Sorge dafür, dass sie Trinken, wenn sie können. Viel mehr können wir im Augenblick nicht für sie tun.« Als er im Begriff war, sich zu verabschieden, nickte sie ihm noch einmal zu. »Ich danke dir und komme, sobald ich kann.«

Jacob hielt Caspar die Hand entgegen. »Danke, Mann! Ich stehe in deiner Schuld.«

Caspar zögerte keinen Moment und schlug ein. »Lass mal gut sein. Kümmere dich um sie! Ich muss jetzt los.« Ohne weiteren Gruß verschwand er in die Dunkelheit.

***

»Du brichst ja jeden Augenblick zusammen. Leg dich hin und lass mich das machen!« Jacob nahm seiner Frau das tropfende Tuch aus der Hand. »Wenn du schon nicht an dich denkst, dann wenigstens an das Kind, das du unter dem Herzen trägst.« Damit schien er zu ihr durchgedrungen zu sein, denn sie lockerte den Griff um den Stoff und sah ihn an.

»Ich weiß nicht, was ich noch tun kann. Alles, was ich weiß, habe ich gemacht.« Erschöpft ließ sie die Arme sinken. »Lass mich den Aufguss holen, dann lege ich mich hin. Sorge dafür, dass sie ihn trinken!« Mit einem letzten Blick auf die erschreckend blassen Mädchen verließ sie die Kammer. In der Küche stieß sie auf Aloysius, der sich am Herdfeuer zu schaffen machte. »Was tust du denn da? Du gehörst ins Bett!« Mit wenigen Schritten war sie bei ihm, nahm ihm sanft den Schürhaken aus der Hand und legte ihn beiseite.

»Wie geht es Jutta?«

»Sie schläft wieder. Vorhin hat sie deinen Kräuteraufguss getrunken.«

»Und du? Wie geht es dir?« Besorgt musterte Anna ihn. »Hast du ein wenig geschlafen?« Während er nickte, schüttelte sie tadelnd den Kopf. »Du hast auch schon einmal besser gelogen.« Als keine Reaktion von Aloysius kam, zog sie den Stuhl neben sich zurück. »Dann setz dich wenigstens hin und leiste mir Gesellschaft, während ich einen Aufguss zubereite.«

Ihrer Aufforderung folgend, ließ er sich schwerfällig auf den Stuhl sinken, stützte den Kopf mit den Händen und raufte sich das schüttere, aus der Stirn zurückweichende Haar. »Ich verstehe das nicht. Bis vor zwei Tagen war noch alles in bester Ordnung. Am Montag auf dem Markt am Anger hatte der Tuchhändler erzählt, dass in Heyerode viele Menschen am Fieber erkrankt waren. Jutta war mit den Mädchen dort gewesen und hatte Stoff gekauft, aus denen sie dann mit ihnen zusammen zwei Puppen genäht hatte.«

Anna, die getrocknete Schafgarbe, Lindenblüten und Weidenrinde in einen Krug füllte, erinnerte sich an die Stoffpuppen, die sie bei Herta und Gertrud im Bett gefunden hatte, und schluckte ihre aufsteigenden Tränen hinunter. »Sie hatten bestimmt viel Spaß beim Fertigen der Puppen.« Aus den Augenwinkeln konnte sie erkennen, dass die Schultern ihres Oheims bebten. Mit Schrecken stellte sie fest, dass er weinte. Das hatte er noch nie in ihrer Gegenwart getan. Sie ließ die Kelle fallen, mit der sie siedendes Wasser aus dem Topf über dem Herd in den Krug mit den Kräutern gießen wollte, eilte zu ihm und schloss ihn in die Arme. »Ich wünschte, ich könnte sagen, dass alles wieder gut wird.« Nun kullerten auch ihr die zurückgehaltenen Tränen über die Wangen.

»Wenn ihr die Kinder mitgenommen hättet …«

Anna richtete sich wieder auf und sah müde auf ihren Oheim hinunter. »Krankheiten kommen über uns. An dieser Tatsache können wir nichts ändern. Du trägst nicht die Schuld daran. Das kannst du doch keinen Moment glauben!«

»Und wenn doch?« Aloysius Stimme troff vor Sarkasmus. »Es kann doch kein Zufall sein, dass in Heyerode und Diedorf so viele Menschen im Fieber glühen. Hättet ihr sie früher mit nach Mühlhausen ...«

»Hör auf damit!« Jacob, der aus der Kammer gekommen war, um nachzusehen, wo Anna mit dem Aufguss blieb, hatte die Unterhaltung der beiden mit angehört. »Hätte und wenn sind keine Wörter, die für irgendjemanden von Nutzen sind. Es ist, wie es ist, und wir müssen sehen, wie wir damit fertig werden.« Er lief zum Herdfeuer und übergoss die Kräuter im Krug mit heißem Wasser. Dann wandte er sich Anna zu. »Du solltest jetzt wirklich ein wenig schlafen.«

»Ich weiß«, seufzte sie. »Aber versprich mir, dass du mich weckst, wenn irgendetwas nicht stimmt.« Sie wartete seine Zustimmung ab, bevor sie Aloysius noch einmal umarmte. »Ich schlage mein Lager vor dem Herdfeuer auf. Dass irgendjemand heute hier etwas kocht, ist unwahrscheinlich. Du solltest auch schlafen.«

»Hör auf deine Nichte. Du siehst furchtbar aus!«

»Kann ich mir vorstellen. Ich fürchte, dass mein Kopf jeden Moment platzt. Meine Augen fühlen sich an, als hätte sie jemand mit einem spitzen Messer durchbohrt.« Unter großer Anstrengung und mit letzter Kraft hievte er sich schwerfällig vom Stuhl, hielt sich den hämmernden Schädel und stöhnte gleichzeitig vernehmlich. »Mein Gott, das ist kaum auszuhalten«, zischte er mit schmerzverzerrtem Gesicht durch seine zusammengebissenen Zähne.

Anna, die nicht wusste, wie sie ihm helfen konnte, sah ihm niedergeschlagen nach. »Ich wünschte, ich hätte irgendeine Ahnung, was man hier tun kann.« Sie fühlte sich so hilflos wie noch nie in ihrem Leben. So viele Menschen, die sie liebte, verließen sich auf ihr Können. Es war zum Verzweifeln. Sie atmete bewusst langsam ein und wieder aus, um sich zu beruhigen. Während sie ihrem Oheim nachsah, wie er in Richtung seiner Schlafkammer vornübergebeugt davon wankte, konnte sie erkennen, dass er sich die Leiste hielt und fragte sich, wieso. »Hast du auch Schmerzen im Bauch?«

Aloysius drehte sich langsam zu ihr um und schüttelte vorsichtig den Kopf, weil jede seiner Bewegungen durch ein furchtbares Hämmern in seinem Schädel bestraft wurden. »Nicht im Bauch, sondern hier.« Er wies auf den Übergang zum Oberschenkel. »Sind dicke Knoten, die höllisch schmerzen, unter den Achseln auch.«

Fieberhaft überlegte Anna, womit sie es zu tun hatte. »Kannst du dein Hemd ausziehen, damit ich es mir einmal ansehen kann?« Die Knoten in der Leiste konnte sie nicht untersuchen, das wäre unschicklich.

Aloysius entledigte sich des Stoffes und hob den rechten Arm. Mit dem Linken zeigte er auf eine dicke, mit Eiter und Blut gefüllte Beule in seiner Achsel, die sich bedrohlich vorwölbte und die Haut darüber anspannte.

Erschrocken wich Anna einen Schritt zurück. »Himmel!« Mit rasendem Herzschlag drehte sie sich zu Jacob um. »Wir müssen die Mädchen ansehen und Jutta auch.« Sie setzte sich schon in Bewegung, ehe die Männer reagieren konnten.

Aloysius, dessen vom Fieber vernebelter Verstand langsamer arbeitete als sonst, begriff nicht, was seine Nichte in solche Aufregung versetzt hatte. »Was ist denn los?« Seine Zunge fühlte sich beim Sprechen so schwer an wie der Rest des schmerzenden Körpers.

»Ich glaube, es ist die Pest«, flüsterte Anna, in der Hoffnung, dass sie sich irrte.
Jacob bekreuzigte sich, denn er hatte gehört, wie viele Menschen gestorben waren, als die Pest das letzte Mal in Mühlhausen gewütet hatte. Wenn Annas Vermutung stimmte, dann gab es kaum eine Hoffnung. Nur wenige der Kranken überlebten diese furchtbare Seuche. »Bist du dir sicher?« Inständig hoffte er, dass sie nein sagen würde, aber Anna nickte, bis ins Mark erschüttert von der Erkenntnis, deren Folgen langsam in ihren Verstand vordrangen. Er konnte an ihrem Blick ablesen, dass sie genauso wenig wusste, was sie tun sollte. »Was machen wir jetzt?«, fragte er trotzdem.
»Ich habe gelesen, dass man heiße Umschläge auf die Beulen legen soll, damit sie sich nach außen öffnen und ihr Gift abfließen kann. Wenn sie nach innen aufgehen und die Todessäfte sich im Körper verteilen, ist der Mensch dem Tod geweiht.« Von einem plötzlichen Schwindel erfasst, wankte sie gefährlich, sodass sie sich an der nächstgelegenen Stuhllehne festhalten musste. »Himmel, das stand in einem der Bücher, die meine Muhme mir hinterlassen hat.« Ihre Gedanken überschlugen sich, als sie über die Kräuter nachdachte, die darin erwähnt waren, während der Schwindel stetig zunahm.
Jacob, der sah, wie es um sie stand, lief hastig zu ihr und hielt sie fest. »Setz dich, wenn du dich schon nicht zum Schlafen hinlegen willst.« Er führte sie um die Stuhllehne herum und sorgte dafür, dass sie auf dem Stuhl Platz nahm. »Versuche, dich so genau wie möglich zu erinnern! Hast du irgendein Kraut dabei, was vielleicht helfen könnte?«
»Es ist schon eine Weile her«, versuchte sie zu erklären, dass die Behandlung ihr nicht gleich einfiel. Innerlich über ihre bleierne Müdigkeit fluchend, die ihr die körperliche Kraft nahm, aber auch ihre

Gedankengänge ausbremste, überlegte sie weiter. »Ich meine, eine Paste aus Wacholder, Bibernelle und Engelwurz, mit heißem Wasser verrührt und in Tücher gewickelt, die vorher in kochendem Wasser gelegen haben, war eine der Methoden.« Anna schloss die Augen und versuchte, sich die Beschreibungen und Zeichnungen aus dem Buch ins Gedächtnis zu rufen. »Ich glaube auch, etwas vom Ausräuchern des Hauses gelesen zu haben, um die schädlichen Dämpfe zu vertreiben, aber ich weiß nicht mit welchen Kräutern.« Erschöpft rieb sie sich die brennenden Augen.

»Versuchen wir es mit den Umschlägen. Ich hole noch Wasser aus dem Brunnen und lasse es im Kessel kochen. Hast du die nötigen Kräuter für die Paste?« Die Möglichkeit, irgendetwas tun zu können, weckte Jacobs Lebensgeister. »Aloysius, du solltest nachsehen, ob Jutta ebensolche Beulen hat, wie du, und dich dann auch hinlegen! Du siehst aus, als würdest du jeden Moment umkippen.« Etwas erstaunt beobachtete Jacob, wie Aloysius davon wankte, ohne weitere Fragen zu stellen. Spätestens jetzt wurde ihm klar, dass es wirklich schlecht stand um den Mann. Obwohl er Angst hatte, gestattete er es sich nicht, diesem Gefühl nachzugeben. Er musste helfen, irgendetwas tun. Und anfangen würde er damit, das Wasser hereinzuholen. Er legte seine Hand auf Annas Schulter. »Wenn du die Kräuter bereitgelegt hast, dann bestehe ich darauf, dass du dich ausruhst.« Er wartete weder ihren Widerspruch noch die Erklärung ihres Einverständnisses ab, sondern lief aus dem Haus, um sich nützlich zu machen, als er mit dem Mann zusammenstieß, der vor der Tür gestanden hatte. Erschrocken griff er nach den Oberarmen seines Gegenübers, um dessen Sturz zu vermeiden. Erst auf den zweiten Blick erkannte er Caspar Marx und wunderte sich, dass er hier war. »Mann, hast du mich erschreckt! Was um Himmels willen machst du denn hier? Warum bist du denn nicht bei deiner Familie?«

Caspar öffnete den Mund, um zu antworten, schloss ihn wieder und nahm einen neuen Anlauf. »Sie sind tot«, brachte er krächzend hervor. »Sie sind alle tot.« Er taumelte einige Schritte zurück und betrachtete Jacob aus rotgeränderten fieberglänzenden Augen.

»Was sagst du da?« Jacob ergriff den Arm des kranken Mannes und führte ihn zu der Bank neben der Tür. »Setz dich erst einmal hin!« Als er sah, wie Caspar vornübergebeugt das Gesicht in den Händen vergrub, legte er seine Hand auf dessen Schulter. »Es tut mir so leid!« Hin- und hergerissen zwischen einem pietätvollen Verhalten und der Pflicht, seiner eigenen Familie zu helfen, zögerte er einen Moment. »Verzeih, aber ich muss Wasser holen.« Er war schon dabei, sich abzuwenden, als er eine Eingebung hatte. »Du bist unverkennbar krank. Ich schlage vor, du gehst hinein, damit wir uns auch um dich kümmern können. Für deine Familie können wir im Augenblick nichts mehr tun, für dich schon.« Jacob wartete ab, bis der Mann nickte, bevor er sich abwandte, um das Wasser aus dem Brunnen zu schöpfen.

***

Anna rieb sich den dumpf schmerzenden Rücken und war kaum noch in der Lage, sich auf den Beinen zu halten. Seit beinahe drei Tagen und Nächten kümmerte sie sich pausenlos um die Kranken, zu denen mittlerweile auch Jacob und Caspar gehörten. Zweimal war sie im Sitzen kurz eingenickt. Jede Faser ihres Körpers sehnte sich nach Schlaf, ebenso ihr vernebelter Verstand. Aber sie durfte sich keine Ruhe gönnen. Ausruhen konnte sie auch noch, wenn es ihrer Familie wieder besser ging. Mit dem Mörser zerquetsche sie Wacholderbeeren, deren würziger Duft sogleich den Raum erfüllte und die übelriechenden Dünste schwitzender, ungewaschener Leiber, überlaufender Nachttöpfe und Eiter übertönte.

Nachdem Anna einen weiteren Kräuterwickel fertig gestellt hatte, trug sie ihn in die Schlafkammer ihres Oheims. Dort angekommen ertappte sie Jutta dabei, wie sie ihr Überkleid anzog. »Was zum Teufel machst du denn da?« Die Hitze des Wickels in ihren Händen erinnerte sie daran, weshalb sie eigentlich in das Zimmer gekommen war. Sie trat an das Bett, betrachtete ihren Oheim, der müde lächelnd darin lag, schlug die Decke zurück und platzierte das Tuch auf dessen Leiste, sorgsam darauf bedacht, seine Körpermitte nicht zu entblößen, um ihm diese Peinlichkeit zu ersparen. Dann sah sie wieder zu ihrer Base, die mittlerweile vollständig angekleidet war und deren mit grauen Strähnen durchzogenes Haar ihr wirr und knotig über den Rücken fiel. »Du gehörst ins Bett neben deinem Mann!«

»Mir gehts gut. Ich kümmere mich jetzt um ihn.« Sie umrandete die Bettstatt, strich die Bettdecke über Aloysius Körper glatt, während sie ihn liebevoll anlächelte.

Anna erkannte, dass jede Diskussion an dieser Stelle überflüssig war. Im Grunde genommen war sie froh darüber, sich um zwei Menschen weniger kümmern und sorgen zu müssen. »In Ordnung. Aber versprich mir, dass du langsam machst und dich nicht übernimmst!« Ohne ihre Antwort abzuwarten, ging sie wieder in die Küche, wo Jacob und Caspar vor dem Herdfeuer schliefen. Auch sie hatte Anna mit kalten Wickeln um die Waden und heißen Kräuterpäckchen auf die schmerzenden Beulen versorgt. Als sie die Wadenwickel erneuern wollte, stellte sie fest, dass der Eimer mit dem kalten

Wasser schon wieder leer war. Innerlich fluchend griff sie danach und stellte ihn neben die Haustür. Bevor sie in die feuchte Kälte des Nebelungtages hinausging, musste sie ihren Umhang überziehen, der in der Kammer lag, wo die Mädchen schliefen. Sie hatten das Fieber immer noch nicht überwunden. Es brannte unbändig in den kleinen Körpern und zehrte an ihren Kräften. Lange würden sie dem nicht mehr standhalten können, das wusste Anna nur zu genau. Auf Zehenspitzen schlich sie zu der Truhe, auf der ihr Umhang lag, und legte ihn sich über. Im Rausgehen warf sie einen Seitenblick auf Herta und Gertrud, auf deren blassen, eingefallenen Gesichtern sich der schier endlose Kampf widerspiegelte, den ihre Körper gegen diese verdammte Seuche ausfochten. Aber es gab Hoffnung. Jutta schien das Schlimmste hinter sich zu haben. Sie war auf dem Weg der Besserung. Mit ein wenig Glück würden auch die Kinder wieder gesund. Beim Hinausgehen grübelte Anna darüber nach und auch, warum sie die Einzige war, die von der Krankheit verschont geblieben war. Sie konnte sich keinen Reim darauf machen. Auf leisen Sohlen schlich sie aus dem Zimmer, griff sich den Eimer und wappnete sich gegen die Kälte, die sie vor der Tür erwartete.

Auf dem Hof angekommen, wandte sie sich dem Brunnen zu, als sie aus einem der Ställe ein schrilles Gemecker hörte. Sie stellte den Eimer ab und lief den Geräuschen entgegen, um nachzusehen, was dort vor sich ging. Als sie die Stalltür öffnete, konnte sie im dämmrigen Licht eine kleine Gruppe Ziegen ausmachen, deren Euter zum Bersten gefüllt waren. »Ihr armen Zicklein. Hat sich denn niemand um euch gekümmert?« Suchend blickte sie sich nach einem kleinen Eimer um, in den sie die Milch hineinmelken konnte, als ihr Blick auf den Körper eines Mannes fiel, der etwas abseits im Stroh lag. Bei näherem Hinsehen erkannte sie in ihm Paul, den Sohn des alten Stallknechts, der zwei Jahre jünger war als sie selbst und den sie kannte, seit sie nach Diedorf gekommen war. Anna lief auf ihn zu und erschrak zutiefst, als sie sah, dass er tot war. Der durchdringende Geruch des Todes, der bei ihrem Eintreten von den Ausdünstungen der Ziegen überdeckt worden war, drang ihr in die Nase. Sie stolperte rückwärts, so weit weg von der Leiche des Mannes, wie sie nur konnte. So, wie er da lag und mit trüben Augen blicklos zur Decke starrte, musste er schon länger tot sein. Sein Gesicht war über und über mit dicken schwarzen Beulen übersäht. Als sie so weit von ihm entfernt war, dass sie ihn nicht mehr riechen konnte, setzte sie sich in das Stroh, weil ihre Beine sie schlicht und ergreifend nicht weitertrugen. Es war zum Verzweifeln. Jemand musste sich um die Ziegen kümmern und um den Leichnam. Es konnte doch nicht sein, dass niemandem aufgefallen war, dass er fehlte oder dass die Geißen so einen jämmerlichen Lärm machten.

Mit letzter Kraft stemmte sie sich hoch, überließ die Ziegen ihrem Schicksal und lief zum Herrenhaus. Als sie die Tür öffnete, schlug ihr erneut der unverkennbare Gestank des Todes entgegen. Sie zog den Umhang vor ihr Gesicht, um sich vor den schädlichen Dämpfen zu schützen, und machte sich zunächst in der Küche auf die Suche. Das Herdfeuer war vollkommen heruntergebrannt. Es war so kalt in dem Raum wie draußen. Neben dem erloschenen Kamin saß eine dicke Frau, die sich seit Annas Hereinkommen nicht gerührt hatte. Es war Christiana, die Köchin des Hauses. Eilig lief Anna zu der Frau und sah erneut in starre Augen. Sie bekreuzigte sich und wollte sich schon abwenden, als sie sah, wie die Frau blinzelte. »Oh mein Gott!« Als Anna erkannte, dass die Köchin noch lebte, legte sie die Hand auf deren Stirn. Trotz der Kälte im Raum fühlte sie sich furchtbar heiß an. Dennoch benötigte die Frau Wärme. Das

Feuer zu entzünden, würde zu lange dauern. »Ich hole dir eine Decke.« Obwohl jede Faser ihres Seins sie zu ihren Kindern zurückzog, machte sie sich auf den Weg ins Quartier der Bediensteten. Sie verließ die Küche und durchquerte den schmalen Flur. Mit jedem Schritt, den sie den Kammern näherkam, wo die Knechte und Mägde untergebracht waren, nahm der Gestank nach Eiter, Pisse, Scheiße und Tod zu. Die Übelkeit, die Anna erfasste, steigerte sich ins Unermessliche, als sie in den Quartieren angekommen war. In den Betten lagen die verwesenden Körper der Küchenmädchen und Mägde. Angewidert griff sie nach einer der Decken, mit der eines der Mädchen zugedeckt war. Dann kehrte sie um. Wieder im Flur angekommen, erbrach sie sich in eine Ecke. Sie würgte so lange, bis sie das Gefühl hatte, ihr Magen sei vollkommen leer. Sie wischte sich das Erbrochene vom Kinn, griff nach der Decke, die sie fallengelassen hatte, und ging zurück in die Küche. Dort wickelte sie Christiana sorgfältig in die wärmende Bettdecke ein. »Wenn du deine steifen Glieder wieder bewegen kannst, bringe ich dich ins Haus meines Oheims. Ich gehe jetzt die Ziegen melken. Wenn ich damit fertig bin, dann komme ich dich holen und es gibt warme Milch für alle Kranken.«

Sie fühlte sich wie betrunken, als sie erschöpft zurück zum Stall wankte, und durch lautstarkes Gemecker der Ziegen erneut von ihnen begrüßt wurde. Sie holte den Eimer, der unweit des toten Stallknechts lag, hockte sich vor eine der Geißen und strich langsam über die warmen weichen Zitzen des Tieres. Sogleich wurde sie mit dem Geräusch belohnt, das Milch erzeugte, wenn sie in ein leeres Gefäß gefüllt wurde.

Nachdem sie alle Ziegen von den Schmerzen erlöst hatte, die deren prallvolle Euter verursacht hatten, trug sie den fast vollen Eimer

ins Haus. Dort traf sie auf Jutta, die sich am Herdfeuer zu schaffen machte. Seufzend stellte Anna den Bottich mit der Ziegenmilch neben ihr ab. »Da ich dich ja nicht davon überzeugen kann, dich auszuruhen, wäre es lieb, wenn du die Milch warm machen könntest. Am besten weichen wir Brotstückchen darin auf und geben sie Aloysius und Christiana zu Essen.« Jutta horchte auf. »Christiana?«
»Ja, ich habe sie im Herrenhaus gefunden. Der Rest der Bediensteten ist tot.«
»Gut, dass die Herrschaften nicht in Diedorf sind. Sie sind zu ihren Verwandten nach Mihla gefahren, bevor die Seuche ausgebrochen ist.« Jutta goss einen Teil der Milch in einen Topf, den sie in den Kessel mit dem kochenden Wasser platzierte.
»Ich hole Christiana hierher, damit wir uns um sie kümmern können. Dann gebe ich den Mädchen die Milch.« Sie wandte sich um und nahm sich vor, sich endlich zum Schlafen hinzulegen, sobald sie ihre Töchter versorgt hatte. Mittlerweile tat ihr der ganze Körper weh, der tiefsitzende Schmerz in ihrem Kreuz war jedoch beinahe unerträglich und steigerte sich mit jedem Schritt, den sie tat. An der Haustür angekommen fuhr ihr ein stechender Schmerz in den Unterleib und sie spürte, wie etwas Feuchtes ihr warm an den Innenseiten der Schenkel herunterlief. Bevor sie einen klaren Gedanken fassen konnte, verschwammen ihre Gesichtsfelder und ihr wurde schwarz vor Augen. Als die Beine unter Anna nachgaben, hörte sie ihre Base wie aus weiter Ferne rufen, konnte sich aber nicht gegen die bleierne Müdigkeit wehren, die sie wie ein Sog in die Bewusstlosigkeit riss.

# Kapitel 22 - Verluste

ls Anna die Augen öffnete, sah sie als erstes Jacobs blasses sorgenvolles Gesicht.

»Endlich!« Jacob sprang auf und warf dabei den Schemel um, auf dem er gesessen und ihre Hand gehalten hatte. Er lief zur Tür und riss sie auf. »Sie ist wach!«, rief er aufgeregt in Richtung Küche, bevor er zum Bett zurückkehrte. »Mein Gott, ich dachte schon, ich würde dich verlieren!« Er ergriff ihre Hand, beugte sich darüber und küsste sie, bevor er vor Erleichterung in Tränen ausbrach. Wenig später traten nacheinander Jutta, Aloysius und Christiana in die Kammer.

Die Köchin grinste breit. »Sehr gut, ich hole Brühe.« Dann machte sie auf dem Absatz kehrt und lief davon, während Annas Verwandte nähertraten.

»Wir haben uns wirklich große Sorgen um dich gemacht«, erklärte Aloysius mit einem leichten Unterton des Vorwurfs in der Stimme.

Anna versuchte, sich aufzurichten, konnte aber ihre schweren Glieder kaum bewegen. Das Herz raste in ihrer Brust. Erschöpft ließ sie den Kopf wieder in die Kissen sinken.

Jutta goss etwas in den Becher, der neben dem Bett auf dem Tischchen stand und führte ihn an Annas Lippen. Mit der anderen Hand umfasste sie ihren Hinterkopf und half ihr dabei, ein paar Schlucke zu sich zu nehmen. »Gut, meine Kleine. Nimm noch einen!«

Anna trank so lange von dem Honigwasser, bis die Kräfte sie erneut verließen. Als ihr Kopf das Kissen wieder berührte, schloss sie die

Augen. Sie versuchte, sich zu erinnern, warum sie hier lag, konnte sich aber keinen Reim darauf machen. Erinnerungsfetzen vermischten sich in ihrem Geist zu einem heillosen Durcheinander. Sie öffnete die Augen wieder und sah Aloysius an. Er war krank. Richtig. Und Jacob auch. Daran erinnerte sie sich. Aber was dann? Fieberhaft versuchte Anna, die Erinnerungslücken zu füllen, als Christiana mit einer dampfenden Schüssel zurückkehrte.

»So, Liebchen. Hier ist eine schöne heiße fettige Brühe. Das ist genau das Richtige, um wieder gesund zu werden.« Sie lächelte auf Anna herunter, bevor sie Jacob und Aloysius herausfordernd ansah. »Nun steht nicht hier und haltet Maulaffen feil! Helft ihr beim Hinsetzen!«

Anna erkannte, dass Christiana scheinbar das Kommando über den Haushalt übernommen hatte, und ließ sich von ihrem Oheim und Mann beim Aufsetzen helfen. Aber wieso war sie hier und nicht im Herrenhaus? Während die Frau ihr einen Löffel der heißen Brühe, auf der kleine Fettaugen schwammen, zum Mund führte, überlegte sie weiter. Die Köchin war auch krank gewesen. Sie selbst hatte die Frau in der Küche des Gutshauses gefunden, dem Tode näher als dem Leben. Die Einzelbilder in Annas Gedächtnis fügten sich langsam zu einem Ganzen. Ja, sie hatte die Ziegen gemolken und war auf dem Weg, die Köchin in das Haus ihres Oheims zu holen, als ein stechender Schmerz ihr in den Unterleib gefahren war. Diese schreckliche Erkenntnis fuhr ihr wie tausend Nadelstiche ins Herz. »Das Kind!«, krächzte sie. Als sie sah, wie Jacob den Kopf schüttelte, füllten sich ihre Augen mit Tränen.

Jutta setzte sich neben sie auf das Bett und ergriff Annas Hand. »Ein Blutsturz. Es tut mir so leid.«

Christiana stellte die dampfende Schüssel auf das Tischchen neben dem Bett und wandte sich an Jacob. »Sieh zu, dass sie das aufisst! Sie wird alle Kraft brauchen.« Bevor sie die Kammer verlies, nickte sie Jutta noch einmal kurz zu. »Ich kümmere mich um das Abendessen.«

Anna sah aus tränengefüllten Augen zu, wie Aloysius der dicken Frau hinterherblickte, den umgekippten Schemel zu sich heranzog und sich daraufsetzte. Er war immer noch blass und hatte einiges an Gewicht verloren. Kein Wunder, wenn man bedachte, was er durchgemacht hatte. Der schwarze Tod trug nicht umsonst seinen Namen. Sie öffnete mechanisch den Mund und nahm einen weiteren Löffel der Brühe, die Jacob ihr nun reichte, entgegen. Sie schluckte und blickte von einem Gesicht zum nächsten. Es gab noch etwas, dass hier ganz und gar nicht stimmte. Nicht einer von ihnen sprach ein Wort, so als hätten sie Angst, das Falsche zu sagen. Es war eigenartig still im Haus. Lediglich das Scheppern von Schüsseln drang an ihr Ohr. Das war es! »Die Mädchen! Wo sind sie?«

Erschrocken sah Jutta zu Aloysius und dann zu Jacob, der den Löffel in die Schüssel sinken ließ.

Anna konnte nicht verstehen, was hier vor sich ging. Die Blicke, die sie sich zuwarfen, verursachten jedoch, dass sich eine furchtbare Vorahnung in ihr breitmachte. Es war Aloysius, der ihre schlimmsten Befürchtungen bestätigte. »Sie haben es nicht geschafft«, murmelte er mit vornüber gesenkten Schultern, ohne ihr in die Augen zu sehen.

Anna hatte das Gefühl, keine Luft mehr zu bekommen. Nein! Das konnte nicht sein! Das durfte einfach nicht sein! Sie griff sich an die Kehle, die sich wie zugeschnürt anfühlte, als Jacob versuchte, sie in seine Arme zu ziehen. Sie schob ihn von sich weg und sah ihm beschwörend in die Augen, in der Hoffnung, er würde ihrem Oheim widersprechen. Aber das tat er nicht. Ganz im Gegenteil. Er schwieg und sein Blick sprach mehr als tausend Worte. Die Erschütterung stand ihm ins Gesicht geschrieben. Der Knoten in Annas Hals zog sich immer enger zusammen, als sie verzweifelt nach Luft schnappte. Ihr Atem ging hektisch, kleine dunkle Flecken schwebten in ihren seitlichen Gesichtsfeldern, die sich mit jedem Atemzug verdichteten. Jacob unternahm erneut einen Versuch, Anna in die Arme zu ziehen, um ihr den Trost zu spenden, den auch er so dringend nötig hatte. Aber sie kämpfte trotz ihrer Schwäche gegen ihn an, trommelte mit den Fäusten gegen seine Brust und stieß einen unmenschlichen Schrei aus, der dem eines verletzten Tieres glich. Als er spürte, wie ihr zitternder Körper in seinen Armen erschlaffte, verstärkte er die Umarmung und strich ihr sanft über den bebenden Rücken. Er bemerkte nicht, dass Aloysius und Jutta die Kammer verließen. Er hielt Anna fest und weinte gemeinsam mit seiner Frau, bis keine Tränen mehr übrig waren.

***

»Könnt ihr euch um sie kümmern?« Jacob sah Annas Verwandte hilflos an. »Ich muss zur Arbeit.« Er hatte seinem Meister eine Nachricht zukommen lassen, in der er die Situation erklärte. Gerhard, der durchaus Mitleid mit der Familie hatte, gab ihm zwei Wochen, seine Angelegenheiten zu klären. So lange wollte er mit Hilfe von Tagelöhnern den Betrieb in der Schmiede aufrechterhalten. Die Zeit war so schnell vergangen, dass Jacob nicht glauben konnte, am nächsten Morgen wieder in den Alltag zurückzukehren. Seit sie Anna die schreckliche Nachricht vom Tod der Mädchen mitgeteilt hatten, waren anderthalb Wochen vorüber, in denen sie kaum geges-

sen und nicht ein Wort gesprochen hatte. Eigentlich wollte er fort von Diedorf, so weit weg, wie irgend möglich, um die schrecklichen Geschehnisse hinter sich zu lassen. Er hatte sich vorgenommen, Anna an das Grab ihrer Töchter zu führen, bevor sie nach Mühlhausen gingen. Aber sie lag nach wie vor im Bett, schlief oder starrte vor sich hin und ließ keinerlei Nähe zu. Sie in den Armen zu halten und sich gegenseitig zu trösten, war im Augenblick alles, was er sich ersehnte, was er beinahe nötiger brauchte als die Luft zum Atmen.
Jutta schaufelte ihm etwas Rührei auf den Teller. »Gib ihr die Zeit, die sie braucht und gehe in Ruhe arbeiten! Wir sorgen dafür, dass es Anna an nichts fehlt.« Als sie sah, wie Jacob zum Sprechen ansetzte, gebot sie ihm Einhalt. »Wir werden dich verständigen, wenn sich ihr Zustand in irgendeiner Art verändert. Versprochen.« Mit einem stillen Seufzer ließ Jacob die aufgestaute Luft entweichen. »Ich weiß nicht, wie wir das alles überstehen sollen.« Unglücklich sah er auf das Essen auf seinem Teller, dessen Geschmack er kaum wahrnahm. »Wir können doch nicht einfach so weitermachen und so tun, als wäre nichts geschehen.« Aloysius, der bisher nur still zugehört hatte, räusperte sich. »Es ist ja nicht so, als hättet ihr eine Wahl. Ihr seid jung, ihr werdet weitere Kinder haben.«
Das alles war Jacob bewusst. Dennoch fühlte sich dieser Gedanke an wie ein Verrat an seinen toten Töchtern. Er musste an Caspar denken, der neben dem Sohn auch seine Frau verloren hatte. Obwohl sich zwischen ihnen keine Freundschaft entwickelt hatte, sondern, ja was? Irgendetwas Ähnliches, gestand er sich widerwillig ein. Nun, obwohl sie keine Freunde waren, verspürte er Mitleid mit dem Mann. Er selbst hatte wenigstens Anna. Bei dem Gedanken an sie kehrten gleichzeitig die Sorgen zurück. »Sie muss endlich etwas essen. Sie verhungert vor unseren Augen«, fügte er resigniert hinzu.

Jutta, die sich mittlerweile zu den beiden Männern an den Tisch gesetzt hatte, schnaubte zur Bestätigung. »Ich werde sie dazu bringen. Du gehst deiner Arbeit nach und sorgst dafür, dass ihr noch ein Zuhause habt, in das du gemeinsam mit Anna zurückkehren kannst. Dein Meister hat unmissverständlich klargestellt, dass er dich morgen erwartet.« Sie sah auf den Teller, der vor Jacob stand und schnaubte erneut. »Du solltest auch essen, damit dir der Schmiedehammer nicht aus der Hand fällt.«

Obwohl er keinen Appetit hatte, griff er nach dem Löffel und schaufelte sich widerwillig das Rührei darauf. »Wenn ich fertig bin, gehe ich noch einmal auf den Kirchhof zu den Mädchen. Danach mache ich mich auf den Weg.«

Aloysius brummte. »Ich werde dich begleiten. Viele meiner Freunde sind dieser elenden Seuche auch zum Opfer gefallen. Die Familie von Harstall hat zu ihren Ehren einen Altar gespendet. Den will ich mir von der Nähe ansehen. Soll nur so funkeln vor lauter Pracht.«

Jacob nickte. »Weiß man inzwischen, wie viele Menschen gestorben sind?«

»Zu viele, wenn du mich fragst. Es gibt keine Familie, die nicht wenigstens einen Verlust zu beklagen hat«, antwortete Jutta. »In Heyerode, Katharinenberg, Wendehausen und Wanfried bis nach Eschwege hat die Pest gewütet. Auch die im Eichsfeld sind nicht verschont geblieben. Hast du etwas gehört, wie es in Mühlhausen steht?«

»Johannes hat mir geschrieben, dass es dort keine Kranken gab. Wie ein Wunder ist die Stadt einer Heimsuchung durch den schwarzen Tod entgangen.« Jacob schob seinen Stuhl zurück, nahm seinen leeren Teller und stellte ihn in die Schüssel, in der das schmutzige Geschirr zum Abwaschen aufbewahrt wurde. Dann setzte er sich in Richtung der Kammer in Bewegung, in der Anna schlief. Bevor er ging, wollte er sich wenigstens von ihr verabschieden, obwohl er nicht sicher war, ob sie etwas um sich herum wahrnahm. Am liebsten würde er sie einfach schnappen, vor sich auf das Pferd setzen und mit nach Mühlhausen zu ihren Freunden nehmen. Aber er machte sich keine Illusionen. Während er zur Arbeit gehen würde, bliebe ihr nur, das leere Haus zu hüten. Jetzt im Winter könnte sie nicht einmal Trost bei der Gartenarbeit finden.

Er blieb vor der geschlossenen Zimmertür stehen und lehnte die Stirn daran. Wenn er doch nur die Zeit zurückdrehen könnte, zu jenen glücklichen Tagen im Sommer.

***

»Mädchen, du musst etwas essen!« Jutta saß mit einer Schüssel Hirsebrei neben der Bettstatt. »Ich sehe mir das nicht mehr länger mit an, dass du vor meinen Augen verfällst.« Sie ließ den gefüllten Löffel zurück in den Brei sinken. Nicht ohne Mitleid sah Jutta die eingefallenen bleichen Wangen, die hohlen Augenhöhlen und die blassen Lippen. »Ich weiß genau, wie du dich fühlst, und auch, dass es keine Worte gibt, die eine Mutter nach dem Verlust ihrer Kinder trösten. Niemals wirst du über ihren Tod hinwegkommen. Sie werden für immer in deinem Herzen und Gedanken sein. Es wird ein wenig so sein, wie damals, als du sie in dir getragen hast. Da ist eine vage Vorstellung, die in deinem Kopf Form annimmt, wie das Kind wohl sein würde. Dann hältst du es in den Armen und es ist einzigartig. Nach ihrem Tod träumst du weiter von ihnen, so als weilten sie noch unter den Lebenden. Du fragst dich, welchen Weg sie wohl gegangen wären, wie sich ihr Aussehen als Erwachsene verändert hätten. Sie werden immer in deinen Vorstellungen sein und dort weiterleben. Sie sind niemals wirklich verschwunden, solange du lebst und an sie denkst. Aber wenn du stirbst, dann sterben sie mit dir.« Jutta, die den Blick aus dem Fenster in die Ferne gerichtet hatte, seufzte aus tiefstem Herzen. Als sie resigniert den Schemel zurückschieben wollte, bemerkte sie, dass Anna sie ansah. War es ihr wirklich gelungen, zu ihrer Nichte durchzudringen? Sie hielt in der Bewegung inne und wartete eine gefühlte Ewigkeit, bis sie die Augen schloss und die Tränen sich den Weg über ihre Wangen suchten. Allem Anschein nach hatte sie zugehört. Jutta wusste, dass sie jetzt nicht aufgeben durfte. »Es geschehen immer wieder Wunder. Unseres warst du. Als ich die Hoffnung auf ein Kind aufgegeben hatte, war es die Äbtissin, die dafür gesorgt hat, dass ich doch noch Mutter sein durfte, auch wenn ich das anfangs nicht erkannt habe. Du erfüllst mich jeden Tag mit Stolz. Sieh dich nur an, was für eine hübsche intelligente junge Frau aus dem Mädchen von einst geworden ist!« Nun traten Jutta die Tränen in die Augen und sie schniefte unbeholfen. »Wenn Aloysius und ich einmal sterben, dann bist du unsere Hoffnung, dass wir in deinem Herzen und deinem Verstand weiterleben. Falls du vor uns gehst, was bleibt uns dann?« Herausfordernd sah Jutta ihre Nichte an. »Kannst du mir das sagen?« Als Anna den Kopf schüttelte, stellte Jutta in einer Bewegung die Schüssel zur Seite, schob den Schemel zurück und fiel ihr um den Hals. Gemeinsam weinten sie, bis keine Tränen mehr übrig waren.

»Jetzt sie mich nur an!« Jutta wischte sich Augen und Wangen, als sie sich von Anna gelöst hatte. »Da heule ich hier rum, anstatt das Abendessen vorzubereiten.« Als sie erneut nach der Schüssel griff, blickte sie missmutig hinein. »Der Brei ist kalt«, stellte sie trocken fest. »Der ist nur noch was für die Schweine.« Sie wandte sich zum

Gehen, während Anna jede ihrer Handlungen verfolgte. »Ich sage dir was. Du siehst zu, dass du die Milch austrinkst.« Sie wies mit der Hand auf den Becher, der auf dem Tischchen neben dem Bett stand. »Und ich koche uns ein leckeres Abendessen. Heute ...« Sie hob die Stimme. »Wirklich nur heute werden wir das Essen hierher in dein Zimmer verlagern. Morgen stehst du auf und isst mit uns in der Küche. Abgemacht?« Juttas Freude war unbeschreiblich, als Anna zögerlich nickte. »Dann ist das also eine beschlossene Sache.« Von diesem Hochgefühl beschwingt, lief sie in die Küche, stellte die Schüssel achtlos auf den Tisch, holte sich in der Speisekammer einen Krug Bier und setzte sich damit vor das Herdfeuer. Sie fühlte sich, als hätte sie eine aussichtslose Schlacht gewonnen, zufrieden und erschöpft zugleich.

***

In den nächsten drei Tagen war Anna damit beschäftigt, wieder zu Kräften zu kommen. Sie hatte so lange gelegen, dass sie es nur mit äußerster Anstrengung schaffte, sich zu waschen und anzukleiden. Mit zitternden Armen zog sie sich das Überkleid über den Kopf und sank schwer atmend und mit hektisch klopfendem Herzen zurück auf das Bett. Kalter Schweiß hatte sich auf ihrer Stirn gebildet und es dauerte eine ganze Weile, bis sich ihr wilder Herzschlag wieder beruhigte. Dann griff sie zur Bürste, die dreimal so viel zu wiegen schien wie sonst. Mit langsamen und gleichmäßigen Strichen kämmte sie ihr Haar. Als sie es zu einem Zopf flechten wollte, konnte sie ihre bleischweren Arme nicht mehr heben. Sie ließ die Hände in den Schoß sinken und wartete, dass das Zittern, das kurz darauf ihre Finger erfasst hatte, wieder aufhörte. Dann unternahm sie einen erneuten Versuch. Innerlich verfluchte Anna sich selbst für ihre Schwäche. So würde sie es nie ans Grab der Kinder schaffen. Und das war das Ziel. Sie wollte sich verabschieden. Es war ihr nicht vergönnt gewesen, sie noch einmal in die Arme zu schließen, bevor sie starben. Sie würde damit leben müssen, aber es sich zu verzeihen, das stand auf einem ganz anderen Blatt. Da war immer noch das Gefühl, nicht alles getan zu haben, das nicht weichen wollte. Obwohl ihr niemand Vorwürfe gemacht hatte, dass sie die Kinder nicht hatte retten können, sie tat es jeden Tag ab dem Moment, in dem sie morgens die Augen aufschlug. Die Bilder, wie die Mädchen sich im Fieber wanden, verfolgten sie bis in ihre schlimmsten Albträume.

Von der Küche her drang das Geschepper von Töpfen an ihre Ohren, das Anna aus ihren schwermütigen Gedanken riss. Sie flocht die Haare fertig, holte tief Luft und wappnete sich für die Anstrengung, die sie erwartete, wenn sie aufstand. Mit bebenden Knien und reißenden Schmerzen in den Beinen kam sie zitternd zum Stehen, bevor sie einen wackeligen Schritt nach dem anderen tat.

***

Jacob beugte sich auf dem Kutschbock weiter nach vorn und machte sich so klein wie möglich, um tunlichst wenig Angriffsfläche für die Kälte zu bieten. Er hatte sich in einen dicken Wollmantel und eine Decke gehüllt, zitterte trotzdem erbärmlich.

Die letzte Woche war schnell vergangen. Tagsüber verausgabte er sich in der Schmiede, die Abende verbrachte er bei Johannes und Barbara, um möglichst den Fragen und Beileidsbekundungen der Nachbarn in der Görmargasse zu entgehen. Seine Freunde gaben zu Bedenken, dass er sich dem stellen musste, damit die Spielkameraden von Herta und Gertrud durch ihre Eltern vom Tod der Mädchen erfuhren und keine neugierigen Fragen stellten. Er hatte zugeben müssen, dass diese Taktik etwas für sich hatte. Also war er am gestrigen Abend zu seinem Freund und ehemaligen Nachbarn Michael Koch, dem Wollweber in der Linsengasse gelaufen, dessen Sohn Hannes mit den Mädchen befreundet gewesen war. Er hatte Michel die Situation erklärt und ihn gebeten, dem Jungen zu erzählen, was passiert war, und am Wochenende die Eltern der anderen Kinder zu bitten, mit ihnen zu sprechen.

Jacob sah auf die Hinterteile der Gäule, die sich in gleichmäßigem Rhythmus vor dem Kutschbock bewegten. Das Schneegestöber verstärkte sich mit jeder Meile, die er zurücklegte, und nahm beinahe biblische Ausmaße an. Er war gleich nach Öffnung der Stadttore aufgebrochen, um so früh wie möglich in Diedorf anzukommen. Nun kam er nur schleppend voran. Was für ein verdammter Mist! Fest entschlossen, Anna mit nach Hause zu nehmen, war er nicht geritten, sondern hatte sich von Johannes das Gespann ausgeliehen. Auf der Ladefläche lag ein Stapel Decken. Es waren alle, die er auftreiben konnte. Es war schweinekalt. Sie würden dafür sorgen, dass sie nicht fror.

Bei dem Gedanken an Anna beschleunigte sich Jacobs Herzschlag. Ob sie wohl das Bett verlassen hatte? Er hoffte es. Aber selbst wenn nicht, er würde sie in jedem Fall mitnehmen. Keinen weiteren Tag hielt er es ohne sie aus. Innerlich wappnete er sich für einen Disput mit Aloysius, der wie ein Schießhund über sie wachte. Das war schon so, als er sie nach Jahren bei der Beerdigung der Muhme wiedergetroffen hatte, und hatte sich in all der Zeit nicht im Geringsten geändert. Aber er würde sich durchsetzen. Schließlich war Anna seine Frau! An der Eigenriedener Warte angekommen, begrüßte er den Torwächter, der sichtlich missgestimmt aus der warmen Stube trat, um ihm das Tor zu öffnen. »Gott zum Gruß!«

»Ja, ja! Wo soll es denn hingehen?« Der Mann trat neben den Kutschbock und blinzelte gegen das Schneegestöber an.

»Nach Diedorf! Du kennst mich doch. Ich bin's, Jacob Hofmann, Schmied beim Erfurter Tor.«

Der Torwächter, Hans Hartung, verengte seine Lider, um den Blick zu schärfen. »Ach, richtig. Da hast du dir aber ein Wetter ausgesucht. Wenn das so weiter schneit, sind die Wege bald nicht mehr passierbar. Dann kommst du mit dem Gespann nicht mehr durch. Warum um Himmels willen hast du denn kein Pferd genommen?«

»Ich reise zu den Verwandten meiner Frau, um sie dort abzuholen. Sie war krank und wird nicht reiten können«, fügte er erklärend hinzu.

Erschrocken wich Hans zurück. »Die Pest!«, rief er entsetzt. »Sie hat die Pest!«

»Nein!« Jacob konnte sehen, wie die Panik in den Augen des Torwächters aufblitzte.

Angstvoll trat der Kerl noch weitere Schritte zurück. »Ich darf deine Frau nicht passieren lassen, wenn sie die schwarze Seuche hat.« Hastig bekreuzigte er sich.

»Sie hat unser Kind verloren und wäre beinahe daran gestorben. Von dieser Gottesgeißel ist sie verschont geblieben.« Jacob, der erkannte, dass Hans noch nicht überzeugt war, rutschte unruhig auf der Holzplanke unter seinem Hintern herum. »Ich dachte, die Pestilenz sei so schnell verschwunden, wie sie aufgetaucht war. Sind doch noch mehr Menschen krank geworden?«

Der Wächter sah von Jacob an dem Tor vorbei in die Ferne. »Nicht, dass ich wüsste.« Er nahm den Blickkontakt wieder auf. »Aber der Rat hat alle Torwächter angewiesen, wachsam zu sein.«

Von der Unterhaltung allmählich genervt, versuchte Jacob, seine Ungeduld aus seiner Stimme herauszuhalten. »Wie umsichtig von den Ratsmännern und wie achtsam von dir«, schmierte er Hans Honig um den Bart. »Ich versichere dir, dass meine Frau nicht an der Pest erkrankt war. Wenn es sein muss, schwöre ich sogar einen heiligen Eid darauf«, setzte er hinzu.

Abwehrend hob der Wächter die Hände. »Ich glaube nicht, dass das nötig ist.« Er wandte sich ab und schickte sich an, das Tor zu öffnen.

Als Jacob sah, dass trotz der Überdachung der Schnee durch den Wind so hoch vor das Tor geweht war, dass es sich nicht öffnen ließ, sprang er vom Bock, um dem Mann zu helfen. »Hast du eine Schaufel?«

Von der Aussichtslosigkeit seines Unterfangens mittlerweile ebenfalls überzeugt, brummte Hans ärgerlich. »Ich hole zwei. Dann geht es schneller.« Er stapfte davon, um wenig später mit den Kehrblechen zurückzukehren.

Gemeinsam machten sie sich ans Werk, die Durchfahrt von den Schneemassen zu befreien.

Als Jacob wieder auf den Kutschbock stieg, wischte er den frisch gefallenen Schnee vom Sitz und griff mit vor Kälte ganz steifen Fingern nach den Zügeln. »Ich fürchte, das wirst du heute noch mehrfach tun müssen, mein Freund.«

»Da hast du wohl recht. Am besten lasse ich die Schippen gleich hier stehen.« Hans klopfte einem der Gäule auf den Spat, woraufhin das Tier sich träge in Bewegung setzte. »Gute Fahrt! Sieh zu, dass du unterwegs nicht steckenbleibst!«

Nachdem sich das Tor in den Angeln quietschend wieder geschlossen hatte, betete Jacob genau dafür. Nicht auszudenken, wenn er es nicht bis nach Diedorf schaffte. Die Straße vor ihm war so verschneit, dass er deren Begrenzung nur durch die kahlen Bäume am Wegrand erkennen konnte. Mühsam kämpften sich die Pferde Schritt um Schritt voran, während Jacobs Gedanken bereits vorauseilten. Was würde ihn erwarten? Er hoffte einfach nur das Beste und freute sich auf das Wiedersehen.

Als er endlich auf die alte Heerstraße abbog, die hinunter nach Diedorf führte, konnte er seine Vorfreude kaum noch zügeln. Dennoch galt es jetzt, einen kühlen Kopf zu bewahren, denn die Straße war tief verschneit, abschüssig und somit deren Passage kreuzgefährlich. Ein paar Male fanden die Hufe der Gäule keinen Halt und rutschten bedenklich, was Jacob veranlasste, vom Kutschbock zu steigen und die Pferde zu Fuß den Berg hinunterzuführen. Langsam und mit aller gebotenen Vorsicht lenkte er die Tiere in Richtung der Kirchturmspitze, die sich stolz über den schneebedeckten Dächern der Häuser und ihren Qualm spuckenden Schornsteinen in den Himmel erhob. Als er endlich den Anger mit den beiden steinernen Kreuzen passierte, war er von der Anstrengung vollkommen durchgeschwitzt. An der Kirche angekommen, hielt er an und band einen Lederriemen um die Vorderbeine der Tiere. »Nur einen Augenblick«, raunte er ihnen zu. »Ich bin gleich wieder da.« So sehr es ihn zu seiner Frau zog, er konnte nicht am Grab seiner Töchter vorüberlaufen, ohne kurz dort Halt gemacht zu haben. Er klopfte dem Pferd, das ihm am nächsten Stand, auf den Rücken und wandte sich zur Kirche um. Der Kirchendiener hatte eine Schneise in den Schnee geschlagen und sowohl den Weg zum Eingang als auch zum Kirchhof freigeschaufelt. Als Jacob dort ankam, stellte er fest, dass er nicht allein war. Mit gesenktem Haupt kniete ein Mann vor einem der Gräber. Als er näherkam, erkannte er den jungen Marx, der in ein Gebet vertieft war. Kurz überlegte er, ob er weitergehen sollte,

entschied sich dann aber dagegen. Er wartete ab, bis Caspar fertig war und aufstand. »Gott zum Gruß! Ich hatte nicht erwartet, dass sich bei diesem Mistwetter jemand hierher verirrt.«
Caspar, der überrascht die Augenbrauen hochzog, hielt ihm die Hand entgegen. »Ich bin jeden Tag hier. Schön, dich zu sehen.«
Diese freundliche Begrüßung hätte Jacob vor wenigen Wochen noch für unmöglich gehalten. Vielmehr hätte er jedem, der ihm dies geweissagt hätte, für verrückt erklärt. Er ergriff die dargebotene Hand und drückte sie fest. »Wie geht es dir?«
Caspar senkte den Blick, als suchte er auf seinen Stiefelspitzen nach einer passenden Antwort. »Gut, wäre geprahlt«, antwortete er eben so laut, dass sein Gegenüber es gerade so hören konnte. Dann sah er wieder auf. »Du bist wegen deiner Mädchen hier.«
Das war keine Frage, bemerkte Jacob auf Anhieb. »Richtig.« Er sah sich um. Die vielen neuen Holzkreuze legten das bittere Zeugnis der vergangenen Wochen ab. Mindestens die Hälfte der Einwohner Diedorfs waren der Pest zum Opfer gefallen. Caspar hatte seine gesamte Familie verloren. »Wenn ich am Grab der Mädchen war, möchtest du dann mit zu Aloysius kommen?«, lud er den Mann einer Eingebung folgend ein.
»Geht es Anna wieder besser?«
Jacob holte tief Luft, bevor er antwortete. »Nun, ich denke, das werden wir gemeinsam rausfinden.«

# Kapitel 23 - Propheten

Die letzten Wochen waren so schnell vergangen, dass es Anna vorkam, als wären sie ein Traum gewesen. Wie es schien, kehrte der Frühling ein, obwohl es für den Anfang des Hornung reichlich früh war. Dennoch taute der Schnee überall und lag nur noch in kleinen schmutzigen Häufchen in schattigen Ecken.

Sie saß auf der oberen der beiden Steinstufen, die vom Flur aus nach hinten in den Garten hinausführten, und wartete auf Jacob, der jeden Moment aus der Schmiede kommen musste. Sie beobachtete die Spatzen, die zwischen den winzigen grünen Spitzen der Schneeglöckchen herumtollten, bevor sie zwitschernd in die Luft stiegen. Da es nun jeden Tag später dunkel wurde, konnten sie sich bei Tageslicht auf den Weg ins Gerberviertel zu ihren Freunden machen. Es war das erste Mal, dass Anna Jacob zu dem freitäglichen Treffen begleitete, seit die Mädchen gestorben waren, und sie fragte sich aufs Neue, ob sie bereit dafür war, allen Bekannten und Freunden gegenüberzutreten. Außer bei gelegentlichen Besuchen von Barbara und bei den Einkäufen auf dem Markt, die sie so kurz wie möglich hielt, hatte sie kaum einen Menschen gesprochen, seit Jacob sie trotz aller Widerstände durch Jutta und Aloysius nach Hause geholt hatte. Anna schmunzelte bei der Erinnerung, wie ihr Mann breitbeinig, mit Caspar Marx im Schlepptau in der Küche stand und erklärte, dass er sie nach Mühlhausen mitnehmen wollte. Allen Argumenten ihres Oheims zum Trotz hatte Jacob sich durchgesetzt, sie in mindesten zehn Decken gehüllt am nächsten Tag zurück in die Stadt gebracht. Seither hatte sie ihre Verwandten nicht mehr gesehen. Nun, da der Schnee taute und die Wege wieder passierbar wären, würde sie Jacob bitten, mit ihr nach Diedorf zu reiten, um dort nach dem Rechten zu sehen. Sie wollte zum Grab ihrer Töchter. Wenn das Wetter noch eine Woche so frühlingshaft wäre, könnten sie es wagen.

Als Anna Schritte hinter sich hörte, drehte sie sich um und sah ihren Gatten auf sich zukommen, der völlig verdreckt und verschwitzt dringend eine Wäsche nötig hatte. »Du siehst aus wie der schwarze Mann, vor dem uns die Erwachsenen als Kinder immer gewarnt hatten.«

Grinsend trat Jacob zu ihr. »Glaub mir, wenn ich es nicht besser wüsste, dann würde ich dir glatt zustimmen.« Er sah zu ihr herunter und stellte fest, dass sie schon fertig zum Ausgehen angezogen war. Also keine Umarmung, so lange er sich nicht gewaschen hatte.

Anna erhob sich. »Ich habe dir Wasser heiß gemacht. Dann musst du dich nicht am Brunnen waschen. So warm ist es nun doch noch nicht.« Mit einem letzten Blick auf den Garten schloss sie die Tür und folgte ihrem Mann in die Küche. Während Jacob sich seines schmutzigen Hemdes entledigte, auf dessen Vorderseite sich die Konturen der Lederschürze abzeichneten, die er in der Schmiede trug, goss sie das heiße Wasser in eine große Schüssel, stellte sie auf den Küchentisch und legte ein Stück Seife und ein Tuch zum Abtrocknen daneben. Dann setzte sie sich an den Tisch und sah ihm zu, wie er sich das Wasser ins Gesicht spritzte.

Als er die Hände von seinen tropfnassen Wangen nahm, erkannte Jacob, dass er beobachtet wurde. Er hielt inne und grinste breit. »Man könnte meinen, dir gefällt, was du siehst!« Ihr Blick bohrte sich in seinen und sorgte dafür, dass ihm die Hose im Schritt zu eng wurde. »Verdammt!« Er sah an sich hinunter und fühlte sich wie ein Jungspund, der noch nie eine Frau gehabt hatte. Diese Wirkung hatte Anna schon immer auf ihn, aber bei all den furchtbaren Dingen, die ihnen in den letzten Monaten widerfahren waren, war die körperliche Nähe naturgemäß zu kurz gekommen. Er sah, wie Anna den Blick senkte, um die Röte zu verbergen, die ihr Gesicht überzog. Es war zu früh. So sehr er sich nach ihrem Körper sehnte, er musste sich gedulden. Sie würde ihm zeigen, wenn sie bereit war, sich ihm wieder ganz hinzugeben, dessen war er sich sicher. Hastig seifte er sein Gesicht, die Arme und den Oberkörper ein, schrubbte so lange, bis Ruß, Staub und Schweiß sich von der Haut lösten und mit ihnen die lasterhaften Gedanken aus seinem Verstand. Er wiederholte die Prozedur so oft, bis er mit dem Ergebnis zufrieden war. Er trocknete sich Arme und Gesicht und, als er das nächste Mal aufschaute, war die Röte von den Wangen seiner Frau verschwunden und ihrer winterlichen Blässe gewichen. Er griff nach dem sauberen Hemd, das Anna bereitgelegt hatte, und zog es über den Kopf. »Ich bin gespannt auf den Gast, den Johannes angekündigt hat.«

Erschrocken fuhr Anna zusammen. »Ein Fremder?« Sie spielte bereits mit dem Gedanken, einen Rückzieher zu machen, als Jacob auf sie zutrat.

»Was macht schon ein Mann, den wir nicht kennen?« Er ergriff ihre Hände. »Vielleicht ist das auch von Vorteil. Alle Aufmerksamkeit wird auf ihn gerichtet sein.« Er zog sie in den Stand, ließ ihre Finger aber nicht los. »Du bekommst das hin. Ich werde an deiner Seite sein und keinen Zoll weichen.« Das Mienenspiel in Annas Gesicht sprach Bände. »Hör zu! Wenn du dich nicht wohlfühlst, gehen wir wieder. Aber du solltest es versuchen!«, beschwor er sie.

Das Flehen in seinen Augen und die Versprechungen veranlassten sie, vorsichtig zu nicken. »In Ordnung. Aber ich nehme dich beim Wort.« Sie hielt seinem Blick stand und verlor sich erneut in dem samtenen Moosgrün seiner Augen. »Ehrlich gesagt, wünschte ich, der Abend wäre schon vorbei.«

»Dann lass uns gehen und es hinter uns bringen.« Er ließ ihre Hände los und lief in den Flur, um die Mäntel zu holen, während Anna in die Speisekammer eilte, um den Korb mit den drei Broten herbeizuschaffen, die sie extra für den Abend gebacken hatte.

***

In der guten Stube des Gerbermeisters herrschte bereits reges Treiben. Die Frauen waren dabei, die Tafel zu decken, als die beiden dort ankamen.

Jacob wurde sogleich von den Männern in Beschlag genommen. Johannes drückte ihm einen Becher mit Bier in die Hand und legte ihm freundschaftlich den Arm um die Schulter, während Barbara auf Anna zuhielt und sie in eine nicht enden wollende Umarmung zog. Bevor sie ihr den Korb mit den Broten abnahm, wischte sie sich die Tränen aus den Augenwinkeln. »Ich bin so froh, dass du da bist, und du kommst genau richtig. Wir haben beinahe alles zusammen.« Sie wies mit einer ausladenden Handbewegung in Richtung der prall gefüllten Tafel, die sich unter dem Essen zu biegen schien.

Mit hochgezogenen Augenbrauen musterte Anna den Überfluss. Sie hatte sich noch nicht daran gewöhnt, in der Fastenzeit so reichlich zu schlemmen. Aber die neue Ordnung in der Kirche verbot weder Butter noch Wurst oder Fleisch. Selbst Bier und Wein durften getrunken werden, ohne, dass sie dies beim Pfarrer beichten mussten.

Katharina Kreutter hielt ihr zum Gruß die Hand hin. »Schön, dass du da bist. Wir haben viel zu tun. Außerdem kommt gleich unser Gast.« Sie senkte verschwörerisch die Stimme.

Die Frau von Michael Koch, Margareta, war auch sogleich zur Stelle, da sie mitbekommen hatte, dass ihre Nachbarinnen tuschelten. »Hast du es ihr schon gesagt?«

»Wo denkst du hin?«, erwiderte Katharina aufgebracht. »Sie ist ja gerade erst zur Tür hereingekommen.«

»Mir was gesagt?« Anna sah von einer Frau zur anderen.

Vielsagend sahen Margareta und Katharina sich an, als Barbara mit einem dampfenden Topf an ihnen vorbeischritt und sie auseinanderfuhren, um der Gastgeberin Platz zu machen.

Im selben Moment wurde die Tür erneut geöffnet und zwei hochgewachsene hagere Männer traten ein. In einem von ihnen erkannte Anna Georg Schwerdtfeger, den Sohn der Krämerin. Den anderen, der etwas kleiner war, hatte sie noch nie gesehen. Das musste also der geheimnisvolle Gast sein. Der Mann blickte sich im Raum um, so als suche er etwas oder jemanden. Seine Augen blitzten auf, als Johannes sich auf ihn zubewegte und ihn und Georg begrüßte. Anna hörte Margareta und Katharina hinter sich tuscheln und drehte sich wieder zu ihnen um. »Wollt ihr mir jetzt endlich sagen, was hier los ist?«

Barbara, die sich ihrer Last entledigt hatte, zog sie am Arm zur Seite und die anderen beiden Frauen folgten ihr. »Das ist Heinrich Pfeiffer«, flüsterte sie.

Anna sah von einem Gesicht in das nächste und schüttelte den Kopf. »Und wer, bitte schön, soll das sein?«

Die Kreutterin sog geräuschvoll die Luft ein. »Du weißt nicht, wer Heinrich Pfeiffer ist?«

Deren Blick nach zu urteilen, zeugte Annas Unkenntnis von einer Wissenslücke ungeheuren Ausmaßes.

Margareta Koch beugte sich zu ihr vor. »Er ist der Bruder von Georg Schwerdtfeger. Er war Mönch in Reifenstein und ist vor knapp zwei Jahren von dort weggegangen, um seine Botschaft unter die Menschen zu bringen.«

Ein entflohener Geistlicher, davon hatte Anna in der Tat schon gehört. Überall im Land verließen Nonnen und Mönche ihre Orden, einige von ihnen führten fortan ein weltliches Leben und heirateten sogar. Doktor Martinus hatte diese Bewegung mit seiner Reformation der Kirche in Gang gebracht, indem er den Brüdern und Schwestern in Christi freistellte, in ihren Orden zu bleiben oder diese zu verlassen. Niemand sollte Gott unter Zwang dienen, da stimmte Anna mit der Meinung Luthers überein. In der heutigen Zeit bewies jeder Pfaffe, der in der Kirche verblieb, ordentlich Mut, wenn man bedachte, dass viele von ihnen sogar an Leib und Leben bedroht wurden.

»Er ist zu seiner Muhme, der Schwester seiner Mutter in die Wahlgasse geflüchtet und versteckt sich dort«, fuhr die Kreutterin fort. »Tela. Du kennst sie, sie ist vom Krämer Heinze Hopfner das Weib und die Schwester von unserer Katharina Schwerdtfeger.«

»Geflüchtet? Vor wem?«, entfuhr es Anna.

»Vor den Burgherren von Scharfenstein. Sie waren wohl nicht mit seinen Predigten einverstanden, die der Pfeiffer unter der Burglinde gehalten hatte.« Barbara sah mit einem Seitenblick zu den Männern, die mittlerweile Georg Schwerdtfeger und seinen Bruder in ihre Mitte aufgenommen und sie mit Bier versorgt hatten. »Er scheint einer von diesen radikaleren Predigern zu sein, die es verstehen, die Leute hinter sich zu bringen und gegen die Oberen aufzuwiegeln.«

Anna taxierte den Mann unauffällig von der Seite. »Er sieht mir gar nicht so fanatisch aus.«

»Vielleicht ein Wolf im Schafspelz«, feixte Katharina. »Ich habe gehört, so etwas soll es geben.« Sie lachte über ihren eigenen Witz, dass die Männer sich schon verwundert nach ihr umdrehten. »Sei's drum. Ich schlage vor, wir lassen uns erst einmal das Essen schmecken. Es ist überhaupt nicht einzusehen, warum wir weiter warten sollten, jetzt, wo alle da sind.« Sie hielt sich nicht lange bei der Vorrede auf, sondern klatschte auffordernd in die Hände. »Wohl an, meine Herren. Es ist angerichtet.«

Unter beifälligem Gemurmel sortierten sich die Männer um die Tafel. Johannes wies Heinrich Pfeiffer den Platz zu seiner Rechten zu, während er sich an der Stirnseite niederließ. »Setz dich mein Freund und lass es dir schmecken!«

Barbara reichte dem Ehrengast einen Korb mit dem aufgeschnittenen Brot. »Greift zu!«, forderte sie ihn höflich auf.

Heinrich griff nach einer Scheibe. »Nicht so förmlich, meine Liebe. Wir sind doch alle Brüder und Schwestern in Christi.«

»Gewiss. Dann greif zu und lass es dir schmecken, lieber Heinrich«, säuselte sie. »Und wenn du dich genügend gestärkt hast, würden wir gern etwas ausführlicher von deinem göttlichen Auftrag erfahren.«

Beifällig stimmte Anna ihrer Freundin zu. »Es ist alles so anders und aufregend, seit unser lieber Doktor Martinus die Bibel ins Deutsche übersetzt hat und daran arbeitet, die Kirchenordnung zu reformieren. Nichts ist mehr, wie es einmal war.« Sie erschrak, als sich das Gesicht des Pfeiffer zu einer Maske starrer Höflichkeit verwandelte und dessen Blick einen gefährlichen Zug annahm. Als sie sah, wie er das Brot zur Seite legte und sich steif auf seinem Stuhl zurücklehnte, sah sie verwirrt zu Jacob, der kopfschüttelnd mit den Schultern zuckte. Also hatte auch er bemerkt, dass etwas nicht in Ordnung war. Anna unternahm einen neuen Versuch. »Verzeih, Heinrich, falls ich irgendetwas gesagt habe, was dich beleidigt. Ich dachte, dass du als ehemaliger Mönch Luthers Ruf gefolgt bist, um das Evangelium zu verkünden.« Bei der Erwähnung des Reformators versteifte sich der Mann erneut und machte Anstalten, sich zu erheben, wurde aber durch Johannes, der die Hand auf dessen Arm legte, beschwichtigt. »Willst du nicht erst einmal essen? Dann kannst du uns erklären, was es mit deiner Mission auf sich hat.«

Nachdem Heinrich Pfeiffer sich auf dem Stuhl zurechtgerückt hatte, verlief der Rest des Abendessens in eisigem Schweigen. Ab und an warfen die Frauen sich fragende Blicke zu und waren froh, als die Tafel aufgelöst wurde und sie sich unter dem Deckmantel der weiblichen Pflichten in die Küche zurückziehen konnten.

Als Johannes allen Freunden noch einmal die Becher mit Bier gefüllt hatte, kam er ohne Umschweife zur Sache. »Wie mir scheint, ist die Erwähnung des Wittenberger Professors dir ein Dorn im Auge. Was hat es damit auf sich?«

Heinrich Pfeiffer strich sich einen Brotkrümel von seinem Wams, bevor er sich herabließ, die Frage des Gastgebers zu beantworten. »Was solls. Von einem Weib kann ich nicht erwarten, dass es versteht, was in der Politik vor sich geht.« Er machte eine rhetorische Pause und sah jeden der Männer einzeln an. »Euer hochverehrter Doktor Martinus mit seinen Schriften und seiner halbherzigen Reformation verneigt sein Haupt vor unseren Unterdrückern so tief, dass er ihnen dabei in den Arsch kriecht.«

»Was soll das heißen?« Michael Koch hätte bei den Worten des Mannes beinahe sein Bier verschüttet. »Bist du denn nicht auch dafür, dass die Kirche reformiert werden sollte?«

»Selbstredend!« Er ereiferte sich in dem Maße, dass es ihn nicht auf dem Stuhl hielt. Er stellte sich dahinter und umklammerte die Lehne so fest, dass die Knöchel seiner Hände weiß hervortraten. Dann fuhr er fort. »Aber diese Wittenberger Theologen haben doch überhaupt keine Ahnung von dem, was um sie herum vor sich geht. Sie hocken in ihren erhabenen Kreisen und Diskutieren das Wort des Herrn in ihren Texten, die das Papier nicht wert sind, auf dem sie geschrieben sind. Sie zerreden die Heilige Schrift und verlieren dabei das große Ziel aus den Augen. Sie sind blind für die Sorgen des kleinen Mannes und hoffen auf den Segen der Obrigkeit für ihre Sache.« Heinrich blickte reihum von einem Gesicht ins nächste und erkannte, wie die Männer an seinen Lippen klebten. Davon angestachelt redete er sich in Ekstase. »Wir sind im Krieg, meine Freunde, mit all den verirrten Seelen, den Gottlosen, die nicht dem wahren evangelischen Glauben folgen. Bei eurer Hoffnung auf das Himmelreich müsst ihr handeln, euch auflehnen gegen die Fürsten, die mit ihren fetten Ärschen auf euch scheißen, auf euch und eure Sorgen und Nöte! Wir müssen kämpfen!« Bei den letzten Worten ließ er die rechte Hand mit erhobenem Zeigefinger in die Luft fahren. Heinrich hatte sich derart in Rage geredet, dass er kurz nach Atem rang.

Von den Worten des Predigers mitgerissen, sprang Michael Koch auf und erhob den Becher. »Darauf lasst uns trinken!«

Während seine Freunde auf die Rede des Pfaffen anstießen, sah Jacob sich vorsichtig um und zerbrach sich den Kopf darüber, ob er der Einzige war, der sich fragte, wer mit den ›Gottlosen‹ gemeint war. Pfeiffer kann doch unmöglich auf den Luther und seine Professoren gezielt haben, die sich so eifrig an die Übersetzung der Bibel ins Deutsche gemacht hatten und so das Wort Gottes unter die

Menschen brachten. Und warum sollten sie sich auflehnen gegen die Obrigkeit? Gegen welche Obrigkeit richtete sich Pfeiffers Zorn? Die Sachsenherzöge? Den Kaiser? Den Erzbischof von Mainz oder gar den Papst? Konnte die Reformation der Kirchenordnung nicht auch friedlich vonstattengehen? An der Glut in den Augen der Versammelten konnte er ablesen, dass die Worte Pfeiffers ihre Ziele nicht verfehlt hatten.

Johannes füllte die Becher nach. »Was schlägst du also vor? Was sollen wir deiner Meinung nach tun?«

Heinrich prostete ihm zu, bevor er antwortete. »Geht in euch! Hört auf die Stimme des Herrn in euren Herzen! Verbreitet die Botschaft bei euren Freunden! Bringt die Saat unter die Menschen und helft dabei, dass sie aufgeht!«

***

Anna folgte dem Weg entlang der Schwemmnotte, den Jacob mit der Laterne beleuchtete. »Nun, das war ...« Sie überlegte einen Moment, um das richtige Wort für das zu finden, das sie gerade erlebt hatten. »... interessant.« Sie schmunzelte vor sich in die Dunkelheit.

Mit einem kurzen trockenen Lachen quittierte Jacob die Feststellung seiner Frau. »Interessant drückt nicht einmal annähernd das aus, was ich gedacht habe. Vorsicht!« Er hob das Licht etwas höher und gab den Blick auf eine große Pfütze frei. Das Wasser der Schwemmnotte trat an einigen Stellen über die Ufer und spülte Löcher in den Boden. Geschickt manövrierte er Anna um die Wasserlache herum, bevor er seine Gedanken laut aussprach. »Ich fürchte, dieser Heinrich Pfeiffer wird uns Ärger machen. Er ist einer dieser unnachgiebigen Propheten, die im ganzen Land für Unruhen sorgen.«

Diese Entwicklung war an Anna vorbeigegangen. Die Trauer um Gerda und Herta und um das Ungeborene hatte sie blind gemacht für die Dinge, die um sie herum geschahen.

»Soweit ich gehört habe, hat unser Doktor Martinus nach seiner Rückkehr von seiner Schutzhaft auf der Wartburg in Wittenberg dafür gesorgt, dass die Männer die Stadt verlassen mussten. Zuvor hatten diese Propheten, die behaupteten, dass Gott direkt zu ihnen sprach, in Zwickau ihr Unwesen getrieben und wurden von dort verjagt. Ihr Anführer, ein Mann namens Storch ist wohl wie vom Erdboden verschluckt und keiner weiß, was aus ihm geworden ist, aber seine Jünger haben sich im ganzen Land verteilt und predigen die Botschaft von der Apokalypse und den wahren Gläubigen.«

Anna, die sich bei ihrem Mann untergehakt hatte, verlangsamte ihren Schritt. »Und du glaubst, dass der Schwerdtfeger oder Pfeiffer, wie er sich jetzt nennt, einer von diesen Propheten ist?«

»Ich weiß es nicht. Aber nach allem, was ich heute gehört habe, könnte ich es mir vorstellen oder zumindest, dass er deren Lehren aufgegriffen hat. Der Mann wird uns noch gewaltigen Ärger bringen, das spüre ich in jeder Faser meines Körpers. Hast du gesehen, wie Michael Koch und Johannes dem Kerl auf den Leim gegangen sind?«

»Ich habe vom Flur aus gelauscht, genau wie die übrigen Frauen«, gestand Anna ihm.

Jacob lachte belustigt auf. »Glaube nicht, dass ich irgendetwas anderes erwartet hatte.« Er führte sie um die Ecke der Klosterkirche auf der Brücke und bog wenig später in die Klostergasse ab. Hinter dem Tor, an dem sie vorbeiliefen, bellte ein Hund, der sich in seiner Nachtruhe gestört fühlte.

Erschrocken hüpfte Anna zur Seite und zog Jacob mit sich, sodass die Laterne in seiner anderen Hand gefährlich wackelte und beinahe auszugehen drohte. »Meine Güte!« Sie griff sich vor Schreck an die Brust, dann brach sie unvermittelt in fröhliches Gelächter aus.
Der Klang von Annas Lachen in seinen Ohren hörte sich für ihn an wie die schönste Musik. Seit den tragischen Ereignissen im Nebelung des vergangenen Jahres war sie nicht mehr so ausgelassen gewesen. Langsam regte sich in Jacob die Hoffnung, dass es doch eine glückliche Zukunft für sie geben könnte. Allerdings war die Tatsache, dass dieser Pfeiffer von nun an in Mühlhausen sein Unwesen trieb, für ihn ein Anlass zu großer Sorge. Er nahm sich vor, gleich morgen noch einmal Johannes aufzusuchen, um mit ihm zu reden, wie man am geschicktesten vorgehen könnte. Als sie in der Görmargasse um die Ecke bogen und ihr Haus im Schein des Laternenlichtes in Sicht kam, konnte er vor der Haustür eine Gestalt ausmachen, die zusammengesunken auf der Treppenstufe saß, vom Klang der Schritte geweckt die Augen öffnete und gegen das blendende Licht anblinzelte. Jacob staunte nicht schlecht, als er in dem Mann Annas Oheim erkannte, der sich mühsam auf die Beine kämpfte. »Was machst du denn zu solch später Stunde hier?«
Aloysius grinste schief. »Das ist ja eine schöne Begrüßung. Darf ich meine Verwandten nicht besuchen, wenn ich in Mühlhausen zu tun habe?«
»Na dann komm erstmal herein. Es ist kalt hier draußen.« Jacob lief voraus und zündete mit einem Kienspan nacheinander die Talglampen in der Küche an, in Erwartung, dass die beiden ihm in das Haus folgten.
Anna, die Jacob und ihrem Oheim, der einen großen Weidenkorb trug, gefolgt war, legte den Mantel ab und hängte ihn im Hausflur

an einen Haken. »Das ist aber wirklich eine Überraschung«, gab sie zu und fiel Aloysius stürmisch um den Hals. »Eigentlich hatten wir vor, am nächsten Wochenende nach Diedorf zu kommen, für den Fall, dass das Wetter sich hält.«

»Dann bin ich euch wohl zuvorgekommen. Aber wie ich schon sagte, hatte ich in Mühlhausen etwas zu erledigen. Als ich später hier vor verschlossener Tür stand, habe ich mich erinnert, dass ihr euch freitags immer mit euren Freunden trefft.« Er stellte den großen Korb auf den Küchentisch und schälte sich aus seinem Umhang. »Also dachte ich mir, dass ihr ja nicht ewig dort seid, und habe beschlossen zu warten.«

Anna schob sich an ihrem Oheim vorbei. »Ich mache uns erst einmal einen Würzwein. Du bist ganz durchgefroren.«

Aloysius rieb die Finger aneinander. »Der wird mir mit Sicherheit die Kälte aus den Gliedern treiben.« Er beobachtete sie dabei, wie sie Wein in einen Topf goss und ihn an den Haken über dem glimmenden Herdfeuer hängte. Aus den Augenwinkeln konnte er sehen, dass Jacob einige Holzstücke aus dem Schuber neben der Tür holte, um sie in die Glut zu legen. »Wir werden auch ein Schälchen mit etwas Milch brauchen.«

Fragend drehte sich Anna zu ihm um. »Milch? Wofür?«

Vorsichtig griff Aloysius nach dem Deckel, der den Weidenkorb verschloss, und klappte diesen zurück. Dann fasste er mit beiden Händen hinein und brachte die zwei Kätzchen zum Vorschein, die Herta und Gertrud sich ausgesucht hatten, kurz bevor sie gestorben waren. »Ich habe lange überlegt, was ich mit ihnen anstelle.«

Anna hatte kurz das Gefühl, keine Luft zu bekommen, und wankte. An die Katzen hatte sie nicht einen Gedanken verschwendet, seit diese Seuche sie all ihrer Träume beraubt hatte.

Während die beiden Katzenkinder sich mit ihren Krallen an Aloysius Wams festhielten und sich den Weg entlang seiner Brust zu dessen Schultern suchten, beobachtete er das Mienenspiel auf ihrem Gesicht. »Du sagtest, die Mäuse und Ratten in der Stadt seien eine Plage. Aber falls du sie nicht möchtest …«

»Nein!«, entfuhr es Anna, ehe sie weiter darüber nachdenken konnte. »Ich meine, doch! Es ist nur … Ich hatte nicht damit gerechnet.« Sie trat auf ihren Oheim zu und griff nach dem roten Katerchen, das Gertrud erwählt hatte, und kraulte es hinter den winzigen Ohren, was sofort mit einem wohligen Schnurren quittiert wurde. Mit dem Tier auf dem Arm machte sie kehrt, lief in die Speisekammer und goss etwas Milch aus einem Krug auf einen Teller, bevor sie damit in die Küche zurückkehrte. Sie stellte ihn ab und setzte das Katerchen davor ab, das sofort hungrig zu schlecken begann. Anna nahm Aloysius auch die bunt gescheckte Katze ab, die deutlich leichter war als ihr Bruder, und setzte sie neben ihn. Dann besann sie sich auf den Wein, der mittlerweile heiß genug war, um die Gewürze hineinzugeben. In einem Tonkrug auf dem Sims neben dem Kamin bewahrte sie eine Würzmischung auf, die sie im Sommer selbst aus Kardamom, Zimt, Nelken, Muskat, Pfeffer und Zucker hergestellt hatte und die sie nun in den dampfenden Rebensaft gab. Sie rührte so lange darin, bis sie mit dem Ergebnis zufrieden war. Dann goss sie den Würzwein in die Becher auf dem Tisch, die Jacob eilig herangeschafft hatte. Obwohl es schon sehr spät war, brannte Anna darauf, zu erfahren, wie es ihm und Jutta in den letzten beiden Monaten ergangen war. »Du siehst blass aus«, stellte sie fest, als sie ihren Oheim im Licht der Talglampen eingehender betrachtete. »Geht es dir nicht gut?«

Er legte die Hand über ihre. »Es war eine schwere Zeit für uns alle. Davon erholt sich ein alter Zausel wie ich nicht so schnell.«

Anna bedachte ihn mit einem schmalen Lächeln. »Von wegen alter Zausel. Du bist ein Mann in seinen besten Jahren.« Das Klappern des Tellers auf dem Boden lenkte sie ab. Die Katzen hatten die Milch aufgeschleckt und suchten nun darunter, ob es noch mehr davon gab. Als sie das sah, schmunzelte sie. »Wie es aussieht, haben die Katzenkinder einen gesunden Appetit. Ich hole Nachschub.«

Besorgt sah Aloysius ihr nach, bis sie in der Speisekammer verschwunden war. Dann wandte er sich an Jacob. »Sie ist noch dünner geworden. Man kann jeden Knochen unter ihrer Haut erkennen. Wie geht es ihr wirklich?«

»Wie du schon gesagt hast, es war eine schwere Zeit. Das war sie für uns alle. Es hat lange gedauert, bis Anna das Haus wieder verlassen hat. In der Tat war heute das erste Mal, dass sie mich zu Johannes und Barbara begleitet hat«, flüsterte er.

»Was gibt es denn zu tuscheln, ihr beide?«, forderte Anna zu wissen, als sie in die Küche zurückkehrte.

Aloysius wiederholte seine Feststellung. »Du musst mehr essen, mein Kind.«

»Du hörst dich schon an wie Jacob.« Mit einem Lächeln auf den Lippen setzte sie sich wieder an den Tisch. »Ich schwöre hiermit feierlich Besserung. Und nun erzähl mir von Jutta!«

# Kapitel 24 - Predigten

Um den Bierausruferstein vor der Westpforte der Marienkirche hatten sich unzählige Menschen versammelt und nahmen den Pfeiffer in Augenschein, der sich darauf positioniert hatte. Die Besucher der Prozession nach Mariä Lichtmess waren ursprünglich dabei, sich zu zerstreuen, als Heinrich auf den Stein geklettert war, von dem sonst verkündet wurde, bei welchem Bürger frisch gebrautes Bier zu erstehen war. Unter ihnen befanden sich auch Anna, Jacob und ihre Freunde. Vor zwei Tagen erst hatten sie bei Johannes und Barbara zusammengesessen und den Sohn von Katharina Schwerdtfeger, der sich jetzt Heinrich Pfeiffer nannte, kennengelernt. Neugierig reckten sie ihre Hälse, um zu sehen, was der Mann vorhatte.

»Hört zu, ich will euch ein anderes Bier verkünden!«, rief Heinrich über die Köpfe der Menschenmenge und übertönte dabei das lautstarke Gemurmel.

Jacob beugte sich zu Annas Ohr hinunter. »Der lässt aber auch nichts anbrennen«, murmelte er gerade so laut, dass nur sie es hören konnte. Als er sah, dass sie zögerlich nickte, ohne dabei den Pfeiffer aus den Augen zu lassen, fürchtete er, dass auch sie sich von dem Mann hatte einnehmen lassen. Bei Johannes war das der Fall. Als Jacob ihn gestern noch einmal aufgesucht hatte, schwärmte sein Freund dermaßen von Heinrich Pfeiffer, dass er für vernünftige Argumente nicht zugänglich war. Auch Katharina Kreutters Mann, Claus, war Feuer und Flamme für die neue Lehre, die der Prediger in der Stadt verkündete, ebenso der Wollweber Michael Koch nebst Gattin Margareta.

Heinrich Pfeiffer nahm Haltung an. »Meine lieben Brüder und Schwestern in Christi.« Die kurze Pause, die er einlegte, nutzte er dazu, den Blick durch die Menge schweifen zu lassen. »So will ich euch denn eine Wahrheit erzählen, die nicht jeder hören möchte.« Abermals unterbrach er, um sicherzugehen, dass ihm auch alle folgten. »Es war der Sohn Gottes, der zu seinen Jüngern sprach, so wie ich es hier tue. Hört nicht auf die falschen Pfaffen, auf die Prediger, die das Wort des Herrn mit ihren vergifteten Zungen verunglimpfen! Sie sind das Unkraut unter dem Weizen, den ihr braven Menschen gesät habt. Sie nehmen euch das Geld, so wie das Wildkraut eurer Saat das Wasser und sorgen dafür, dass ihr nicht wachsen könnt! Diese heuchlerischen Pfaffen halten euch klein, wollen nicht, dass ihr euch bildet, weil sie euch sonst fürchten müssten. Sie möchten, dass ihr deren falschen Lehren folgt. Und so fordere ich euch auf: Seht hin! Erkennt das Unkraut, reißt es bei der Wurzel heraus! Verbrennt es, auf das es für immer von Gottes Erdboden verschwinde! Nur so könnt ihr wahrlich frei sein!« Bei den letzten Worten hob er beide Hände gen Himmel, so als würde Gott die Finger ausstrecken, um ihn von dort aus berühren.

Hier und da war ein Amen zu hören, manch einer klatschte Beifall. Die Erregung, die durch die Reihen ging war deutlich zu spüren.

»Was für ein Schauspiel«, murmelte Jacob vor sich hin und wurde umgehend mit vorwürfigem Blicken der Umstehenden bedacht. Er griff nach Annas Hand. »Komm, lass uns gehen!« Als er ihren Widerstand spürte, sah er überrascht zu ihr hinunter.

»Ich wollte mich nach der Prozession mit Barbara unterhalten und

die Kinder begrüßen. Als wir am Freitag dort waren, haben sie schon geschlafen.« Mit bittendem Blick sah Anna zu ihm auf.
»In Ordnung. Sehen wir zu, dass wir uns ein ruhiges Plätzchen suchen, damit ihr ungestört reden könnt.« Er blickte sich um und als er Johannes entdeckte, bahnte er sich den Weg durch die Menschenmenge, die dem Pfeiffer weiterhin an den Lippen klebte. Er hörte, wie Heinrich seine Anhänger aufforderte, ihm in den Goldenen Stern am Salzmarkt zu folgen, um noch mehr über die wahren Lehren des Herrn zu erfahren. Jacob selbst hielt es für keine gute Idee, eine aufgestachelte Menschenmenge noch mit Bier zu versorgen. Bei den Freunden angekommen, konnte er erneut das Feuer in deren Augen lodern sehen. Was sahen denn alle in dem Mann, wofür er blind zu sein schien?
Johannes klopfte seinem Freund aufmunternd auf die Schultern, als er sah, dass der ein Gesicht zog, als hätte es wochenlang geregnet. »Wie mir scheint, bist du immer noch nicht von der Sache überzeugt, mein Lieber. Komm doch mit in das Wirtshaus! Bei einem guten Schluck Bier redet es sich einfacher.«
»Ich wüsste nicht, wie ein vernebelter Verstand jemals dazu beigetragen hätte, Zusammenhänge besser zu verstehen. Aber meinetwegen.« Jacob küsste Annas Hand, die er nach wie vor nicht losgelassen hatte, und blickte darüber direkt in ihre blauen Augen, während er weitersprach. »Die Frauen verzichten liebend gern auf die Anwesenheit ihrer Männer bei ihren Gesprächen. Da ist mit Sicherheit etwas dabei, das nicht für unsere Ohren bestimmt ist. Ich hole dich im Gerberviertel ab, wenn wir fertig sind.« Nachdem er sich verabschiedet hatte, folgte Jacob seinem Freund durch die sich auflösende Versammlung. Viele gingen ihres Weges, aber ein Großteil der Menschen lief in Richtung des Gasthauses zum Goldenen Stern, unter

ihnen Claus Kreutter und Michael Koch. Als er sich noch einmal umsah, konnte er erkennen, wie Barbaras ältere Söhne Anna umringten, während sie den kleinen Philipp auf dem Arm trug. Der Anblick versetzte ihm einen Stich ins Herz, weil er seine Töchter in diesem Moment mehr denn je vermisste. Sein einziger Trost war seine Hoffnung auf das Himmelreich, in dem er sie nach seinem Tod wiedersehen würde. Seufzend wandte er den Blick von seiner Frau ab und lief Johannes hinterher, der stehengeblieben war, um auf ihn zu warten.

***

»Stell dir vor, dann ist die gesamte Meute zurück zur Marienkirche und der Pfeiffer hat dort von der Kanzel gepredigt.« Jacob trank seinen Becher in wenigen Zügen leer und hielt ihn Anna auffordernd entgegen. »Niemand hat ihn aufgehalten, nicht einmal die Stadtbüttel. Sie haben ihn einfach machen lassen.« Fassungslos über die Ereignisse, die er in den vergangenen Stunden miterlebt hatte, setzte er den Becher, den seine Frau nachgefüllt hatte, erneut an, hielt inne, schüttelte ungläubig den Kopf und stellte ihn wieder ab. »Die Leute haben alle den Verstand verloren. Anders kann ich mir das nicht erklären.«

»Was ist, wenn sie recht haben und wir falschliegen?«, wollte Anna wissen. Überrascht hob Jacob die Augenbrauen. »Fragst du mich allen Ernstes, ob wir uns diesem Aufstand anschließen sollen?«

»Ehrlich gesagt, weiß ich es nicht. Wenn aber so viele Menschen, unsere Nachbarn und Freunde auf den Pfeiffer hören, muss doch an der Sache was dran sein. Vielleicht sollten wir besser zuhören«, versuchte sich Anna an einer Erklärung. »Was ist denn im Wirtshaus passiert, dass ihr hinterher die Kirche gestürmt habt?«

Jacob brauchte einen Moment, um zu begreifen, dass seine Frau versucht war, sich der Bewegung um Heinrich Pfeiffer anzuschließen. Sie beugte sich vor und griff nach seiner Hand. »Lass uns einfach weiter zu den Treffen gehen und sehen, wie die Dinge sich entwickeln. Wenn du dann immer noch denkst, Heinrich Pfeiffer wäre der Erzteufel ...« Sie lächelte ihn herausfordernd an. »Ja, ich kann dir an der Nasenspitze ansehen, was in deinem Kopf vorgeht, und jeder andere, der dich kennt auch. Also, solltest du dann immer noch der Meinung sein, dass dieser Mann unser Seelenheil aufs Spiel setzt, folgen wir ihm nicht. Was haben wir zu verlieren?«

Es hielt Jacob nicht auf dem Stuhl, weshalb er aufstand und in der Küche auf und ab ging. Ihm war bewusst, dass Veränderungen nicht von vornherein schlecht sein mussten, und auch, dass man für seine Überzeugungen kämpfen sollte. Er blieb stehen. »Aber es geht uns doch gut. Wir haben das Haus, meinen Lohn. Wir haben einander.«

Schnaubend lehnte Anna sich auf ihrem Stuhl zurück und verschränkte die Arme vor der Brust. »Wann warst du das letzte Mal auf dem Markt und hast eingekauft? Hast du eine Ahnung, was der Fleischer für ein Stück Rinderbraten verlangt, der Bäcker für ein Pfund Mehl? Die Händler beschweren sich über immer höher werdende Brückenzölle und Straßenzölle. Die Torzölle an sämtlichen Stadttoren auf alle Waren, die eingeführt werden, wurden vor kurzem auch wieder heraufgesetzt. Sie können gar nicht anders, wie ihre Handelswaren teurer zu verkaufen, und das nur, damit diese reichen Säcke aus dem Rat, wie dieser Gödicke oder der Schultheiß Johann Wettich, sich ihre Taschen füllen und immer fetter werden können. Die Geschosssteuer ist auch bald wieder fällig und ich weiß noch nicht, woher wir das Geld dafür nehmen sollen.«

Jacob wunderte sich, wo dieser Zorn herrührte. Bisher hatte Anna sich nie beschwert, niemals so gegen die Edlen der Stadt gewettert. Aber sie hatte auch recht. Er bekam nichts davon mit, wenn das Essen teurer wurde, denn sie hatte es immer verstanden, mit dem wenigen Geld, das sie hatten, zu haushalten. »Warum sagst du mir solche Dinge nicht? Wenn mein Lohn nicht reicht, kann ich Meister Gerhard fragen, ob er mir mehr zahlt.«

»Und du glaubst, das würde er tun?« Ihre Stimme nahm einen verhöhnenden Ton an. »Der Mann kann an deiner statt drei Tagelöhner einstellen, die für weniger Geld arbeiten. Es wundert mich, dass er es bisher nicht getan hat, wo doch überall in der Stadt Männer eine Beschäftigung suchen. Gewiss, er hat dich ausgebildet und weiß, dass du gute Arbeit leistest. Aber irgendwann werden auch seine Abgaben auf Eisenerz und Holzkohle ihn erdrücken, dass er gar nicht anders kann, als anderweitig zu sparen. Und im selben Atemzug kommen die Pfaffen, verlangen den Kirchenzehnten und sammeln Spenden, appellieren an dein Mitgefühl, versprechen dir den direkten Einzug ins Himmelreich, wenn du das irdische Leben hinter dir lässt. In Wirklichkeit schmücken sie damit die Kirchen mit goldenen Messbechern, kunstvollen Altären und Bildern und schlagen sich die Wänste voll.«

Jacob eilte zu ihr, kniete sich vor sie, löste ihre Arme aus der Umklammerung vor der Brust und sah sie eindringlich an. »Ich hatte keine Ahnung, was dich umtreibt! Warum redest du nicht mit mir über derlei Dinge?«

»Wir hatten genug Sorgen in den letzten Monaten«, antwortete sie in etwas gemäßigterem Tonfall. »Der Lohn, der uns während der Seuche entgangen ist, fehlt an allen Ecken und Enden.«

»Dann nehmen wir einen Kredit auf«, entfuhr es Jacob.

Anna bedachte ihren Mann mit einem milden Lächeln. »Glaubst du nicht, dass ich darüber auch schon nachgedacht hätte? Die Zinsen werden uns auffressen.« »Dann gehen wir zum Pfarrer und fragen ihn nach Geld. Wir werden dieses Haus nicht verlieren, so wahr ich hier vor dir knie.«

»Ach Jacob, die Kirche verlangt noch höhere Zinsen als die Juden. Dabei sollten die Kirchenmänner wohltätig sein und keine Wucherer.« Der harte Zug um ihren Mund war wieder zurückgekehrt. Jacob strich über ihre Wange und umrundete mit dem Zeigefinger die Lippen, um die Falte daneben glatt zu streichen. »Wir finden eine Lösung.« Als ihr Blick weicher wurde, stand er auf und zog sie ebenfalls auf die Beine. Als er die Arme um ihren zarten Körper schlang, ging ihm ein Licht auf. Sie hatte in den letzten Wochen, stets gesagt, sie hätte bereits gegessen, bevor er nach Hause kam. So war ihm entgangen, dass ihre Mahlzeiten kärger wurden. Nach der schweren Erkrankung hätte sie schon längst wieder zu ihrer Statur zurückfinden müssen, wurde aber vor seinen Augen immer schmaler. Er schalt sich einen Esel, weil er nicht gemerkt hatte, was in seinem eigenen Haus vor sich ging. »Verdammt!«, flüsterte er in ihr Haar und sog gleichzeitig den Duft der Kräuter ein, den sie in die Seife mixte und der darin verhaftet war.

***

An den kommenden Freitagen wurde es zur Gewohnheit, dass sich Heinrich Pfeiffer und dessen Anhänger bei Johannes trafen und Pläne für die Zukunft der Stadt und der Menschen, die darin lebten, schmiedeten. Es wurden von Mal zu Mal mehr. Den Pfeiffer hatte der Rat von Mühlhausen bereits mehrfach auf das Rathaus bestellt, um sich zu verantworten, angefangen an dem Montag direkt nach seinen Predigten auf dem Bierausruferstein und der Marienkirche. Aber die Menschenmassen, die er hinter sich versammelte und die von überall aus den umliegenden Dörfern und dem Eichsfeld kamen, um seinen Predigten zu lauschen, ließen die Ratsmänner zögern. Als vor zwei Tagen, dem Mittwoch nach Palmarum, der Rat erneut forderte, dass Heinrich auf das Rathaus kommen sollte, war er abermals auf die Kanzel in der Marienkirche getreten und hatte die Menschen gefordert, sich zum Evangelium zu bekennen und zu ihm. Das taten sie. Sie versammelten sich mit Dreschflegeln, Hippen, Spießen, Stöckern, Messern und allem, was sie als Waffe benutzen konnten auf dem Kirchhof der Marienkirche, unter ihnen Frauen und Kinder. Jacob, der inzwischen in seinem Entschluss wankte, sich von dem Ärger fernzuhalten, war mittendrin in der aufgeheizten Stimmung. Widerstrebend musste er den Pfeiffer bewundern, der einen kühlen Kopf behielt und die Menschen aufforderte, aus ihrer Mitte acht Männer zu wählen, die beim Ratsmeister Johann Gödicke freies Geleit für ihn fordern sollten. Die meisten kannte Jacob nur vom Sehen oder hatte ihre Namen schon einmal gehört. Diederich Weißmehler, ein Goldschmied hier aus Mühlhausen, war einer von ihnen. Zwei Männer kannte er jedoch ziemlich gut. Michael Koch, der Wollweber aus der Linsengasse, der viele Jahre sein Nachbar gewesen war und Claus Kreutter, der Gerber, der mit seiner Frau Katharina regelmäßig bei Johannes ein und ausging, waren unter den gewählten acht Männern.

Pfeiffer entsendete sie zum Ratsmeister Gödicke aufs Rathaus. Als sie unverrichteter Dinge wieder zurückkehrten, weil sie den Mann nicht antrafen, unternahmen sie einen weiteren Versuch bei Bäckermeister und Ratsherrn Heinrich Froß in der Görmargasse. Der Kerl hatte sie abgewiesen und so kehrten sie zurück, um zu berichten, wie der Ratsmann, der doch als Bäcker einer aus ihrer Mitte war, mit ihnen umgegangen war. Von dem Gödicke, der aus einem der alten Geschlechter der Stadt abstammte, hatten sie nichts anderes erwartet, aber nicht von dem Froß. Die Wut über dessen Arroganz, den Verrat, heizte die Stimmung unter den Menschen noch mehr an. Sie schrien und brüllten durcheinander, reckten ihre selbstgewählten Waffen in die Luft und drängten darauf, den Ratsmann aus seinem Haus zu treiben. Doch Pfeiffer stellte sich vor die Meute und ermahnte sie, mit Ruhe und Bedacht vorzugehen. »Wenn sie mir kein freies Geleit anbieten können, dann werden sie wohl auf mich warten müssen, bis zum Sankt-Nimmerleins-Tag, wenn es sein muss.« Das Lachen und der Jubel entspannten die Lage und kühlten die hitzigen Gemüter ein wenig ab. »Geht heim und tut das Werk Gottes! Bereitet euch auf das Abendmahl vor, das wir übermorgen gemeinsam feiern wollen. Bis dahin verhaltet euch ruhig! Gott sei mit euch!« Damit waren die Menschen entlassen, die sich sogleich auf den Heimweg machten.

Den acht Männern gab er ein Zeichen, sich um ihn zu versammeln. »Euch, meine lieben Fürsprecher, gilt mein Dank! Und doch behellige ich euch mit einer weiteren Bitte.« Er sprach leise, weil die Worte nur für die Ohren der gewählten Vertreter der vier Mühlhäuser Viertel gedacht waren.

Michael Koch trat vor. »Was sollen wir tun? Ein Wort von dir. Du kannst dich auf uns verlassen.« Mit vor Stolz geschwollener Brust, zu allem bereit griff er sich in die Umschläge seines Wamses.

Heinrich klopfte dem Wollweber anerkennend auf die Schulter. »Wir wollen es halten, wie die Männer des Rates. Ihr seid von heute an gewählt bis zum Martinstag. Nun werden wir überlegen, wie wir die Ratsmänner dazu bringen, euch an den Sitzungen teilhaben zu lassen. Wir müssen einen Plan schmieden und unsere Forderungen formulieren. Verbreitet das in euren Vierteln! Schaut den Leuten aufs Maul und sagt mir, wo deren Schuhe sie drücken und was sie für sich wollen. Dann treffen wir uns nach dem Osterfest wieder bei Johannes Görlich und tragen alles zusammen.« Er war schon dabei, sich abzuwenden, als er sich besann. »Noch eins! Wenn euch zu Ohren kommt, dass die Ratsmänner etwas gegen uns unternehmen wollen, läutet die Sturmglocke von Sankt Jacobi. Das soll unser Zeichen sein.«

***

Anna drehte den Anhänger ihrer Kette in den Händen. Das mit roten Steinen besetzte Silberkreuz war das Einzige, das ihre Mutter ihr hinterlassen hatte. Dennoch war es neben dem Ring, den Jacob ihr geschenkt hatte, das Wertvollste, das sie besaß. Sie würde das Stück verkaufen müssen. Um die Geschosssteuer bezahlen zu können. In den letzten Wochen hatten sie nichts unversucht gelassen, um das Geld zusammen zu bekommen. Aber es reichte nicht. Einen Kredit wollten sie und Jacob nicht aufnehmen, da waren sie sich einig, denn die Zinsen würden sie auffressen. Damit sie das Haus nicht verpfänden mussten, gab es keinen anderen Weg, als das Schmuckstück zu verkaufen. Sie lief in Richtung Obermarkt, um es bei den Händlern anzubieten.

»Was schleichst du denn hier rum wie eine Diebin, die ihre Beute auskundschaftet?«, wollte Katharina Schwerdtfeger von ihr wissen. »Wenn ich dich nicht kennen würde, hätte ich schon die Marktaufseher auf dich gehetzt.«

Anna trat zu der Frau an den Stand und betrachtete die Auslagen. Sie verkaufte hauptsächlich Bürsten, Kämme, Töpfe, Tiegel, Kellen und Geschirr aus Holz, jedoch keinen Schmuck. »Ich überlege, ein Erbstück in Zahlung zu geben, weiß aber nicht, was es wert ist.«

»Warum bist du denn nicht zum Goldschmied gegangen, um es schätzen zu lassen?«

»Vermutlich, weil es mir schwerfällt, mich davon zu trennen. Aber wir brauchen das Geld, sonst verlieren wir das Haus.« Anna schlug verzweifelt die Hände vors Gesicht und schluchzte. Dabei rutschte ihr die Kette aus den Fingern. Hastig bückte sie sich und wäre um ein Haar mit einem Mann zusammengestoßen, der bereits nach dem Anhänger griff, ihn beim Aufstehen zwischen Daumen und Zeigefinger drehte und im Licht der Frühlingssonne betrachtete.

»Kann ich meine Kette wieder haben?« Sie beobachtete den Mann, der etwas größer war als sie selbst. Auf seinem blonden Haarschopf saß ein Barett, unter dessen Rand er sie mit seinen blauen Augen abschätzend anblickte, nachdem er von ihr angesprochen wurde.

»Darf ich wissen, wo du diese Kette herhast?«

Anna griff nach dem Kreuz und entwand es ihm aus den Fingern. »Ich wüsste nicht, was Euch das angeht«, entgegnete sie barsch.

»Verzeihung, ich wollte nicht aufdringlich sein.« Der Mann nahm das Barett vom Kopf und lächelte schief. »Es ist nur ...« Er zögerte einen Moment. »Ich habe ein Schmuckstück, das genauso aussah wie dieses ...« Er deutete auf die Kette mit dem Kreuz und räusperte sich verlegen. »Nun, ich habe es der Frau geschenkt, die ich vor vielen Jahren geliebt habe. Deshalb frage ich mich, wie diese Kette in deinen Besitz gekommen ist.«

Katharina Schwerdtfeger verfolgte die Unterhaltung der beiden und stemmte die Hände in die Hüften. »Vielleicht könntet ihr zwei das

Gespräch an anderer Stelle fortsetzen? Ihr versperrt den Platz vor meinen Stand!« Sie fuchtelte mit den Händen herum, um ihren Worten Nachdruck zu verschaffen. »Versuch es beim Weißmehler am Untermarkt! Der macht dir einen guten Preis, Schätzchen!«, empfahl sie Anna noch, bevor sie sich wieder ihren Geschäften widmete.

Anna beschleunigte ihre Schritte und stellte fest, dass der Unbekannte ihr folgte. Abrupt blieb sie stehen und drehte sich zu ihm um. »Habt Ihr nichts Besseres zu tun, als mich zu verfolgen? Ich warne Euch! Mein Mann wird jeden Augenblick hier sein. Dann solltet Ihr entweder eine gute Ausrede haben, warum Ihr am helllichten Tag eine verheiratete Frau belästigt, oder noch besser, ihr seid bis dahin verschwunden.« Obwohl ihr das Herz vor Angst bis zum Hals hinauf klopfte, gab sie sich den Anschein, als hätte sie die Situation im Griff.

Abwehrend hob der Mann die Hände und lachte. »In der Tat erinnerst du mich an die Frau, die ich einmal kannte. Sie war genauso kratzbürstig und temperamentvoll wie du.«

»Das gibt Euch trotzdem nicht das Recht, mich zu behelligen«, entgegnete Anna wütend.

»Es lag nicht in meiner Absicht, dich zu bedrängen. Verzeih!« Er trat nervös lächelnd von einem Fuß auf den anderen und fuhr sich angespannt mit der Hand durchs Haar.

Diese Geste weckte in Anna eine Erinnerung an längst vergangene Tage. Die strohblonde Mähne, die himmelblauen Augen, deren Farbe an einen klaren Sommertag erinnerten, aber am allermeisten die Art, wie er sie ansah, ließen sie erschaudern. »Sind wir uns schon einmal begegnet?«

Das Grinsen aus dem Gesicht des Mannes verschwand und wich einer Blässe. Er war gerade im Begriff, seinen Kopf zu schütteln, hielt jedoch mitten in der Bewegung inne. »Wenn ich es nicht besser wüsste, würde ich sagen, dass …« Nun schüttelte er abermals den Kopf, diesmal heftiger. »Nein! Das kann nicht sein!« Bevor er weitersprechen konnte, forderte eine grölende Menschenmenge seine Aufmerksamkeit.

Während er sich umdrehte, suchte Anna über seine Schulter hinweg nach der Ursache des Lärms. Eine Traube an Menschen kam aus der Ratsgasse, umringte einen Mann und lief die Herrengasse hinauf, am Haus des Komturs der Marienkirche vorbei in Richtung Frauentor. Wo die wohl hinwollten? Noch als sie sich das fragte, sah sie wieder zu dem Kerl, der einfach nicht lockerließ und ihr weiterhin auflauerte. Der sah sie mit zusammengekniffenen Augen abschätzend an. »Nun reicht es aber! Soll ich die Büttel rufen, damit Ihr verschwindet?« Aufgebracht wollte sie sich an ihm vorbeischieben, als er ihren Arm ergriff und sie festhielt. Hektisch versuchte Anna, sich aus der Umklammerung seines Griffes zu befreien. »Ich warne Euch, ich werde schreien!« Als sie seinen durchdringenden Blick auffing, setzte sie an und wurde sogleich von einer schwieligen Hand auf ihren Lippen daran gehindert, sich Gehör zu verschaffen. Panisch versuchte sie, sich mit aller Kraft aus der Umklammerung zu befreien, trat dabei, so stark sie konnte, um sich und biss ihm schließlich in die Finger.

»Verdammt!« Er lockerte den Griff, hielt sie jedoch weiterhin fest, ohne auf die vorbeilaufenden Gaffer zu achten. »Ich lasse dich los. Aber versprich mir, dass du nicht wegläufst!« Als sie wortlos nickte, ließ er die Arme sinken und trat einen Schritt zurück.

Schwer atmend sah Anna sich um und suchte einen Ausweg. Die grölende Menschenmenge war nun weit genug entfernt, dass man sie hören würde, wenn sie um Hilfe rief. Ein weiterer Blick auf den

Mann ließ sie allerdings zögern, ohne, dass sie hätte sagen können, warum.

»Wie alt bist du, Mädchen?«, wollte er wissen.

Sie gab es auf, zu hinterfragen, was ihn das alles anginge und hoffte, er würde endlich verschwinden, wenn sie seine Fragen beantwortete. »Im Hartmond habe ich meinen dreiundzwanzigsten Geburtstag gefeiert.« Als sie sah, wie er sichtlich erbleichte, konnte sie sich keinen Reim darauf machen. Genau genommen wusste sie überhaupt nicht, was das hier alles sollte. »Wieso wollt Ihr das Wissen?«

Der Mann wankte. »Kann es wirklich sein?«

»Was?« So langsam verlor sie die Geduld mit dem Kerl. »Ich muss jetzt gehen.« Ungestüm wandte sie sich um, als er die Hand vor den Mund schlug, nachdem ihm ein Schluchzen entwichen war. »Geht es Euch nicht gut? Soll ich nach dem Medikus schicken? Der Doktor wohnt nicht weit von hier, gleich dort um die Ecke.«

Mit Tränen in den Augen schüttelte er den Kopf, während sein Gesichtsausdruck gleichzeitig von einem Lächeln erhellt wurde. »Anna?«

Erschrocken zuckte sie zusammen. »Was? Woher wisst Ihr, wie ich heiße?«

»Das sollte ich wohl, schließlich habe ich dir diesen Namen gegeben«, platzte es aus ihm heraus, während ihn unbändige Freude erfasste.

Nun war sie es, die gefährlich ins Wanken geriet. »Ich verstehe nicht …«

»Gertrudis.« Er trat wieder einen Schritt auf sie zu. »Der Name deiner Mutter ist Gertrudis?« Das Flehen in der Frage war nicht zu überhören. Als er sah, dass sie nickte, griff er sich an die Brust und beugte sich vornüber. »Mein Gott! Dann ist es wahr!«

Während Annas Verstand fieberhaft arbeitete, hatte ihr Herz längst begriffen, welche Wahrheit der Mann mit seinen vielen Fragen ans Tageslicht gebracht hatte. »Du bist mein Vater.« Diese Worte klangen so fremd in ihren Ohren, als sie diese aussprach.

Nickend trat er näher. »Deine Mutter! Wie geht es ihr? Ist sie auch in Mühlhausen oder in Diedorf bei ihrem Bruder?« Als sie nicht gleich antwortete, fuhr er aufgeregt fort. »Mein Gott, ich kann es wirklich nicht glauben! Erzähl mir, wie es euch ergangen ist! Bitte!«

»Mutter ist tot«, flüsterte Anna, noch immer benommen von der ganzen Aufregung und den Eröffnungen des Fremden, der in Wirklichkeit gar kein Fremder war.

»Was? Wann? Was ist geschehen?« Er griff erneut nach ihrem Arm und hielt sie fest, damit sie nicht vor seiner Nase umkippte, obwohl auch ihm zumute war, als hätte man ihm den Boden unter den Füßen weggezogen. »Gibt es hier irgendwo einen Platz, wo wir uns in Ruhe unterhalten können?«

Anna wies in Richtung Salzmarkt. »Da hinten im Wirtshaus zum Goldenen Stern.«

## Kapitel 25 - Bürgerausschuss

Die Sonne des Brachmonats schien Anna warm auf den Rücken. Sie kniete vor dem Kräuterbeet im Garten hinter ihrem Haus in der Görmargasse. Dank ihres Vaters, sie konnte immer noch nicht glauben, dass sie sich so zufällig begegnet waren, aber durch seine Hilfe hatte sie den Schoss bezahlen und so das Haus behalten können.

Eigentlich war er in die Stadt gekommen, um zwei seiner entlaufenen Knechte zurück auf den Hof nach Herbsleben zu holen, die einem der religiösen Eiferer gefolgt waren, die überall auftauchten, wie Pilze, die aus dem Boden schossen. Sie hatten sich von ihm den Kopf verdrehen lassen und waren mit einigen Wertgegenständen aus dem Gutshaus geflohen. Barthel, eigentlich Bartholomäus, hatte geglaubt, dass die Kerle die Stücke versetzt hatten. So waren sie sich auf seiner Suche danach auf dem Markt begegnet. Wahrscheinlich wären sie nicht aufeinander aufmerksam geworden, wenn sie nicht die Kette hätte fallen lassen, die er Annas Mutter geschenkt hatte.

»Sie sollte sie dir geben, wenn du erwachsen bist«, hatte er gesagt. Als sie Barthel erzählt hatte, was ihnen widerfahren war, hatte er geweint und sich die Schuld am Tod seiner geliebten Gertrudis gegeben. Sie hatte sich seines Kindes entledigen wollen und war dabei gestorben. Ihr Vater hatte Anna versichert, dass er sie nie hatte gehen lassen wollen. Die Tatsache, dass sein Weib die Dreistigkeit besessen hatte, Gertrudis und Anna an einen anderen Bauern in den Frondienst verkaufen zu wollen, hatte einen tiefen Keil zwischen die Eheleute getrieben. »Ich habe mich all die Jahre gefragt, wie es euch wohl geht.« Dieser Satz spukte Anna seither im Kopf herum. Sie hatte sich nach dem Tod ihrer Mutter nie Gedanken über ihren Vater gemacht.

Seufzend widmete sie sich wieder ihren Kräutern. Im letzten Winter war sie nicht dazu gekommen, ihre Ernte zu Salben zu verarbeiten, die sie für einige Pfennige hätte verkaufen können. Dieses Jahr würde sie auf diese Weise wieder etwas Geld in die Haushaltskasse beisteuern können.

Erschrocken blickte sie auf, als Kinderlachen von der Gasse her an ihre Ohren drang. Wie so oft stellte sie sich vor, dass Herta und Gertrud dort mit ihren Freunden gemeinsam herumtollten. Der Gedanke daran ließ sie schmunzeln. Jutta hatte Recht behalten. Solange sie an ihre Kinder dachte, so lange lebten sie weiter. Gleichzeitig versetzte ihr die Sehnsucht danach, sie in die Arme schließen zu können, einen Stich.

Anna hatte Barthel von den Mädchen erzählt, als er sie vor wenigen Wochen hier besucht hatte. Er hatte darum gebeten, Anteil an ihrem Leben nehmen zu dürfen. »Ich hätte damals stärker sein sollen, hätte mich gegen diesen Teufel von Weib durchsetzen und euch in meiner Nähe behalten müssen.« Auch diese Worte ihres Vaters ließen Anna nicht los. Wie anders wäre ihr Leben verlaufen, wenn sie auf dem Hof hätten bleiben können.

»Denkst du an etwas Schönes?« Jacob, der gerade von der Arbeit in der Schmiede nach Hause gekommen war, hatte gar nicht erst im Haus nach ihr gesucht. Wo anders konnte sie bei diesem herrlichen Wetter sein als im Garten bei ihren Kräutern. Ein tiefes Gefühl der Wärme und Liebe durchfuhr ihn, als er sie lächelnd auf dem Boden kniend, in Gedanken versunken erblickte.

Anna stand auf und klopfte sich die Erdkrümel vom Rock. »Ich habe an die Mädchen gedacht.«

»So wie du lächelst, muss es ein schöner Gedanke gewesen sein.« Er trat zu ihr, nahm sie in den Arm und küsste sie auf den Scheitel. Als sie zu ihm aufblickte, traf ihr Blick den seinen. »Ich habe mir vorgestellt, wie sie mit den anderen Kindern auf der Gasse spielen. Sie hatten gemeinsam immer so viel Spaß.« Das Bild seiner grünen Augen verschwamm in ihren Tränen.

Er hielt sie noch fester und schluckte seine eigenen Tränen hinunter. »Mir geht es genauso. Immer, wenn ich die Meute die Gasse entlangjagen sehe, dann suche ich Gertrud und Herta in ihrer Mitte.« Zärtlich streichelte er Anna über den Rücken. »Ich denke, das wird wohl immer so sein.« Er sah über ihren Kopf hinweg in den Garten und seufzte. »Während du dir die Erde und das Grün von den Fingern wäscht, räume ich hier auf.«

Sie löste sich aus seiner Umarmung. »Lass mal! Ich mache das schon.« Grinsend sah sie an ihm herunter und wieder hinauf. »Du solltest selbst dafür sorgen, dass du den Schmutz von der Haut bekommst. Wolltest du nicht zum Barbier, bevor wir uns mit den Freunden treffen?« Sie hob die Hand und fuhr ihm mit den Fingern durch den Dreitagebart. Eigentlich mochte sie sein wildes Aussehen, wenn die Bartstoppeln sprießten, aber Jacob gefielen sie überhaupt nicht. Er meinte, dass sie derart juckten, dass er sich am liebsten die Haut vom Gesicht kratzen wollte.

»Hans Schalbe hat gesagt, ich solle eine halbe Stunde vor der Abendmesse kommen, dann wäre noch genug Zeit für die Rasur.« Er lachte kurz auf. »Wie ich ihn kenne, wird er die ganze Zeit über wieder alle Überredungskünste aufbringen, weil er mir auch an die Mähne will.«

Anna machte ein entsetztes Gesicht. »Nicht deine Haare!«
Entgegen der Mode, sich die Haare nach allen Seiten des Kopfes glatt zu kämmen und oberhalb der Ohren und im Nacken zu kürzen, so als hätte man sich eine Schüssel übergestülpt und alle Haare, die darunter zum Vorschein kamen, abgeschnitten, trug Jacob weiterhin einen Zopf. »Keine Angst, an meine Haare lasse ich ihn nicht ran.«
»Dann ist es ja gut.« Anna war ernsthaft erleichtert. Sie mochte es, wenn seine Haarspitzen auf ihrem Körper kitzelten, während Jacob sich über sie beugte und küsste. Bevor sie sich in weiteren Tagträumen verlor, trat sie dichter an ihn heran, stellte sich auf die Zehenspitzen und gab ihm einen Kuss auf die Lippen. »Also gut, ich räume hier auf, du spülst dir den Dreck von der Haut, gehst zum Barbier in die Wahlgasse und wir treffen uns bei Johannes und Barbara. Ich kann in der Zwischenzeit noch den Radieschensalat nachwürzen, den ich mitnehmen will, und gehe dann los.«

***

Barbara hatte dafür gesorgt, dass sämtliche Tische der Nachbarschaft in ihrem Hinterhof standen, geschmückt mit Leinentüchern und Blumen, mit Tellern eingedeckt und von zahllosen Stühlen umrandet. In einer schattigen Ecke sah Anna Griseldis, Meister Künemunds Frau, an einem Rost mit glühender Holzkohle stehen und ihre berühmten Bratwürste grillen, die ihren Duft schon im ganzen Viertel verbreiteten. Anna trat zu ihr heran und sog das Aroma in die Nase, während die Frau mit einer langen Zange die Würste für eine gleichmäßige Bräune drehte. »Wie viele Leute erwartest du denn? Damit kannst du ja die ganze Stadt versorgen.«

»Es ist immer besser, vorbereitet zu sein« ermahnte Griseldis sie mit hochgehaltener Zange. »Soweit ich weiß, kommen alle unsere Freunde und Heinrich Pfeiffer hat diesen Herrn Matthes eingeladen, der neuerdings in der Jakobikirche predigt.«
Anna hatte den Pfarrer kennengelernt. Eigentlich hieß er Matthaeus Hisolidus und war dem Benediktinerkloster in Heldrungen entlaufen, einer von vielen Mönchen, die ihren Weg außerhalb der Klostermauern suchten. Er wandelte auf den gleichen Pfaden wie Pfeiffer, verhöhnte Bischöfe, spottete über die Nonnen in der Stadt, die dem falschen römischen Glauben anhingen. Angeblich soll er von Doktor Martinus höchstselbst nach Mühlhausen gesendet worden sein, um hier die evangelische Botschaft zu verbreiten. Woher dieses Gerücht stammte, vermochte Anna nicht zu sagen. Fest stand aber, dass der Prediger mit seinen Worten das einfache Volk erreichte, das ohnehin den neuen Lehren der Reformatoren aufgeschlossen gegenüberstand. Und die sprachen überall zu den Menschen, wie an jenem Tag, an dem Anna ihren Vater getroffen hatte, ohne zu wissen, wer dieser war. Sie erinnerte sich an die Menschentraube, die auf dem Steinweg entlang lautstark brüllend und johlend in Richtung Frauentor geströmt war. Später hatte sie erfahren, dass deren Anführer, ein Magister Hildebrandt, dabei war, die Johanneskapelle am Blobach zu stürmen, um die dortige Predigt zu übernehmen. Ratsmeister Gödicke hatte ihnen den Zutritt zum Gotteshaus verweigert, was die Männer, die sich um ihn scharten, jedoch nicht aufhielt. Zuerst hatte Anna angenommen, Barbara wolle sie auf den Arm nehmen, als sie ihr die Geschichte erzählt hatte. Dann hatte sie aber von allen Seiten gehört, wie Kaspar Färber, der Bruder von Barbaras Vater, dem Hildebrandt das Haus geöffnet hatte, damit dieser vom Giebel aus seine Botschaft unter die Menschen bringen

konnte. Dabei kamen die Ratsherren aus den alten Mühlhäuser Geschlechtern und der Pfarrer aus Flarchheim, dessen Predigt so rüde unterbrochen worden war, nicht gut weg, als der Hildebrandt sie mit Säuen und manch anderem Getier verglich. Anfangs war Anna noch erschüttert im Angesicht der Respektlosigkeiten dieser Männer. Mittlerweile überraschte sie gar nichts mehr.

Die Menschen um sie herum waren befallen vom Geist der Veränderung, der von den evangelischen Predigern heraufbeschworen wurde, sie selbst miteingeschlossen.

»Was träumst du, Mädchen?« Griseldis wackelte mit der Zange vor Annas Gesicht herum. »Sieh zu, dass du mir eine Schüssel holst, in die ich die fertigen Würste tun kann! Sie verbrennen mir sonst.«

Eilig lief Anna ins Haus. Im Vergleich zum strahlenden Sonnenschein war es im Flur düster und ihre Augen mussten sich erst an diese Tatsache gewöhnen, sodass sie beinahe über den vierjährigen Karl, Barbaras Zweitältesten Sohn gestolpert wäre. »Himmel!« Sie hielt sich vor Schreck die Brust, in der ihr Herz rasend schlug. Als sie sich etwas beruhigt hatte, sah sie zu dem Burschen, der am Treppenabsatz spielte und sie mit verständnislos dreinblickenden Augen ansah.

»Warum spielst du denn nicht mit deinen Brüdern auf der Gasse?«

»Zu warm.« Von der Störung unbeirrt stapelte Karl seine bunten Holzklötzchen übereinander.

Anna hockte sich vor den Jungen und bewunderte sein Bauwerk. »Was für ein schönes Haus!«

»Eine Kirche!«, protestierte der Kleine.

»Wie dumm von mir«, entgegnete sie schmunzelnd. »Es ist eine wunderschöne Kirche. Meinst du, du könntest an anderer Stelle weiterbauen? Es fällt noch jemand über dich, wenn du weiter hier vor der Treppe spielst.«

»Die Himmelsleiter«, verbesserte er Anna erneut.
Sie sah die Holztreppe hinauf und bewunderte die Fantasie des Kindes. »Das macht Sinn.« Dann sah sie die zur Steintreppe, deren Öffnung dunkel im Boden klaffte und die nach unten in die Küche führte. »Und das ist dann wohl der Weg in die Hölle«, flüsterte sie, damit der Kleine es nicht hörte. Bevor sie aus der Hocke aufstand, strubbelte Anna ihm durch seine dunkelblonden Locken. »Bist ein guter Junge.« Wehmütig wandte sie den Blick von dem Kind, das nur wenig jünger war, als ihre Mädchen es gewesen waren, bevor sie durch die Seuche aus dem Leben gerissen wurden. Seufzend umrundete sie den Burschen, der schon wieder in sein Spiel vertieft war, und eilte die Treppe hinunter, die Stimme der Fleischersfrau im Ohr.
In der Küche traf sie unter anderem auf ihre Freundin, die Hände im Holzbottich, die Arme mit Mehl bestäubt. Als sie sah, dass Anna hereinkam, strich sie sich mit der Rückseite des Unterarms eine Haarsträhne aus dem Gesicht und hinterließ eine Mehlspur auf ihrer Stirn. »Gut, dass du kommst! Die Brote müssen aus dem Ofen und die nächsten hinein.«
Anna ließ sich zunächst die Schüssel geben, damit die Würste vom Rost konnten und nicht tatsächlich noch anbrannten, versprach aber, gleich zurückzukommen, um in der Küche zu helfen. Beim Erklimmen der Treppe schoss ihr in Anbetracht der Hitze, die sie zurückließ, nochmals der Gedanke an die Hölle durch den Kopf, in der es kaum heißer sein konnte als in Barbaras Küche. Sie genoss den kühlenden Luftzug, der durch den Flur wehte und sie einigermaßen abkühlte, umrundete abermals den kleinen Karl, der unbeirrt mit seinen Klötzchen spielte, und eilte nach draußen.
Doch so rasch wie in ihrer Vorstellung war auf dem Hinterhof kein Durchkommen. Überall tummelten sich Freunde und Nachbarn,

sodass es schwierig war, die vielen Hindernisse zu umschiffen. Endlich bei Griseldis angekommen, sah sie sich von einer Traube Männer umringt, welche die Schüssel für überflüssig erklärten und der Meinung waren, dass so eine Wurst auch ohne weiteres ohne Brot und direkt vom Rost zu essen war. Während die Frau des Fleischers das kostbare Grillgut verteidigte und einigen Vorwitzigen unter ihnen mit der Zange auf die Finger klopfte, suchte Anna inmitten der Menschen nach Jacob. Als sie ihn nicht fand, kam sie zu dem Schluss, dass er wohl noch nicht da war. Sie entschuldigte sich in der Runde und eilte denselben Weg zurück zu den Frauen in die Küche.

***

»Es ist nicht länger hinzunehmen, dass knapp einhundert Männer aus den führenden Familien der Stadt die Geschicke aller bestimmen!«, übertönte Heinrich Pfeiffer die murmelnden Stimmen der Weggefährten. »Ihr Wort ist Gesetz und niemand hinterfragt das! Freunde, es ist an der Zeit sich dagegen aufzulehnen! Männer, wie ihr sie seid, sollten ein Mitspracherecht bei den Ratsangelegenheiten haben!« Claus Kreutter applaudierte dem Prediger. »Wie sollen wir das anstellen?«, fragte er, wohl wissend, dass sein Hirte eine Antwort parat haben würde.

Hans Schalbe, der Barbier, der Jacobs Gesicht von den Bartstoppeln befreit und ihn anschließend begleitet hatte, hob die Gabel, auf die er eine Bratwurst aufgespießt hatte, in die Höhe. »Das würde ich auch gern wissen. Die edlen Herren vergeben die Ämter unter sich in einem regelmäßigen Turnus von vier Jahren.«

Pfeiffer beugte sich vor, um den Mann besser sehen zu können. »Und damit ist nun Schluss!« Er richtete sich wieder auf und fuhr fort. »Wir werden dafür sorgen, dass die Viertelsmänner, die ihr gewählt habt, als Mitglieder des Rates an allen Ratsversammlungen teilhaben werden. Lasst sie hören, was ihr zu sagen habt!«

Lachend steckte sich Hans Schalbe das Ende der Wurst in den Mund und kaute genüsslich. »Das wird den edlen Herren nicht gefallen.« Er wedelte mit der Gabel, dass der Rest des Grillgutes herunterzufallen drohte. »Überhaupt gar nicht!« Er steckte sich das Stück Wurst in den Mund und kaute genüsslich.

»Was solls! Sie werden in diesem Fall nicht nach ihrer Meinung gefragt«, setzte Heinemann Ludwig, der Weißgerber, der in der Nähe von Allerheiligen wohnte, hinzu. »Heinrich hat recht. Es wird Zeit, dass man uns einfache Menschen anhört.«

Pfeiffer wartete, bis das beifällige Klopfen der Männerfäuste auf dem Tisch verstummte. »Zusätzlich zu euch Viertelsmännern solltet ihr weitere Männer wählen, die in einem Bürgerausschuss die Meinungen der Leute vertreten. Wählt jeweils zwölf Menschen im Blidenviertel, Hauptmannsviertel, Neuläubenviertel und Jakobiviertel! Aber tut das in aller Ruhe! An diesem Punkt unseres Planes sollte noch niemand davon erfahren.«

»Ich wüsste da schon ein paar gute Männer«, brüllte der Goldschmied Weißmehler in die Runde, in der durch den Vorschlag Pfeiffers ein hitziger Disput ausgebrochen war.

Der Prediger streckte die Arme einhaltgebietend in die Luft. »Wählt mit Bedacht!« Er nahm die Hände wieder herunter, als Stille eingekehrt war. »In zwei Wochen treffen wir uns dann abermals und verfassen unsere Forderungen an den Rat.«

Claus Kreutter, der sich an seinem Bier verschluckt hatte, hustete laut. Dann wischte er sich den Bierschaum von den Lippen und die Tränen von den hochroten Wangen. »Forderungen?«

Jacob fragte sich, warum der Gerber am heutigen Tag so schwer von Begriff war. Der Mann war doch sonst nicht auf den Kopf gefallen. Dann sah er, wie er und Pfeiffer sich zunickten, und dann verstand er, was hier gespielt wurde. Die beiden hatten sich vorher abgesprochen, dass Claus Kreutter bestimmte Stichworte hervorhob. Jacob sah sich in seiner Annahme bestätigt, dass Pfeiffer, der ohnehin ein geschickter Rhetoriker war, auch sonst nichts dem Zufall überließ. Ein schlauer Mann, stellte er bewundernd fest.

»Fragt eure Freunde, was sie sich wünschen, wie sie sich ihre Zukunft in Mühlhausen vorstellen! Prangert die Missstände an, führt sie den hochmütigen Geschlechtern vor Augen!«

»Wir sollten damit anfangen, dass sie den Besitz an die Stadt zurückgeben, den sie sich unrechtmäßig unter den Nagel gerissen haben!«, warf Kaspar Färber, Barbaras Oheim, ein.

»Richtig!«, brüllte Weißgerber Ludwig.

Bastian Künemund war aufgesprungen und fuchtelte mit seinem Bierkrug, ohne darauf zu achten, dass er seine Sitznachbarn mit seinem Bier bekleckerte. »Einen Zinssatz, der nicht an Wucher grenzt, sollten wir auch festlegen.« Er hob seinen Becher in die Luft und prostete seinen Freunden zu, die daraufhin auch die Trinkbecher erhoben.

»Jawohl!«, tönte Bäckermeister Fuhlstich. »Die Pfaffen sollten gar keine Zinsen verlangen und das Verleihen von Geld an Bedürftige als einen Akt der Gnade sehen.«

»Und einen säumigen Schuldner nicht gleich in dieses Loch von Gefängnis stecken!«, wusste Michael Koch zu ergänzen.

»Schreibt es auf, damit wir nichts vergessen!«, forderte der Fuhlstich, was zur Folge hatte, dass Johannes aufsprang, um Papier, Tinte und Feder zu holen. Als er damit zurückkehrte, hatten die Männer schon jede Menge Forderungen zusammengetragen. Sie riefen durcheinander, sodass Johannes resigniert den Kopf schüttelte. »So wird das nichts. Einer nach dem anderen!« Er blickte von einem Gesicht ins nächste, bis sein Blick auf dem Bäckermeister fiel. »Mit dir fangen wir an. Also los!«

***

Während Anna die Haare aus ihrem Flechtzopf befreite und mit den Fingern durchkämmte, entledigte sich Jacob seiner Hose. Es war spät geworden. Die Stundenglocke von Sankt Kilianii hatte zu Mitternacht geschlagen, als sie an der Kirche vorbeigelaufen waren. Sie gehörten zu den Ersten, die die Zusammenkunft verlassen hatten. Müde vom Tag war es Jacob inmitten der Hitzköpfe doch zu viel geworden. Er sehnte sich nach Ruhe und Schlaf und hoffte, mit einem bisschen Glück in den Armen seiner Frau die Mühsal des Alltags für kurze Zeit vergessen zu können.

Nachdem er sich in die Kissen geschmiegt hatte, beobachtete er Anna dabei, wie sie ihr Haar bürstete. Das tat sie jeden Abend vor dem Schlafengehen, nur war er an den meisten Tagen zu müde, um sie während dieser Prozedur mit Blicken zu verschlingen. Mit wachsender Erregung betrachtete er sie von der Seite. Ihr weizenblondes Haar fiel in üppigen Wellen über Schultern und Rücken, umschmeichelten die sanften Rundungen ihrer Brüste, die mittlerweile wieder voller waren. »Du bist wunderschön«, flüsterte er ehrfürchtig. »Ich fürchte, das sage ich dir nicht oft genug.«

Anna hielt mitten in der Bewegung inne, ließ die Bürste sinken, drehte sich zu ihm um und lächelte. »Würdest du es häufiger tun, wäre es ja nichts Besonderes.«

Jacob setzte sich auf und rutsche näher zu ihr heran, ergriff eine Strähne des flüssigen Goldes und strich es hinter Annas Ohr. Heißer Atem entwich ihm, als er ihren Hals küsste, der sich ihm, dem Schutz der Haare entledigt, schlank und entblößt darbot. Er arbeitete sich an der Linie hinunter, die der vorgewölbte Muskel ihm vorgab, bis er an der Kuhle unterhalb ihrer Kehle ankam. Als er aufblickte, sah er, dass sie den Kopf in den Nacken gelegt hatte und seine Zärtlichkeiten mit geschlossenen Augen genoss. Sein Mund folgte den Rundungen ihrer Brüste, die er mit beiden Händen umfasst hatte, bis hin zu den festen aufgerichteten Brustwarzen. Fordernd ließ er die Zunge darum kreisen, bis er Anna ein erregtes Keuchen entlockte. Die Hitze, die dieses Geräusch in ihm hervorrief, brannte unter seiner Haut und fand ihren Siedepunkt zwischen seinen Beinen. Sanft drückte er sie in die Kissen und war gerade dabei, einen Kuss auf ihren Bauchnabel zu hauchen, als draußen die Hölle losbrach. »Was zum Teufel?«

Anna setzte sich ebenso erschrocken auf. »Ist das die Sturmglocke?«

Hektisch sprang Jacob auf und zog sich eilig an. »Hört sich so an.« Die Glocke von Sankt Jakobi war etwas gedämpfter zu hören, da die Kirche von seinem Haus in der Görmargasse weiter entfernt lag wie die Kilianikirche. Dennoch tönte sie laut genug, um ihn in Panik zu versetzen, denn sie durfte nur im Ausnahmefall wie etwa einem Unwetter, Sturm oder einem Überfall auf die Stadt geläutet werden. »Ich sehe nach, was da los ist. Verriegle die Tür!«

»Warte!« Bevor Jacob nach draußen verschwand, durchquerte sie die Schlafkammer, schlang die Arme um seinen Hals und küsste ihn. »Sei um Gottes Willen vorsichtig!«

Auf der Gasse kam ihm Heinrich Froß mit einer Fackel entgegen.

Der Lärm musste ihn im Schlaf überrascht haben, denn seine grauen Haare standen ihm auf einer Seite des Kopfes ab. »Weißt du, was los ist?«

»Nein. Gehen wir nachsehen!«

Sie rannten die Görmargasse hinauf, bogen in Richtung Steinweg ab und hielten auf den Obermarkt zu, der als Sammelpunkt für die Mühlhäuser Bürger vorgesehen war, wenn die Sturmglocke geläutet wurde. Unterwegs trafen sie auf immer mehr Männer, die hastig ihre Häuser verließen. Jeder, den sie fragten, was der Aufruhr zu bedeuten hatte, zuckte nur mit den Schultern. So hieß es, sich gedulden, bis sie am Treffpunkt angekommen waren.

Jacob reihte sich auf dem Platz in die Ansammlung beinahe jedes Mühlhäuser Mannes ein und reckte den Hals, um den Verantwortlichen für den Auflauf sehen zu können. Alle redeten wild durcheinander. Von einem Angriff war die Rede, auf die Frage durch wen, erntete er abermals verständnislose Blicke und Schulterzucken.

»Brüder!«

Als laute Stimme eines Mannes erklang, kam langsam Ruhe in die Reihen. Bei näherem Hinsehen konnte Jacob den Kirchner von Sankt Jakobi erkennen, der vor der Meute Aufstellung genommen hatte und von einigen weiteren Kerlen flankiert wurde.

»Es ist an der Zeit, gegen die Gottlosen ins Gericht zu ziehen!«, ertönte die Stimme abermals. »Wir dürfen dem falschen Glauben in Mühlhausen keinen Raum geben und müssen unsere Brüder und Schwestern auf den wahren Weg führen.«

Begeisterte Jubelrufe erklangen zunächst vereinzelt, dann immer häufiger und schließlich beinahe einheitlich aus der Menschenmenge. Fäuste und Knüppel wurden in die Luft gestreckt, um dem Kirchendiener beizupflichten.

»Wir müssen die Teufelsbrut vertreiben, die Götzenbilder, die sie anbeten, zerstören und ihnen zeigen, dass nur der wahre Glaube an unseren Herrn der Weg zur Erlösung ist!«

Auf der Suche nach den Stadtbütteln oder deren Hauptmann sah Jacob sich um. Den einen oder anderen konnte er ausmachen, keiner schritt ein, um die Hetze des Mannes zu unterbinden.

# Kapitel 26 - Sturm

Vor Sorge außer sich lief Anna durch die Küche. Das Echo der Rufe traf durch die geschlossenen Fensterläden gedämpft an ihre Ohren. Wenn sie nur wüsste, was dort vor sich ging. Erneut umrundete sie den Tisch, setzte sich, stand wieder auf. Es war schon eine ganze Weile her, dass Jacob aufgebrochen war. Was in aller Welt hielt ihn nur so lange auf? Sie trat ans Fenster, versuchte, durch den Spalt zwischen den Läden irgendetwas zu erspähen. Nichts.

Sie entschloss sich, Wasser aus dem Brunnen im Garten zu holen, um es über dem Herdfeuer zu erhitzen. Als sie dem vollen Eimer zurückkam, meinte sie, das Geräusch von Schritten gehört zu haben. Kurz darauf folgte ein Klopfen an der Haustür. Sie stellte den Bottich in der Küche ab, schlich auf leisen Sohlen in den Flur, legte das Ohr an das Holz des Türblattes und lauschte. Waren das Frauenstimmen, die sie da hörte?

Erneutes Anklopfen.

»Wer ist da?«, verlangte Anna zu wissen.

»Ich bin es, Justina«, erklang die bekannte Stimme.

Rasch schob Anna den Türriegel zur Seite, öffnete die Tür einen Spalt weit und erschrak zutiefst, als sie ihre Freundin in Begleitung einer anderen Frau erkannte. Beiden trugen nur ein Unterkleid, das von der Fremden war an der Brust zerfetzt. Die Haare hingen ihnen in wirren Strähnen, die sich aus ihren Zöpfen gelöst hatten, vom Kopf. Ihre Gesichter waren von Ruß, geronnenem und frischem

Blut bedeckt. Vom Anblick der beiden erschüttert, riss sie die Tür auf. »Schnell! Kommt herein!«

Justina führte die andere junge Frau, der sie den Arm unter die Achseln geschoben hatte und die sie stützte, in das Haus.

Nachdem Anna die Haustür geschlossen und den Riegel zugeschoben hatte, hastete sie an den beiden vorbei in die Küche und rückte einen Stuhl so zurecht, dass sich Justina ihrer Last entledigen konnte.

»Dein Mann hat uns geschickt.«

»Ihr seid Jacob begegnet? Ist er unverletzt? Und überhaupt, was geht hier vor?« So viele Fragen schwirrten Anna in ihrem Kopf herum, dass ihr davon schwindlig wurde. Dann besann sie sich auf die Aufgabe, die sie in diesem Moment zu bewältigen hatte. »Verzeih! Ich war so in Sorge um ihn.« Sie führte Justina zu dem anderen Stuhl und drückte sie sanft auf den Sitz. »Ihr seid verletzt!« Mit äußerster Vorsicht schob Anna eine klebrige Haarsträhne Justinas zur Seite und konnte darunter eine klaffende Wunde erkennen, die sich vom Haaransatz am Scheitel entlang zog und aus der fortwährend Blut sickerte. »Das muss ein Wundarzt versorgen. Ich fürchte, es sind ein paar Stiche nötig, um die Ränder der Wunde aneinanderzuheften.«

Fahrig schüttelte Justina den Kopf. »Nein! Kein Arzt! Ich will keinen Mann mehr in meiner Nähe wissen, nach allem, was diese Teufel uns angetan haben!«

»Aber so wird es nicht gut verheilen«, setzt Anna nach. Sie griff nach dem Tuch, das sie neben dem glimmenden Herdfeuer zum Trocknen aufgehängt hatte, und drückte es Justina in die Hand. »Drück es auf die Wunde! Ich sehe erst einmal nach deiner Freundin.« Sie wandte sich an die zitternde Frau, die in ihrem Alter sein musste, vielleicht auch etwas jünger. Nach wie vor hielt sie das zerrissene Untergewand über der Brust zusammen. Beruhigend legte Anna die Hand auf deren Schulter und spürte, wie die Arme sich versteifte. »Schon gut! Du bist hier in Sicherheit. Niemand wird dir etwas tun.« Als sie merkte, dass die Frau sich wieder ein wenig entspannte, sah sie sich suchend in der Küche um. »Ich hole dir eine Decke.« Eilig lief Anna in die Schlafkammer und kam einen Moment später mit einer Wolldecke zurück, die sie der Frau um den Körper legte. »Wie heißt du denn?«

»Margaretha.«

»Sie ist die Tochter von Dietrich Damme und erst seit wenigen Monaten bei uns im Kloster«, fügte Justina erklärend hinzu.

Annas Verstand verarbeitete fieberhaft die Auskünfte, die sie von den beiden erhalten hatte. »Also wurde das Weißfrauenkloster überfallen?«

»Sie haben alles zerstört«, flüsterte Margaretha kaum hörbar.

»Sie? Wer?« Anna blickte von einer Frau zur anderen. »Wer tut denn so etwas?«

Justina schnaubte. »Unsere lieben Mitmenschen«, zischte sie zynisch. »Die meisten von uns Nonen haben schon geschlafen. Sie haben uns in unseren Betten überrascht. Ich bin vom Lärm aufgewacht, der aus der Kapelle kam, und wollte nachsehen, was dort vor sich ging, als ein Haufen Kerle brüllend durch den Flur des Dormitoriums lief.«

Während Justinas Bericht goss sie das Wasser, das sie aus dem Brunnen geholt hatte, kurz bevor die nächtlichen Besucher eingetroffen waren, in den Kessel und hängte ihn an den Haken über das Herdfeuer, in dessen Glut sie einige Hölzer legte.

»Sie haben die Türen zu den Kammern aufgebrochen und unsere Schwestern aus ihren Betten gezerrt. Als ich gesehen habe, dass ein

Mann Margaretha das Kleid zerrissen hat, habe ich ihm mit dem Nachttopf eins übergebraten.«

Anna meinte, den Stolz zu hören, der in Justinas Stimme mitschwang.

»Der Kerl ist umgekippt wie ein gefällter Baum.« Sie schnaubte erneut, dieses Mal vor Belustigung. »Du kannst dir nicht vorstellen, wie überrascht ich war, als ich mich zur Tür wandte und Jacob hereinstürmen sah. Im ersten Moment habe ich gedacht, dass er einer von ihnen wäre, aber er hat dafür gesorgt, dass wir einigermaßen unversehrt aus dem Kloster entkommen konnten. Er führte uns in den Garten, half uns über die Mauer und sagte, wir wären hier in Sicherheit.«

»Ich verstehe immer noch nicht, warum sie euch angegriffen haben.« Kopfschüttelnd drehte sie sich zu Justina um und suchte in ihrem Blick nach einer Erklärung.

»Sie haben uns als Gottlose bezeichnet, als verirrte Seelen, die auf den Weg des wahren Glaubens geführt werden müssten.« Nun war es mit ihrer Fassung endgültig vorbei. Sie verbarg das Gesicht in dem Tuch, das sie zuvor zur Blutstillung genutzt hatte, und schluchzte.

Anna eilte zu ihr und nahm die Freundin in den Arm, um sie zu trösten. Sie wiegte sie so, wie sie es mit ihren Töchtern getan hatte. »Ich wünschte, ich könnte sagen, dass alles wieder gut werden würde.« Vom Zischen der überkochenden Wassertropfen wurde sie unterbrochen. »Jetzt sorgen wir erst einmal dafür, dass ihr euch den Dreck vom Körper waschen könnt.« Sie löste sich von Justina, um das kochende Wasser in eine Schüssel zu gießen. »Ich hoffe, dass Jacob bald zurück ist und uns eine Erklärung für all das liefern kann.« Bei den letzten Worten deutete Anna mit einer Handbewegung auf Margaretha.

»Ich kann dir sagen, was los ist. Sie sind vom Teufel besessen! Satans Geist lenkt ihre Schritte auf den falschen Weg, den sie eingeschlagen haben, seit diese Prediger in die Stadt gekommen sind und von der neuen Ordnung der Kirche erzählen.« Justina, die aufgesprungen war, wankte und hielt sich an der Tischkante fest, um nicht umzufallen.

»Du solltest dich wieder hinsetzen«, bemerkte Anna emotionslos. Sie selbst war überzeugt davon, dass die Veränderungen, die durch Heinrich Pfeiffer, Matthaeus Hisolidus und die anderen das Evangelium predigenden Pfarrer herbeigeführt wurden, richtig und nötig waren. Sicher rechtfertigte das nicht die Gewalt, die den beiden Nonnen und ihren Schwestern angetan wurde. Sie waren unschuldige Frauen, die man auch mit Worten hätte bekehren können. Sie atmete tief ein und aus, um ihren inneren Aufruhr in den Griff zu bekommen. Dann blickte sie mitleidig auf Margaretha hinunter. »Ich werde dir eines meiner Unterkleider holen. Wenn du dich gewaschen hast, werde ich deine Wunden mit Arnikasalbe und Beinwelltinktur behandeln.« Sie betrachtet die Kratzer auf der Wange der jungen Frau. »Das sollte genügen, damit sie ohne Folgen verheilen.« Als sie sich abwandte, drang ein leises ›Dankeschön‹ an Annas Ohren, gefolgt von einer geflüsterten Unterhaltung der beiden Frauen, die sie nicht belauschen wollte. Sie beschleunigte ihre Schritte, um die benötigten Arzneien und die Kleidung aus der Schlafkammer zu holen. Unterwegs betete sie dafür, dass Jacob unbeschadet und möglichst bald den Weg nach Hause finden würde. Je länger er fortblieb, umso mehr wuchs ihre Sorge um ihn.

***

Von einem Geräusch an der Tür aufgeschreckt, fuhr Anna in die Höhe. Sie hatte es sich, nachdem sie die beiden Frauen in der Schlafkammer untergebracht hatte, vor dem Feuer in der Küche bequem gemacht, um auf Jacobs Rückkehr zu warten. Dabei musste sie wohl eingenickt sein. Nun stand sie mit pochenden Herzen da und überlegte, ob sie sich das Geräusch nur eingebildet hatte. Sie lauschte in die Stille des Hauses. Durch die angelehnte Tür der Schlafkammer hörte sie den leisen gleichmäßigen Atem der Frauen. Durch die Fensterläden drang das fade Licht der Dämmerung herein. Die Hektik des Morgens ließ also nicht mehr lange auf sich warten.

Nachdem sich ihr Herzschlag etwas beruhigt hatte, schlich sie in Richtung Haustür, wo sie ein Kratzen wahrnahm. »Die Katzen!«, kam es ihr augenblicklich in den Sinn. So leise wie möglich schob sie den Riegel zurück und öffnete die Tür einen Spalt weit. Sogleich steckte der rote Kater seinen Kopf hindurch und drängte seinen Körper hinterher. Er strich Anna zur Begrüßung um die Beine und schnurrte vernehmlich. Sie bückte sich und streckte die Hand nach ihm aus, um das rote Fellknäuel hinter den Ohren zu kraulen, was mit noch lauterem Schnurren beantwortet wurde. Als er seinen morgendlichen Willkommensgruß beendet hatte, lief er mit erhobenem Schwanz in Richtung Küche. »Ich weiß, was du willst«, flüsterte Anna. Mit absoluter Gewissheit hoffte dieser verfressene Kerl auf ein Schälchen Milch. »Wo hast du denn deine Schwester gelassen?« Auf der Suche nach der kleinen gescheckten Katze, die zusammen mit dem Kater die Nacht auf Mäusejagd verbracht hatte, steckte Anna den Kopf durch den Türspalt und erschrak zutiefst, als sie damit gegen einen Körper stieß, der im selben Moment im Eingang erschien. Vor Schmerz stöhnte Anna auf und rieb sich die Stirn, nachdem sie einen Schritt zurückgewichen war. »Verflixt!«

Sie wusste nicht, ob sie sich über den frühen Besucher oder ihre eigene Ungeschicklichkeit mehr ärgerte.
»Hast du dir wehgetan?« Johannes beugte sich ihr besorgt entgegen.
»Nicht wirklich. Ich glaube, der Schreck war größer. Was machst du in aller Herrgottsfrühe hier? Hast du Jacob gesehen?« Sie ließ ihn eintreten und schloss die Haustür hinter ihm. An seinem Blick konnte sie erkennen, dass irgendetwas ganz und gar nicht stimmte. »Jetzt sprich schon und spann mich nicht länger auf die Folter!«
Anna folgte dem überraschten Blick, den Johannes über ihre Schulter richtete, weshalb sie sich umdrehte und die beiden Nonnen in der Tür zur Schlafkammer stehen sah. »Es tut mir leid. Wir wollten euch nicht wecken. Schlaft noch ein wenig. Ich kümmere mich später um euch.« Dann wandte sie sich wieder Johannes zu. »Nun?«
»Wir haben Jacob zu mir gebracht. Bis hierher hätte er es nicht geschafft.«
Erschrocken fuhr Anna zusammen. »Geschafft? Nun lass dir nicht jedes Wort einzeln entlocken! Was ist geschehen?«
»Er ist in das Feuer im Kloster geraten und hat sich Schulter und Rücken verbrannt. Zusammen mit Caspar Decker und Hans Becke habe ich ihn zu mir nach Hause gebracht. Als ich weg bin, um dich zu holen, waren die beiden dabei, ihn aus seinen Kleidern zu schälen, damit Barbara sich ein Bild von den Verletzungen machen kann. Sie hat gesagt, ich soll dich holen, so schnell ich kann.«
Ohne zu überlegen, rannte Anna in die Schlafkammer, um die Arzneien einzupacken, die ihrer Meinung nach nützlich sein konnten. Sie achtete dabei nicht auf die beiden Frauen, die mit weit aufgerissenen Augen jede ihrer Handlungen beobachteten. Bevor sie die Kammer verließ, teilte sie mit wenigen Worten mit, was passiert war

und dass sie sich um ihren Mann kümmern wollte. »In der Speisekammer sind Brot, Butter, Käse und Wurst. Ihr könnt für das Morgenmahl nehmen, was ihr braucht. Wenn ich zurück bin, reden wir.« Mit den Arzneien und Tinkturen gerüstet, die sie in einen Beutel gepackt hatte, warf sie sich ihren Umhang um die Schultern und war froh, dass sie sich in der Nacht schon angezogen hatte, und dadurch keine weitere Zeit verlor. »Lass uns gehen!« Sie hastete aus dem Haus, gefolgt von Johannes, der die Tür hinter sich zuzog und nach wenigen Schritten aufgeholt hatte. Widerspruchslos ließ Anna sich den Beutel aus der Hand nehmen. So schnell sie ihre Füße trugen, lief sie die Straße entlang und bog in die Klostergasse ab. Als sie sah, dass aus dem Brückenkloster dunkle Rauchschwaden in den dämmrigen Morgenhimmel aufstiegen, blieb sie wie angewurzelt stehen. »Was um Gottes willen habt ihr getan?« Vorwurfsvoll sah sie Johannes an.

»Wir?« Er zog ein entsetztes Gesicht. »Wir haben gar nichts getan.«

»Als wäre das besser.« Anna schnaubte.

»Dein Mann ist bei dem Versuch verletzt worden, die Bücher aus dem Feuer zu retten. Obwohl ihm die Flammen entgegenschlugen, ist er in die Bibliothek gerannt und hat so viele Schriften herausgeholt, wie er tragen konnte. Als er im Rauch verschwand und nicht zurückkehrte, ist Hans Becke, ohne zu zögern hinterhergelaufen, Caspar Decker und ich unmittelbar nach ihm. Er war eingeklemmt unter einem Holzbalken und wir mussten ihn darunter vorziehen.«

»Komm weiter! Ich will sehen, wie schwer er verletzt ist.« Anna hastete weiter, bis sie endlich in der Kuttelgasse angekommen waren, stürmte die Treppe hinunter in die Küche und fand Jacob mit entblößtem Oberkörper mitten auf dem Küchentisch vor. Die Männer, die ihm in das Haus des Gerbers geholfen hatten, standen unbeholfen am Kopfende und senkten den Blick. Anna hatte die beiden schon des Öfteren bei ihren freitäglichen Zusammenkünften gesehen. Hans war wie auch Johannes Gerber und Caspar ein Ackerbürger mit einem Stück Land vor der Stadtgrenze.

Barbara, die bis zum Eintreffen ihrer Freundin damit befasst war, Jacob Tücher mit kaltem Wasser auf die Brandwunden zu legen, sah erleichtert auf. »Sie dir diesen Schlamassel an!« Sie deutete auf den Verletzten. »An einigen Stellen klebt der verbrannte Stoff an der Haut. Ich bin mir nicht sicher, ob wir nicht doch besser einen Medikus holen sollten.«

Eilig durchquerte Anna die Küche und sah ihrem Mann in das schmerzverzerrte Gesicht. »Bücher also?« Als sie sah, wie seine Lippen sich kräuselten, wurde sie von einer Welle der Wut erfasst, auf die sie selbst nicht gefasst war. »Reicht es nicht, dass ich die Mädchen verloren habe? Musstest du wirklich dein Leben für Bücher aufs Spiel setzen? Was hast du dir dabei gedacht?«

»Wahrscheinlich gar nichts«, bemerkte Barbara beiläufig. »Es ist ja nicht so, dass die Männer ihren Verstand in Situationen wie diesen benutzen.«

Vorsichtig nahm Anna das nasse Tuch vom Rücken ihres Mannes. Bei dem Anblick, der sich ihr bot, sog sie scharf die Luft ein. Durch das Zentrum der Verbrennungen, die sich auf dem Rücken von der rechten Schulter bis weit unter das Schulterblatt ausdehnten, zog sich ein drei Zoll breiter Streifen, an dem das Hemd sich in die Haut gebrannt hatte. In verkohlten Fetzen klebte es auf der Wunde. Darum erstreckte sich ein Bereich mit Brandblasen, die sich ihr prall entgegen wölbten. Ein Räuspern ließ Anna aufblicken.

»Ich sollte jetzt gehen.« Caspar Decker blickte auf sie hinunter.

Dem Mann musste beim Anblick der Wunden übel geworden sein, schlussfolgerte Anna beim Blick in dessen blasses Gesicht. Sie nickte ihm freundlich zu. »Hab Dank, dass du diesem Esel hier geholfen hast.«

Caspar verabschiedete sich mit einem schiefen Lächeln, dass sowohl Solidarität als auch Mitleid ausdrücken sollte, wankte aus der Küche und schloss die Tür hinter sich.

Nachdenklich sah Anna ihm nach. Wie so oft wunderte sie sich über die Dünnhäutigkeit kräftiger Männer, wie der Ackerbürger einer war. Nach außen hin wirkten sie, als könnte nichts ihnen etwas anhaben, aber sie wusste es besser. Seufzend wandte sie sich wieder ihrem Mann zu, der kurz davor war, trotz der Schmerzen, die er haben musste, vor Erschöpfung einzuschlafen. Ihr Ärger war bei diesem Anblick fast verflogen. Zärtlich legte sie ihm die Hand auf die unverletzte linke Schulter. »Wir werden die Stoffreste entfernen müssen.« Sie strich ihm das Haar, das an einigen Stellen verbrannt war, von der rechten Hälfte des Hinterkopfs zur Seite, damit es ihr bei der Prozedur nicht im Weg war. Dabei ertastete sie eine Beule. »Der Balken ist dir auch auf den Kopf geschlagen?«

»Ja, sonst ...« Jacob krächzte, weil ihm Kehle und Brust bei jedem Wort brannten und den widerlichen Geschmack des Rauches in seinem Mund hinterließen. »Sonst wäre ich weggelaufen.«

Barbara reichte ihr einen Becher mit Bier, den sie nahm und ihm an die Lippen setzte. Sie sah zu, wie er schluckweise trank und nach jedem Schlucken hustete, sodass sein gesamter Körper erzitterte. Dabei fingen die Wunden rund um den eingebrannten Stoff an zu bluten. Als sie den Becher zur Seite stellte, war dieser leer. »Es wird wehtun, wenn ich ...«

»Mach einfach! Ich will es hinter mich bringen und dann schlafen.« Jacob drückte in Erwartung weiterer Schmerzen die Stirn auf das Holz der Tischplatte.

Barbara trat näher zu ihnen heran. »Ich habe Wasser heiß gemacht.« Sie sah zu Hans Becke, der immer noch unschlüssig am Kopf des Verletzten stand. »Du kannst ihn festhalten.«

Während Anna sich ans Werk machte, die Stoffreste aus den Wunden zu entfernen, tupfte Barbara das Blut auf, das daraus sickerte. Anfangs gab Jacob keinen Laut von sich, sondern drückte die Stirn auf den Tisch und zitterte ab und an. Als er plötzlich den Kopf hochriss und anfing zu würgen, unterbrach Anna die marternde Prozedur und sah sich rasch um. »Schnell, bring den Eimer dort!« Sie deutete auf das Gefäß, das etwas abseits stand, und hielt es ihrem Mann hin, nachdem Hans es ihr geholt hatte. Sie raffte Jacobs Haare am Hinterkopf zusammen, während er sich fortwährend übergab, bis er sich kraftlos wieder auf den Tisch sinken ließ. »Es ist gleich geschafft«, versuchte Anna ihren Mann zu trösten. Besorgt nahm sie seine Blässe und den kalten Schweiß wahr, der Gesicht und Hals überzog. Sie würde sich beeilen müssen, denn er sah aus, als würde er jeden Moment das Bewusstsein verlieren. Bevor er schlafen konnte, musste er aber noch jede Menge trinken. »Halte durch! Wenn ich fertig bin, kannst du dich ausruhen.«

***

Anna hob das Gesicht in die kühle morgendliche Brise und genoss das Kitzeln der Sonne auf ihrer Haut. Nachdem sie Jacobs Wunden mit einer Salbe und Verbänden versorgt und ihm mehrere Becher Weidenrindentee eingeflößt hatte, hatten Johannes und Hans dafür gesorgt, dass er in ihrer Kammer ein Schlaflager fand. Nun saßen Barbara und sie in dem Hinterhof, in dem sie am Vorabend noch gemeinsam Pläne geschmiedet hatten, um den Handwerkern und Ackerbürgern dieser Stadt mehr Mitspracherechte zu verschaffen. Sie hatten viele Forderungen zusammengetragen, die sie dem Rat unterbreiten wollten, angefangen mit der, ihnen durch gewählte Männer ihrer Viertel Plätze im Stadtrat zu sichern. Freilich wurde der Ton zu fortgeschrittener Stunde fordernder, aber es war auch jede Menge Bier im Spiel gewesen. Wie daraus der Überfall auf das Brückenkloster entstanden war, vermochte nüchtern betrachtet am heutigen Morgen niemand mehr zu sagen. Fest stand jedenfalls, dass keiner absehen konnte, was für Folgen dieser nächtliche Beutezug nach sich ziehen würde. Etliche der Männer, die daran beteiligt waren, hatten alles mitgenommen, was ihnen wertvoll erschien. So hatte es zumindest Johannes berichtet. Der Mob hatte jeden Raum durchkämmt, Kerzenleuchter aus Gold und Silber, seidene Altartücher und mit Blattgold verzierte Figuren gestohlen, hatte aber auch vor der gut gefüllten Speisekammer und dem Weinkeller nicht Halt gemacht. Der Rebensaft war in Strömen geflossen und hatte die Männer noch hemmungsloser werden lassen. Vierzehn Nonnen waren vor den Kerlen geflüchtet, zwei von ihnen warteten in Annas Haus in der Görmargasse darauf, dass sie zurückkehrte. Obwohl sie wusste, dass ihre Hilfe auch dort gebraucht wurde, hatte sie das Gefühl, nie wieder von dem Stuhl, auf dem sie saß, aufstehen zu können. Ihre Glieder fühlten sich bleischwer an. Sie war so ausgelaugt, dass sie meinte, sich keinen Zoll weit bewegen zu können. Ihre müden Augen brannten und sie war sich sicher, dass sie nicht in der Lage wäre, sie wieder zu öffnen, wenn sie dem Drang nachgab und sie schloss. Jede Faser ihres Körpers sehnte sich nach Erholung und

Schlaf. Aber wie es aussah, würden in der kommenden Nacht weder sie noch Jacob oder ihre Freunde in ihren eigenen Betten zur Ruhe kommen. Freilich hätte sie Justina und Margaretha in der Kammer von Gertrud und Herta unterbringen können, aber sie brachte es nicht über sich, jemand anderen in diesen Betten schlafen zu lassen. Sie glaubte auch nicht, dass sie Jacob würde bewegen und nach Hause bringen können, ohne dass die Wunden aufbrachen. Er würde ein oder zwei Tage hierbleiben müssen, selbst wenn die Verletzungen gut heilten. Seufzend und mit steifen Gliedern erhob sich Anna und rieb sich das schmerzende Kreuz. »Ich werde zuhause erst einmal nach dem Rechten sehen. Justina und Margaretha waren vor Angst außer sich, als ich sie dort zurückgelassen habe.«

»Weißt du schon, ob die beiden ins Kloster zurückkehren werden?«, wollte Barbara wissen. Sie hatte die ganze Geschichte von Johannes erfahren, der während der Ausschreitungen an der Seite von Jacob gestanden hatte.

Anna sah müde auf sie hinunter. »Das werde ich sie fragen, gleich nachdem ich etwas gegessen habe. Margaretha hat Familie im Viertel von Sankt Petri. Es könnte schon sein, dass man sie lieber nach Hause zurückkehren lässt, als sie noch einmal solch einer Gefahr auszusetzen. Was Justina betrifft ...« Sie überlegte. »Ich weiß es wirklich nicht. Ihr Vater hat sie verkauft an diesen Hurenwirt und soweit ich gehört habe, nie wieder nach seiner Tochter gefragt«, presste Anna verärgert durch die zusammengebissenen Zähne.

Barbaras Gesicht verdüsterte sich. »Ich erinnere mich an die Geschichte.«

»Ich sehe noch einmal nach Jacob und dann mache ich mich auf den Heimweg.« Als ihre Freundin Anstalten machte, ebenfalls aufzustehen, hielt Anna sie zurück. »Bleib sitzen! Ich kenne den Weg und du hast genauso wenig geschlafen wie ich. Du wirst deine Kraft für die Kinder brauchen.«

»Es wundert mich, dass sie noch nicht hier aufgetaucht sind. Insofern werde ich wohl einmal nachsehen müssen, was die vier Großen wieder anstellen. Es ist verdächtig ruhig. Den kleinen Philipp habe ich gestillt, als Johannes, Hans und du Jacob in die Schlafkammer gebracht habt.« Barbara schloss sich Anna an. Gemeinsam stiegen sie die Treppe hinauf. Beim Blick in die Kinderkammer fanden sie die Betten der Jungen verwaist vor. Während Barbara sich auf die Suche nach ihren Söhnen begab, lief Anna bereits zu Jacob. Als sie leise die Tür öffnete, sah sie Hans, Peter, Karl und Justus um das Bett versammelt. Neugierig beäugten sie den Schlafenden, der durch das Getuschel der Burschen bisher nicht wach geworden war. Alle vier Köpfe drehten sich gleichzeitig um, als Anna die Tür weiter aufschob und diese lautstark in den Angeln quietschte. »Na ihr Schlingel, was sucht ihr denn alle hier oben?« Ohne zu antworten, setzten sich die Jungen in Bewegung, stürmten an ihr vorbei und hätten beinahe ihre Mutter umgerannt, die hinter Anna aufgetaucht war und ihren Söhnen lächelnd hinterher sah. Auch von diesen Geräuschen war Jacob nicht aufgewacht, weshalb Annas Besorgnis zunahm. Mit wenigen Schritten war sie bei ihm und ging vor der Bettstatt auf die Knie. Er lag auf dem Bauch, den Kopf zur Seite gewandt. Das feuchte Haar klebte ihm im Gesicht. Sanft schob sie es beiseite und tastete alarmiert nach seiner Stirn, konnte aber keinerlei Anzeichen für Fieber feststellen. »Gott sei es gedankt«, flüsterte sie.

»Geht es ihm gut?«

Anna erkannte die Sorge in der Stimme ihrer Freundin und versuchte sich an einem beruhigenden Lächeln. »So gut es ihm unter den Umständen eben gehen kann.« Bevor sie sich erhob, warf sie noch einen forschenden Blick auf den Verband. An einigen Stellen hatte Blut den Stoff durchdrängt, aber nicht in bedrohlichen Mengen. Schwerfällig stand Anna auf. Auch wenn es ihr schwerfiel, sie musste sich verabschieden. »Ich weiß, es ist viel verlangt, aber kannst du dafür sorgen, dass er genug trinkt? Ich muss etwas essen und ein wenig schlafen, komme aber am Nachmittag wieder.«

»Natürlich. Die Rasselbande wird mir sowieso keine Pause gönnen und dafür sorgen, dass für mich an Schlaf nicht zu denken ist.« Schief grinsend fuhr sie fort. »Außerdem besitze ich jede Menge Übung im Nichtschlafen.«

Mit einem Stich im Herzen erinnerte sich Anna an die vielen durchwachten Nächte an den Betten ihrer Töchter und die nicht enden wollende Müdigkeit. Rückblickend betrachtet hätte sie trotz der Erschöpfung jeden dieser Augenblicke genießen sollen. Aber was half es, sich mit solchen Gedanken selbst zu martern, wenn sie die Vergangenheit nicht ändern konnte? Dankbar legte sie Barbara die Hand auf die Schulter, bevor sie sich verabschiedete. »Ich komme wieder, so schnell ich kann.« Mit einem letzten Blick auf Jacob verließ sie die Kammer. Als sie aus dem Haus auf die Gasse trat und sich in Richtung Kloster wandte, konnte sie die Schäden im Licht des Tages betrachten. Die Grundmauern hatten unverwüstlich dem Sturm der Menschen standgehalten. Das Dach war nicht vollständig zerstört. Nur an der Stelle, wo sich die Bibliothek befunden hatte, war es eingebrochen und verkohlte Balken erhoben sich wie mahnende Finger gen Himmel, so als würden sie sagen »Seht hin! Seht hin, was ihr angerichtet habt!« Ein Schauder kroch Anna eiskalt den Rücken hinauf und ließ sie erahnen, dass dies erst der Anfang war.

# Kapitel 27 - Rezess

Büchsenschüsse knallten und ließen die aufgebrachten Männer und Frauen die Köpfe einziehen. Nach kurzer Starre brüllten sie wütend durcheinander. Hans Schmidt, einer der Metzger aus der Holzgasse, hob sein Häutemesser, ging auf die Eichentür los und rammte es in das Holz. »Spießt sie auf! Erschlagt Sie!«

Der Geruch von verbranntem Schwarzpulver lag in der Luft. Abermals ließen die Schützen, die sich in der oberen Etage des Rathauses an den Fenstern postiert hatten, ihre Stockbüchsen knallen. Sie traten zurück, um ihren Schützenbrüdern Platz zu machen und ihre Waffen erneut zu laden. Bisher hatten sie über die Köpfe hinweg geschossen, ohne ein Ziel anzuvisieren. Sie hatten nicht vor, jemanden zu verletzen. Es sollten nur Warnschüsse sein, damit die Menge sich in alle Winde zerstreute. Aber die Menschen wichen nicht. Ganz im Gegenteil, sie wurden nur noch wütender. Mit Äxten und Messern hieben sie auf die dicke Eichentür des Rathauses ein, in dem sich die Ratsherren mit den Achtmännern zur Versammlung getroffen hatten. Erneut waren die edlen Herren der Forderung der Bürger nicht nachgekommen, die sie im Wonnemond, in einem Katalog formuliert, zusammengetragen und an den Rat übergeben hatten. Schon seit zwei Monaten hielten die Ratsmänner die Mühlhäuser Bürger mit der Begründung hin, man wolle in Nürnberg auf dem Reichstag Erkundigungen einziehen, ob andere Reichsstädte ebenso verfuhren.

Die heutige Versammlung drohte aufs Neue ergebnislos zu enden, weswegen Michael Koch und seine Freunde die Ratsstube verließen und die Ratsmänner kurzerhand einsperrten, bis sie sich eines Besseren besannen. Mit seiner Geduld am Ende schickte der Wollweber einen Boten zu Matthaeus Hisolidus, der gegen Mittag den Kirchner der Jakobikirche beauftragte, die Sturmglocke als Signal zu läuten, um sich zu sammeln. Alle verbündeten und wehrfähigen Männer waren gekommen, unterstützt von ihren Frauen, die ihrem Unmut ebenso lautstark vor dem Rathaus Luft machten. Die Ratsgasse, die benachbarte Wahlgasse, sämtliche Gassen, die in Richtung Barfüßerkloster und Untermarkt führten, waren mit wütenden Menschen gefüllt, unter ihnen Jacob, Anna und all ihre Freunde. Sie waren hier, um für ihre Rechte einzutreten.
Schmiedemeister Gerhard stand mit erhobenem Schürhaken neben seinem Gesellen und wartete angespannt darauf, was als Nächstes geschehen würde.
Jacob sah den Mann von der Seite an und stellte erneut fest, wie sehr er sich verändert hatte, seit sein Weib mit diesem Pfaffen aus der Antoniuskapelle Ehebruch begangen hatte. Dem sonst so friedfertigen Gerhard wäre es früher niemals in den Sinn gekommen, seine Schmiede sich selbst zu überlassen, und mit einem Haufen Bewaffneter die reichen Geschlechter der Stadt zu bedrohen und unter Druck zu setzen. Wenn Jacob ehrlich war, so traf das auch auf ihn selbst zu. Aber der Rat hatte vor Kurzem beschlossen, die Geschosssteuer anzuheben, was die Menschen der Stadt nicht einfach hinnehmen wollten. Wer sollte diesen Wucher noch bezahlen? Und was passierte mit dem vielen Geld, dass der Schösser eintrieb? Eigentlich musste ein guter Teil davon für die Stadt eingesetzt werden, um die Stadtmauer auszubessern, zu erweitern

und sie mit Geschützen zu versehen, was allerdings nicht geschah. Anna hielt die Hand schützend über die Augen, um in dem gleißenden Sonnenlicht des Nachmittags besser sehen zu können. »Was passiert denn dort oben?«, fragte sie laut genug, dass auch Jacob, Johannes und Gerhard es hören konnten.

Johannes reckte den Hals. »Sieht so aus, als würde jemand einen Stock mit weißer Fahne aus dem Fenster schieben.«

»Na also!« Gerhard hieb mit der Faust triumphierend in die Luft. »Kommen die feinen Herren endlich zu dem Schluss, dass sie gegen so viele nichts ausrichten können.«

Jacob rieb sich nachdenklich den Nacken. »Ich würde mich nicht zu früh freuen. Wer weiß, was die Kerle wieder ausgeheckt haben, nur um eine Entscheidung zu unseren Forderungen erneut hinauszuzögern. Sie sind ja mittlerweile echte Meister in Verzögerungstaktik.«

Das Geschrei um sie herum nahm ab, als der Schultheiß an das geöffnete Fenster trat. Johann Wettich hatte in diesem Jahr die Ehre, bis am Martinstag der neue Bürgermeister der Stadt gewählt werden würde. Und jeder wusste, dass gemäß des Vierjahresturnus die Wahl auf Heinrich Baumgart fallen würde. Was für ein Possenspiel, dachte Jacob bei sich. Er beobachtete Wettich, dessen blasses Gesicht die Furcht und die durchgemachten Strapazen der vergangenen Stunden widerspiegelte. Der Mann schwenkte so lange mit der Fahne, bis auch der Letzte der Versammelten ihm seine Aufmerksamkeit schenkte.

»Freunde!«, setzte er an und erntete spöttisches Gelächter.

»Seit wann sind wir Freunde, Bürgermeister?«, schrie Katharina Kreutter und das Lachen schwoll an.

Mit zur Abwehr gehobenen Händen versuchte Wettich, die Bürger wieder zu beruhigen. »Wir wollen die Angelegenheit in Frieden regeln und wünschen kein Blutvergießen.«

»Weil du genau weißt, dass es dein Blut sein würde!« Abermals hatte die Frau des Gerbers die Lacher auf ihrer Seite. Sie drehte sich um die eigene Achse und verneigte sich vor ihrem Publikum, bevor sie wieder zum Schultheißen hochsah.

Der hatte in der Zwischenzeit die Hände auf den Fenstersims gestützt und sich nach vorn gebeugt. »So nimm doch Vernunft an, Weib, und lass mich ausreden!« Zornesröte war dem schmalgesichtigen Mann in den Kopf gestiegen.

»Zum Reden war genug Zeit!«, erscholl es aus der Menge. Wieder jubelten die Menschen.

Michael Koch trat vor sie. »Lasst uns hören, was der Bürgermeister zu sagen hat. Sonst glaubt er noch, er hätte es mit ungehobeltem Pöbel zu tun.«

Erneutes Gelächter. Verzweiflung stand dem Mann, der das höchste Amt der Stadt bekleidete, ins Gesicht geschrieben. Dennoch versuchte er, Ruhe zu bewahren, und wartete, bis die Menge sich beruhigt hatte. »Wir schlagen eine Verhandlung mit euren Achtmännern vor.«

»Das hatten wir doch alles schon!« Diederich Weißmehler postierte sich neben Michael Koch. »Wie oft sollen wir noch ohne Ergebnis verhandeln?«

»So lange, bis wir zu einer Einigung gekommen sind«, versprach Johann Wettich. »Unsere Bedingung ist jedoch, dass die übrigen Menschen ihres Weges ziehen. Wir werden keinen behelligen, wenn ihr jetzt geht.« Michael Koch sah sich suchend nach den anderen Achtmännern um, um zu besprechen, ob diese Vorgehensweise für sie akzeptabel wäre. Er winkte Claus Kreutter, Hans Schmidt, Claus Fuhlstich, Hans Dopfer und den anderen gewählten Männern aus den Vierteln, die sich gleich darauf in seine Richtung in Bewegung setzten.

Anna beobachtete, wie sie die Köpfe zusammensteckten. Die Stille und die Spannung in der Luft, die sich um sie herum ausbreitete, waren ohrenbetäubend. Sie wartete wie alle anderen Menschen auf die Entscheidung der Männer.

Als sie die Köpfe hoben und auseinandertraten, war es wieder Michael Koch, der das Reden übernahm. »Wir sind einverstanden.«

Sämtliche Körperspannung schien vor Erleichterung aus dem Bürgermeister zu weichen. »Dann lasst uns heraus und kommt in die Ratsstube!«

»Nein!« Kochs Stimme durchschnitt die Luft. »Wir wollen uns auf neutralen Boden im Barfüßerkloster mit euch treffen. Das ist unsere Bedingung.« Er betonte das Wort ›unsere‹, als er den letzten Satz aussprach.

Wettich nickte und trat den Rückzug zu seinen Ratsfreunden an. Alle Augen richteten sich gespannt auf das verwaiste Fenster, bis der Bürgermeister wieder dort erschien. »Wir stimmen eurer Bedingung zu, wenn die übrigen Menschen ...« Er machte eine Handbewegung, die klar machte, dass er die Versammelten meinte. »... nun in Frieden ziehen.«

Michael Koch breitete die Arme aus. »Ihr habt gehört, was der Mann gesagt hat. Geht nach Hause und wartet die Dinge ab. Ihr alle seid Zeuge des Versprechens der friedlichen Einigung zu unseren Forderungen. Wir werden es euch wissen lassen, wenn wir unsere Verhandlungen zu Ende gebracht haben.«

Anna konnte Enttäuschung in dem einen oder anderen Gesicht in ihrer Nähe ablesen. Viele Menschen, die heute bewaffnet hierhergekommen waren, waren zum Äußersten entschlossen. Sie wollten den Ratsherren ans Leder, so hatte es zumindest Heinrich Ludwig ausgedrückt, der Weißgerber von Allerheiligen, der zu dem engsten Kreis um Heinrich Pfeiffer zählte. Dennoch zerstreute sich die Menge. Einige kleine Grüppchen blieben noch, um sich zu überzeugen, dass die Achtmänner und die Ratsherren sich tatsächlich auf den Weg in Richtung Kornmarkt machen würden. Zwanzig Schützen der Bürgerschützenkompanie, die ihre gewählten Vertreter aus den Vierteln unterstützen, traten mit ihren Büchsen im Anschlag etwas zur Seite und visierten die Rathaustür an, die nun von dem Wollweber geöffnet wurde. Michael Koch schob den Schlüssel in das Schloss zur Tür des Rathauses, trat zur Seite und entließ die Ratsmänner aus ihrer Gefangenschaft. Stirnrunzelnd betrachtete er das Türblatt, das doch beträchtlichen Schaden genommen hatte.

Das entging auch Johann Wettich nicht, der das zersplitterte Holz im Vorbeigehen abschätzig begutachtete.

»Keine Sorge. Wir kümmern uns darum, dass die Schäden beseitigt werden«, versprach Michael Koch dem Bürgermeister. Eigentlich hatte er erwartet, dass Wettich ihm beipflichtete, aber der Mann hob huldvoll den Kopf.

»Wir werden gemeinsam für die Reparatur sorgen.«

Damit hatte keiner der Achtmänner gerechnet. Sie sahen sich gegenseitig mit hochgezogenen Augenbrauen an, als Diederich Weißmehler das Wort ergriff. »Wohl gesprochen, Bürgermeister. Ich werde eigens dafür sorgen, dass die Tür und der Rahmen mit Blattgold verziert werden.«

Diese großzügige Geste wurde von allen Männern mit Wohlwollen aufgenommen. Claus Kreutter machte seinem Herzen als Erster Luft. »Das ist doch ein guter Beginn für unsere Verhandlungen.«

***

Drei Tage waren nun schon vergangen, seit die Männer im Barfüßerkloster am Kornmarkt die Forderungen der Bürger verhandelten. Bisher hatte sich jeden Abend eine Menschentraube vor dem Kloster gebildet und darauf gewartet, dass die Ratsherren und die Achtmänner nach Beendigung ihrer Verhandlungen heraustraten. Doch nichts geschah. Auch des Nachts lagen Kundschafter auf der Lauer und ließen die Eingänge des Klosters nicht aus den Augen. Anna war sich sicher, dass dies eigentlich nicht nötig war, denn die Achtmänner würden die Botschaft schon zu verbreiten wissen. Aber die Anspannung in der Bevölkerung war so unbeschreibbar groß, dass sie verstand, dass sie sofort eine Nachricht erhalten wollten, wenn die Verhandlungen abgeschlossen waren. Auch ging die Angst um, dass es doch ein Bote aus der Stadt geschafft hatte, um bei einem der Schutzherren Hilfe zu rufen. Bisher war zumindest alles ruhig, aber es lag eine Anspannung in der Luft, die förmlich zum Greifen war.
Während Anna darauf wartete, dass Jacob aus der Schmiede heimkehrte, sortierte sie ihre Arzneien, was jedes Mal, wenn sie dies tat, eine beruhigende Wirkung auf sie ausübte. Und Ruhe hatte sie dringend nötig nach den Ereignissen der letzten Monate. Sie hatte immer noch schwer damit zu kämpfen, dass sie Jacob bei dem Raubzug durch das Brückenkloster beinahe an die Flammen verloren hätte. Seine Verbrennungen waren zwar so gut wie verheilt, hatten aber grauenhafte Narben hinterlassen, die auch die Beweglichkeit der rechten Schulter einschränkten. Die beiden Nonnen hatten ihr bei der Pflege ihres Mannes geholfen. Margaretha schien von den Schwestern im Brückenkloster viel gelernt zu haben und war sehr geschickt darin gewesen, die Wunden zu versorgen, hatte aber ihre Rückkehr in den Krankenpflegeorden verweigert. Schließlich war es ihr Vater, der ein Machtwort gesprochen hatte. Er rang ihr das

Versprechen ab, vor Ablauf eines Jahres zu heiraten, sonst würde er sie persönlich wieder ins Brückenkloster zurückbringen. Neben Margaretha waren dreizehn weitere Frauen aus dem Kloster geflüchtet und nicht dorthin zurückgekehrt. Sie waren genau wie Dietrich Dammes Tochter entschlossen, ihr Glück in der Ehe zu suchen. Bei Justina hatte die Sache anders gelegen. Ihr Vater, der sie als junges Mädchen an den Hurenwirt verkauft hatte, lebte nicht mehr. Es gab keinen männlichen Verwandten, der über ihren Verbleib hätte bestimmen müssen. Justina wählte weiterhin den Schleier und war vor wenigen Tagen, nachdem sie festgestellt hatte, dass ihre Hilfe im Hause des Schmieds nicht mehr von Nöten war, in das Kloster auf der Brücke zurückgegangen.

Seither rieb Anna jeden Abend die Wundmale mit einer fettenden Ringelblumensalbe ein. Sie würde mehr davon brauchen, wenn sie die Haut geschmeidig halten wollte. Seit Tagen pflückte sie die Köpfe der Pflanzen und breitete sie zum Trocknen auf Tüchern aus. Sie hoffte, bald genug von den gelben Ringelblumenblüten zusammenzuhaben, dass sie den ersehnten Salbennachschub zubereiten konnte. Während sie im Kopf die Zutaten für die Herstellung der Salbe durchging, hämmerte jemand mit Nachdruck an die Tür. Eilig lief sie dem Klopfen entgegen. »Ich komme ja schon!« Als sie die Haustür öffnete, sah sie in das vor Anstrengung gerötete Gesicht Katharina Kreutters. Schweiß rann ihr von den Schläfen über die Wangen und sie rang nach Atem.

»Mein, Gott! Du machst einen Krach. Konnten die Achtmänner sich einigen? Gibt es einen Angriff auf die Stadt? Nun rede schon!«, forderte Anna.

»Du musst mitkommen!« Katharina schnappte nach Luft. »Es gab einen Unfall.«

Erschrocken griff Anna sich an die Brust. »In der Schmiede? Ist mit Jacob alles in Ordnung?«
Katharina schüttelte heftig den Kopf. »Nicht dort. Johannes ist vom Dachboden gestürzt.« Schwer atmend brachte sie die Worte nur mit viel Mühe hervor. »Er hatte die Häute wie sonst auch zum Trocknen aufgehängt. Sein Ältester hat ihn gefunden und hat gleich seine Mutter geholt, der gute Bursche.« Sie holte abermals tief Luft.
»Ist er sehr schwer verletzt?«, wollte Anna wissen und malte sich in Gedanken die Schwere der Verletzungen aus. Sie befürchtete das Schlimmste für ihren Freund. »Sieht nicht gut aus für den Jungen.« Ein Blick in das Gesicht der Gerbersfrau sagte Anna, dass es wirklich schlimm stand. »Dann müsst ihr nach dem Medikus schicken. So etwas übersteigt mein Können.«
»Barbaras Vater sorgt dafür, aber sie hat darauf bestanden, dass du kommst.« Katharina kannte Annas Gabe und hatte den Wunsch ihrer Nachbarin nicht einen Moment in Frage gestellt, weshalb sie, so schnell ihre Füße sie trugen, in die Görmargasse geeilt war, um Anna zu holen.
»Man könnte meinen, dass höhere Mächte sich gegen uns verschworen hätten! Nimmt das Unglück denn nie ein Ende?« Anna hatte die ersten Gedanken, die ihr im Kopf herumschwirrten, laut ausgesprochen. »Warte einen Moment! Ich sehe nach, was ich an Mitteln gegen Schmerzen dahabe. Dann können wir los.« Sie ließ die Frau stehen und eilte in die Schlafkammer, wo sie ihre Arzneien aufbewahrte. Sie packte die Weidenrinde ein, fragte sich, was sie sonst noch benötigen würde, kam aber zu dem Schluss, dass sie keine Ahnung hatte. Wenn Johannes nach einem Sturz vom Dachboden in die Tiefe wirklich so schwer verletzt war, wie sie vermutete, würde nichts davon helfen können. Also beließ sie es bei den Rindenspä-

nen. Mit einem letzten Blick auf die Ringelblumenköpfe, die sie zum Trocknen auf den Tüchern ausgebreitet hatte, verließ sie das Haus.

Unterwegs befragte Anna die Kreutterin, ob sie noch mehr zu dem Unfall sagen könnte, aber die Frau wusste nichts weiter, als sie bereits erzählt hatte. Sie hasteten durch die Gassen, grüßten im Vorbeigehen die Nachbarn und Bekannten, die ihnen über den Weg liefen, und kamen genau in dem Moment an, als der Medikus aus dem Haus trat.

Anna grüßte den jüdischen Arzt, dessen Können sie sehr schätze, höflich. »Friede sei mit dir.«

Das Gesicht des Mannes hellte sich auf, als er sie erkannte. »Und mit dir, meine Liebe.« Er neigte den Kopf zum Zeichen des Respekts. »Du willst sicher deinen Freund besuchen.«

Katharina, die hinter Anna zum Stehen gekommen war, zischte etwas, das in ihren Ohren klang wie ein ›was sonst‹. Sie ignorierte die Frau, die ihr drängelnd den Zeigefinger in den Rücken bohrte und nickte. »In der Tat. Ist er sehr schlimm verletzt?«

Die Miene des Mannes nahm einen bedauernden Ausdruck an. »Ich wünschte, ich könnte etwas anderes behaupten. Er ist vom obersten Trockenboden mehrere Etagen hinuntergefallen. Wie es aussieht, ist sein Rückgrat gebrochen.« Als er sah, wie fassungslos die beiden Frauen reagierten, ergriff er Annas Hand. »Mit Sicherheit kann ich es nicht sagen, aber ich glaube auch, dass er Verletzungen im Bauch davongetragen hat. Es steht nicht gut um ihn. Es ist ein Wunder, dass er bei dem Sturz nicht gleich sein Leben gelassen hat. Allerdings fürchte ich, dass er dem Tod geweiht ist. Ich war gerade auf dem Weg, um den Priester zu verständigen.«

»Weiß die Familie Bescheid?«, fragte Katharina in einem so freundlichen Ton, den Anna ihr gar nicht zugetraut hatte. Auch ihr musste der Schreck über diese Nachricht zugesetzt haben.

Der Arzt betrachtete die Gerbersfrau nachdenklich. »Seine Frau ja, der älteste Sohn hat es mit seinen sechs Jahren nicht verstanden, denke ich.«

»Um Gottes willen!« Katharina schlug die Hand vor den Mund. »Die armen Kinder!«

Bevor er ging, nickte der Medikus den beiden Frauen mitleidig zu. »Ich hole den Pfarrer, damit er ihm seinen Segen spendet.« Er blickte sie mit trauriger Miene an. »Es tut mir wirklich sehr leid. Schalom.«

Unschlüssig blieb Anna neben Katharina vor dem Haus in der Kuttelgasse stehen, war nicht in der Lage, sich zu rühren. Sie konnte das Gehörte nicht glauben. Vor wenigen Tagen hatte Johannes nach der Belagerung des Rathauses noch mit Heinrich Pfeiffer und Herrn Matthes die kühnsten Zukunftspläne diskutiert und nun war er auf den Tod verletzt. Sie sog die Luft ein, hielt sie an und setzte den Fuß auf die Stufe vor der Haustür. Erst als sie im Flur stand, atmete sie die angehaltene Atemluft wieder aus und versuchte, einen kühlen Geist zu bewahren. Sie würde jetzt für die Familie da sein müssen und das mit aller Kraft, die sie aufbringen konnte. Sich nicht von lähmender Ohnmacht überwältigen zu lassen, war jetzt oberstes Gebot.

»Wohin werden sie ihn gebracht haben? In die Küche oder die Schlafkammer?«, sinnierte Katharina.

Abschätzend sah Anna die Treppe hinauf. »Ich denke, in die Küche. Unters Dach werden sie ihn nicht getragen haben.« Noch bevor sie den Satz fertig ausgesprochen hatte, stieg sie eilig die Steintreppe hinunter und fand die Familie wie erwartet vor.

Barbara sah nicht auf, als die beiden Frauen die Küche betraten. Sie saß aufrecht auf einem Stuhl neben dem Tisch, auf den man Johan-

nes platziert hatte, hielt den zappelnden Philipp auf dem Arm und streichelte mit der freien Hand das Gesicht ihres Mannes.
Hans stand neben seiner Mutter, die Wangen tränenfeucht.
Der alte Justus Färber hockte mit totenblassem Gesicht auf dem Boden und hielt den dreijährigen Karl im Arm. Peter, der Zweitälteste stapelte bunte Holzklötzchen vor seinem Bruder Justus, der nach seinem Großvater benannt worden war und das wackelnde Objekt vor sich nicht aus den Augen ließ. Katharina Kreutter legte sanft die Hand auf die Schulter, was Barbara dazu veranlasste, zu ihr aufzublicken. Nach einem stummen Austausch nahm sie ihr den kleinen Philipp ab, der bei Katharinas Anblick juchzte und quietschte. »Na, du kleiner Mann, willst du mit der alten Käthe mitkommen?« Sie sah sich in der Küche um. »Wer von euch Burschen möchte mit mir auf dem Hof spielen?«
Bis auf Hans, der nicht von der Seite seiner Eltern wich, folgten alle Kinder der Einladung der Frau und schienen froh zu sein, der beklommenen Atmosphäre zu entkommen. Sie verstanden nicht, was vor sich ging, aber Anna sah ihren Gesichtern an, dass sie spürten, dass etwas ganz und gar nicht stimmte.
Anna verfolgte, wie Katharina dem kranken Freund mit einem tapferen Lächeln zunickte und die Küche mit tränenglänzenden Augen, die vier Jungen am Rockzipfel verließ. Justus Färber schloss sich ihnen an. Dann trat Anna zu Johannes, der ihr mit sichtlicher Anstrengung den Kopf zuwandte und legte ihm sanft die Hand auf den Arm. »Hast du Schmerzen?«
»Nein«, krächzte er. »Ich spüre gar nichts, nur, dass ich mich nicht bewegen kann.« Als er das Aufschluchzen seiner Frau hörte, wandte er das Gesicht wieder zu ihr um. »Nicht weinen, mein Herz.«
Er wollte sie in den Arm nehmen, sie trösten, konnte aber die Hand

nicht anheben. Nun rollten auch ihm die Tränen über die Wangen. »Ich wünschte, ich könnte miterleben, wie unsere Tochter geboren wird.«

Tochter? Anna glaubte, ihren Ohren nicht trauen zu können. Barbara trug ein Kind unter dem Herzen und würde es, genau wie ihre fünf Söhne ohne Vater großziehen müssen. Was für ein furchtbarer Gedanke! Der Kloß in Annas Hals wurde immer größer. Barbara hatte nichts dergleichen erwähnt.

»Nenn sie Johanna! Versprichst du mir das?« Johannes sah seine Frau flehend an.

Sie wischte sich die Tränen von den Wangen, als ihr ein Geräusch aus der Kehle entwich, dass entfernt an ein Lachen erinnerte. »Als wären in deiner Familie jemals Mädchen geboren worden. Wahrscheinlich wird es wieder ein Junge.« Das für Johannes so typische schiefe Grinsen veranlasste Barbara dazu, wütend aufzuspringen. »Sorge lieber dafür, dass du diese Sache überstehst und mir hierbei hilfst!« Mit einer wedelnden Handbewegung deutete sie zunächst auf ihren Bauch, dann einmal kreisförmig durch die Luft. »Du kannst mich doch nicht mit den Jungen und der Werkstatt allein lassen! Das kommt nicht in Frage!«

Bevor Johannes antworten konnte, erklangen gehetzte Schritte auf der Treppe und Jacob stolperte wenig später in die Küche. Er trug noch seine Lederschürze, die Arme und das Gesicht waren rußverschmiert. Er sah seinen Freund auf dem Tisch liegen und stürzte auf ihn zu. »Was zum Teufel machst du für Sachen?« Als er keine Antwort erhielt, blickte er von Johannes zu Barbara und dann hilfesuchend zu seiner Frau.

Anna trat zu ihm, griff nach seiner Hand, platzierte sich so, dass ihre Freunde ihr Gesicht nicht sehen konnten, und raunte ihm leise zu, was der Medikus festgestellt hatte. »Er wird es nicht schaffen«, flüsterte sie niedergeschlagen. »Es gibt nichts, was wir für ihn tun können.«

Das Entsetzen der Erkenntnis flackerte kurz in seinem Blick auf, war nach wenigen Momenten verschwunden und wich einem gequälten Grinsen, als er sich wieder an Johannes wandte. »Du lässt aber auch nichts aus, mein Freund! Legst dich hier auf die faule Haut, als wäre schon Sonntag.« Das raue Lachen des Mannes, der ihm nahestand wie ein Bruder, erschütterte ihn mehr als die tränennassen Gesichter der Frauen.

Als der Geruch von Urin an seine Nase drang, konnte er sehen, dass Johannes die Kontrolle über seine Blase verloren und auch nicht bemerkt hatte, dass er sich in die Hosen gemacht hatte.

»Komm her, Mann!«, forderte Johannes ihn auf.

Jacob folgte der Aufforderung, trat zu ihm und strubbelte Hans, der keinen Augenblick von der Seite seines Vaters gewichen war, durch das Haar. »Lass mich kurz mit deinem Vater reden!«, forderte er das Kind mit einem festen, unmissverständlichen Ton auf. Barbara streckte die Hand nach ihrem ältesten Sohn aus, der sich nicht von der Stelle rührte, und zog ihn zu sich. »Lassen wir die Männer für einen Moment allein und sehen nach deinen Brüdern.« Dann wandte sie sich an Anna. »Begleitest du uns?« Sie wartete die Antwort ihrer Freundin nicht ab und verließ mit Hans die Küche.

Anna folgte ihr die Steintreppe hinauf in Richtung Hinterhof. Das Gelächter der Kinder drang an ihre Ohren. Sie beneidete die Jungen um ihr kindliches Unvermögen, den Ernst der Situation zu erfassen. Als sie in das gleißende Sonnenlicht trat, konnte sie sehen, wie die Burschen ausgelassen Fangen spielten, während Katharina Kreutter

im Schatten auf einem Stuhl saß und mit Philipp auf dem Schoß das Treiben beobachtete.
Als Anna und Barbara in ihre Richtung liefen, löste sie den Blick von den spielenden Kindern und stand auf, um den jüngsten Spross, der beim Anblick seiner Mutter wild mit den speckigen Ärmchen ruderte, zu übergeben.
Im Handumdrehen fand Anna sich von den Burschen umringt im Mittelpunkt des Spiels wieder. »Langsam!« Trotz der furchtbaren Lage, in der die Familie sich befand, musste sie über die Ausgelassenheit der Kinder lachen. Peter, der sie umrundet hatte, rannte nun kreischend in die entgegengesetzte Hofecke, seine Brüder nur wenige Schritte hinter ihm. Nachdenklich blickte Anna ihnen hinterher. »Wir könnten sie für die nächsten Tage mit zu uns nehmen, wenn du möchtest.« Sie drehte sich zu ihrer Freundin um und wartete auf deren Antwort.
»Das wird nicht nötig sein. Ich möchte, dass sie hier bei mir sind.« Barbara drückte den kleinen Philipp noch fester an ihre Brust. »Ich brauche sie hier, verstehst du?«
Natürlich verstand Anna ihre Freundin. Schließlich war auch sie eine Mutter, eine Mutter ohne Kinder. Die Hülle aus Eis um ihr Herz, die in den letzten Monaten ein wenig geschmolzen war, nahm wieder zu. Als Antwort auf Barbaras Frage nickte sie nur.
Katharina sah mitleidig von einer Frau zur anderen, bevor sie sich von ihrem Stuhl erhob. »Ich werde kurz nach nebenan gehen und für uns eine Kleinigkeit zu Essen machen.«
Durch das Kommen von Jacob einer Antwort entledigt, wandten sich Anna und Barbara zu ihm um.
Anna erkannte, dass ihr Mann verbissen versuchte, jegliche Gefühlsregung zu unterdrücken. Er trat zu ihr und zog sie in den Arm.

»Wo ist Barbaras Vater?«, wollte er von Katharina wissen, während er sich suchend auf dem Hinterhof umsah.

»Er läuft die Kuttelgasse auf und ab und wartet auf den Prediger«, gab sie dem Schmied bereitwillig Auskunft. »Ich verstehe.« Dann wandte er sich an Barbara. »Er möchte, dass du mit den Jungs zu ihm kommst.« Seine Stimme brach, als er das letzte Wort aussprach. Er bewunderte sie dafür, wie sie tapfer nickte, ihre Söhne zu sich rief und sah ihnen nach, wie sie nacheinander im Haus verschwanden.

Dann nahm er seine Frau fester in den Arm und küsste sie auf den Scheitel. »Es wird nicht mehr lange dauern«, klärte er Anna und Katharina auf. »Er will, dass wir uns um Barbara und die Kinder kümmern und …« Ein gequälter Laut drang aus seiner Kehle. Es dauerte einen Moment, bevor er weitersprechen konnte. »Wir sollen dafür sorgen, dass Barbara den richtigen Mann heiratet.« Jacob spürte, wie Anna sich in seinen Armen versteifte. »Justus wird sie so schnell wie möglich wieder verheiraten wollen, damit das Geschäft weiterläuft und Barbara und die Kinder versorgt sind. Aber Johannes möchte, dass wir den Richtigen für sie finden.«

»Ein guter Mann«, flüsterte Katharina ehrfürchtig. »Denkt immer zuerst an seine Familie.« Sie schniefte und konnte nun auch die Tränen nicht mehr zurückhalten.

»Lasst uns zu ihm gehen!« Er zog Anna mit sich und lief langsamen Schrittes wieder zurück in Richtung Haus. Seine Schritte wurden mit jeder Stufe, die er die Treppe hinunterstieg, schwerfälliger. Alles in ihm sträubte sich, in die Küche zu gehen und für immer Abschied von seinem besten Freund, seinem Bruder zu nehmen. Am Treppenabsatz angekommen, holte er noch einmal tief Luft und wappnete sich für das Schlimmste. Dann straffte er die Schultern und betrat die Küche, Anna nach wie vor im Arm, unmittelbar gefolgt von Katharina Kreutter.

Im Halbkreis standen die Kinder dicht am Kopf ihres Vaters, der ihnen Worte zuraunte, die Jacob nicht hören konnte.

Was er sehen konnte, war das Unverständnis auf den Gesichtern der Jungen und die unendliche Trauer in dem ihrer Mutter.

Johannes musste die Ankömmlinge gehört haben, denn er wandte ihnen den Blick zu. »Lasst uns Lebewohl sagen«, flüsterte er ihnen zu. Die Worte auszusprechen, kosteten ihn sichtbar Anstrengung.

Jacob eilte zu dem Tisch und schlug die Decke zur Seite, die Barbara über ihm ausgebreitet haben musste. Er ergriff Johannes Hand, die erstaunlich warm war, auch wenn dieser es nicht spüren konnte.

»Vergiss nicht, was du mir versprochen hast! Ich verlasse mich auf dein Wort.« Schwer atmend schloss er die Augen. Das Sprechen kostete ihn weit mehr Kraft, als er in seinem furchtbaren Zustand noch aufzubringen in der Lage war. Johannes stöhnte vernehmlich, bevor er die schweren Lider wieder öffnete.

Jacob erkannte, dass sein Freund nicht mehr viel länger würde durchhalten können, und fragte sich, wo der Pfarrer nur blieb.

Als Schritte auf der Treppe erklangen, atmete er in der Gewissheit, dass es Matthaeus Hisolidus sein musste, erleichtert auf. Aber es war nicht der Prediger der Jakobikirche, der in die Küche stürzte, sondern ein völlig aufgelöster Claus Kreutter. »Es ist geschafft, Freunde!«, schrie er freudetrunken. »Der Rat hat all unseren Bedingungen zugestimmt. Damit schreiben wir die Geschichte von Mühlhausen vollkommen neu und haben endlich ein Wörtchen mitzureden, wenn es um wichtige Entscheidungen geht.« Als er in die entsetzten Gesichter der Anwesenden sah, die keinerlei Anstalten machten, in seinen Freudentaumel einzufallen, wurde er still. »Was ...?«

Das Läuten der Glocken aller Kirchen der Stadt und die Jubelschreie der Menschen, die ob der Nachricht vom glücklichen Ausgang der Verhandlungen auf den Gassen feierten, drang bis hinunter in die Küche und unterbrach die markerschütternde Stille.

Claus Kreutter erkannte erst jetzt, dass sein Freund und Nachbar auf dem Küchentisch lag. Er trat zu Johannes, der beim Klang der Glocken von den Umstehenden unbemerkt seinen letzten Atemzug getan und sich mit einem Lächeln auf den Lippen auf den Weg ins Himmelreich gemacht hatte.

# Epilog

Thomas Müntzer betrat die Kanzel in der Marienkirche und sah auf die Köpfe seiner Schutzbefohlenen hinunter.

Nun war er endlich am Ziel angekommen. Der Rat der freien Reichstadt Mühlhausen hatte sich nach seiner Rückkehr aus Basel in der letzten Woche dem Willen der Bürger gebeugt und ihn als Pfarrer der Oberstadtkirche angestellt. Mit seiner Frau Ottilie, dem Sohn und seinem treuen Famulus Ambrosius Emmen war er in das benachbarte Komturhaus eingezogen.

Noch vor einem halben Jahr war er Hals über Kopf aus Allstedt geflüchtet, wo er von seinen Brüdern des von ihm ins Leben gerufenen Ewigen Bundes auf ärgste enttäuscht und hintergangen worden war. Mitten in der Nacht musste er sich wie ein gemeiner Verbrecher über die Stadtmauer flüchten und die Stadt hinter sich lassen, um dem langen Arm der Fürsten zu entkommen. Er verfluchte aufs Neue die Väter Sachsens, zu denen er auf der Burg zu Allstedt gepredigt hatte. Er vermochte nicht zu sagen, welchen der Sachsenfürsten er am meisten hasste. Noch immer verstand er nicht, warum die Herren sich nicht dem Willen Gottes beugen und den evangelischen Lehren gegenüber offen zeigen wollten. Ihm das Predigen zu verbieten, war der Gipfel der Gotteslästerung. Doch der Stachel des Verrats durch seinen Bruder im Ewigen Bund, diesen Schösser Zeiß, saß tiefer als alles andere. Aber was sollte er von diesen obrigkeitsfürchtenden Schafen, denen es an Gottvertrauen fehlt, auch erwarten? Er atmete einmal tief ein und wieder aus und ließ den Blick über die

Gemeinde schweifen, links auf den Bänken die Frauen, rechts deren Männer und dieser Heinrich Pfeiffer, der sonst in Sankt Nikolai zu predigen pflegte. Auch der Stadtsyndicus, Doktor Ottera, beehrte die Messe mit seiner Anwesenheit.

Müntzer atmete tief durch. Ja, alles fügte sich zum Besten! Hier konnte er einen Neuanfang wagen, konnte die Auserwählten im Bund mit Gott in das ewigwährende Reich führen. Er spürte, wie ein Schauer ihn durchfuhr, und sah dies als Zeichen des Herrn an ihn, seinen treuen Gottesknecht. Er streckte die Arme in die Höhe und erhob seine Stimme. »Der Geist der Stärke und die Furcht Gottes sei mit dir, du erbärmliche Gemeinde!« Diese Worte zerschnitten die Luft wie ein Schwerthieb und ließen die Anwesenden verstummen. »Eine eiserne Mauer wider die Könige, Fürsten und papistischen Pfaffen ist errichtet.« Thomas Müntzer sprach die Worte seiner Predigt langsam und laut, sodass sie bis in den hintersten Winkel der Marienkirche zu vernehmen waren. Mit großer Genugtuung registrierte er, dass die Menschen ihm an den Lippen klebten. »Die Welt, wie ihr sie kennt, wird keinen Fortbestand haben. Der Sündenpfuhl der Menschheit wird für ihren Untergang sorgen.« Abermals blickte er über die Häupter der Menschen hinweg. »Nur den Auserwählten Gottes wird es vergönnt sein, im Ewigen Reich über die Ungläubigen zu triumphieren! Werdet Teil dieses Bundes, der sich von der Kraft seines Glaubens an den Allmächtigen leiten lässt!« Bei den letzten Worten ließ Thomas Müntzer seine Stimme anschwellen. Dann brach er ab und blickte in der vollkommenen Stille direkt in die Gesichter der Menschen, die ihn ehrfürchtig ansahen. Er suchte den Kontakt zu ihren Augen, damit jeder Einzelne sich unmittelbar von ihm angesprochen fühlte. Sie würden ihm die Gefolgschaft schwören, das konnte er darin lesen.

***

Anna, die zwischen Barbara und der Kreutterin auf der Holzbank saß, hatte jedes Wort dieser Predigt in sich aufgenommen, so wie ein Schwamm dies mit Wasser tat. Mit gesenktem Haupt sah sie sich unauffällig um und stellte fest, dass es ihren Freundinnen wohl ebenso ergangen sein musste. Obwohl Müntzer schon vor einigen Minuten seine Ansprache beendet hatte, wagte keiner, ein Wort zu sagen oder sich zu rühren. Jeder Mensch in der Kirche schien auf ein Zeichen zu warten. Als die Glocken hoch oben im Kirchturm erklangen, sahen die Anwesenden erwartungsvoll zu ihrem geistigen Hirten, der ein zufriedenes Lächeln zur Schau trug, bevor er erneut den Zeigefinger in die Luft streckte.

»Ihr seid ein heiliges Volk und werdet nach Gottes Geboten leben, kämpfen und sterben, wenn es sein muss! So sage ich euch, dass ihr euch nicht erbarmt über die Abgöttischen. Zerbrecht ihre Altare, zerschmeißt ihre Bilder und verbrennt sie, auf dass ich mit euch nicht zürne!«

Müntzer hatte die Worte kaum zu Ende gesprochen, als um Anna herum die Hölle losbrach. Die Männer waren schneller auf den Beinen, wie sie amen sagen konnten und schrien durcheinander.

»Lasst sie uns töten, diese Götzenanbeter!«, rief Claus Kreutter seinen Freunden zu, die ihn dafür bejubelten. Aus allen Ecken der Kirche fielen die Menschen in die Jubelschreie ein und ließen sich mitreißen von der Hochstimmung, die der Prediger erzeugt hatte.

Auch Annas Herz raste in ihrer Brust und schien die Gefühle, die sie empfand noch weiter zu verstärken. Sie fühlte sich so leicht, so als wäre sie zu allem in der Lage, würde jeden Stein überwinden, den ihr jemand in den Weg legte. Die Last, jeglicher Kummer und

Sorgen der letzten Monate schienen mit einem Mal von ihr abgefallen zu sein. Sie fühlte sich mit allen Menschen hier im Bunde und nicht nur mit ihnen, sondern auch mit Gott und Jesus Christus, ihrem Erlöser. Müntzer würde sie auf den richtigen Weg führen, das fühlte sie tief in ihrem Geist und in jeder Faser ihres Körpers. Suchend blickte sie sich um, bis sie das Gesicht ihres Mannes unter den anderen Männern entdeckte. Sie musste zu Jacob, musste sehen, ob es ihm ebenso erging. Eilig schob sie sich durch die aufgewühlte Menschenmenge, fort von ihren Freundinnen, hin zu ihrem Mann.

# Anmerkungen der Autorin

Mein Plan war es, die Geschichte der Stadt rund um den Bauernkrieg in einen Roman zu bringen, und ihn Euch als »leichte Kost« zu servieren. Während des Schreibens war mir jedoch recht schnell klar, dass die belegbaren Fakten aus dieser Zeit so umfangreich waren, dass sie unmöglich in einem Buch zu erzählen wären. Deshalb wird auf diesen ersten Band ein zweiter folgen.

Während der Recherchen bin ich in der Mühlhäuser Chronik auch auf meine 15-fache Urgroßmutter, Margaretha Damme, gestoßen, die eine der Nonnen war, die beim Überfall auf das Weißfrauenkloster auf der Brücke vor dem reformatorischen Mob geflüchtet waren. Verzeiht mir diese kleine Eitelkeit, aber ich konnte einfach nicht anders, als sie als Nebenfigur im Roman unterzubringen. Jedes Mal, wenn ich mich bei der genealogischen Forschung mit meinen Ahnen beschäftigte, frage ich mich, wie sie wohl früher gelebt haben mögen. Nun gibt es zumindest einen Hinweis, was eine meiner Vorfahrinnen tatsächlich erlebt haben musste. Wann genau dieser Überfall stattfand, weiß ich nicht zu sagen. Die Chronik benennt nur das Jahr 1523. Ich habe aus dramaturgischen Gründen dieses Ereignis vor den Bürgeraufstand gebracht, der am Dienstag nach Mariä Heimsuchung 1523 stattgefunden hat und als erster Aufstand der Mühlhäuser Bürger im Rahmen der Reformation und des Bauernkriegs gesehen wird. Die Historiker mögen bitte über diese Abweichung hinwegsehen.

Wie immer habe ich versucht, so nah wie möglich an den tatsächlichen Ereignissen dieser Zeit zu bleiben. Im Epilog bin ich jedoch auch etwas davon abgewichen. Die Predigt, die ich Thomas Müntzer in den Mund gelegt habe, stammt in Auszügen aus der Hochverursachten Schutzrede dieses radikalen Reformators, dessen Namen unsere wunderschöne Stadt Mühlhausen von 1975 bis 1991 als Beinamen trug. Diese ist als Flugschrift im Dezember 1524 als Antwort auf den nicht enden wollenden Disput mit Martin Luther erschienen, den er darin als »geistloses sanft lebendes Fleisch zu Wittenberg« bezeichnet hatte.

Während der Recherchen kam ich nicht umhin, mich über die eine oder andere Aussage Müntzers zu wundern. Dann habe ich mich ein wenig mit der Apokalyptik beschäftigt, der Gewissheit des Weltuntergangs aufgrund der Sünden des Menschen und der Überzeugung vom Sturz der gottlosen Herrscher und der Übergabe der Macht (»des Schwertes«) an die Auserwählten. Der Glaube daran, dass sich mit Gott und durch Gott alles zum Guten wenden würde, war wohl Grundlage für Müntzers Lehren. Der für ihn einzig gangbare Weg war der des Leids, der Not, des Elends und der Verfolgung der Auserwählten bis zu dem Tag, an dem die Welt zu Ende geht, Christus wiederkehrt und Gericht über die Gottlosen hält. Mit Sicherheit war er ein fanatischer Mann, der von seiner visionären Kraft mehr als überzeugt war und sich von Gott berufen, ja auserwählt gefühlt hatte. Ob er wirklich dachte, dass der Herrgott direkt zu ihm spräche, oder ob er dies nur sagte, um Anhänger für seine Sache zu gewinnen, würde ich gern als Frage für die Historiker offenlassen. In jedem Fall aber mussten er, Heinrich Pfeiffer, Matthaeus Hisolidus und die anderen evangelischen Pfarrer sehr charismatische Menschen gewesen sein, die es geschafft haben, mit ihrer rhetorischen Gewandtheit das Volk hinter sich zu versammeln und in den Krieg

mit der sündhaften Obrigkeit zu führen. Die Missstände der damaligen Zeit spielten ihnen dabei wohl auch in die Karten.
Die Parallelen, die ich während des Schreibprozesses zwischen dieser Zeit und der heutigen politischen Entwicklung mit den Bauernprotesten allerorts gezogen habe, waren durchaus bemerkenswert, gehören aber an einer anderen Stelle diskutiert.
Eine weitere kleinere Abweichung von der tatsächlichen Geschichte bestand unter anderem in der Pestepidemie, die das Eichsfeld von 1519 bis 1521 heimgesucht hatte. Ich habe sie in das Jahr 1522 gelegt. Nah an der Geschichte bin ich geblieben, als ich vom Stadtbrand 1487 geschrieben und die Untaten des ehemaligen Baumeisters, Dietterich Ziegeler, in die Handlung eingeflochten habe. Der Ziegeler überfiel mehrfach Bürger, schnitt ihnen Nase und Ohren ab, beraubte und tötete sie. Auch brannte er das Dorf Dachrieden nieder, was den Ausgangspunkt für die Geschichte rund um meinen Protagonisten Jacob darstellte.
Der Brand an Gregorii 1487 ging damals von einem Wirtshaus am Obermarkt aus und breitete sich über den Obermarkt in die Burggasse, den Steinweg, die Linsengasse, Judengasse, Brückengasse und Görmargasse aus. Die Schuld gab man zunächst dem Stadtboten Hans Schmidt. Letztlich hat aber Georg Andreas die Tat gestanden.
Auch die Zunft der Papiermacher war tatsächlich 1470 in Mühlhausen gegründet worden, was nach Erfindung des Buchdrucks das Vervielfältigen von Büchern, Schriften und Flugblättern vereinfachte und preiswerter machte.
Auch die heute für uns seltsam klingende Prozedur, Menschen mit Lepra oder anderen Seuchen noch zu Lebzeiten für tot zu erklären und sie dann außerhalb der Stadt in Siechenhäusern unterzubringen, habe ich in der Chronik von Diedorf recherchiert und einge-

flochten, um sie Euch nahezubringen. Die Geschichte um den Prediger, dem Magister Hildebrand, der 1523 in der Johanneskapelle am Blobach den Gottesdienst stören wollte, von den Ratsherren nicht eingelassen wurde und kurzum einfach vom Giebel des Hauses des Kaspar Färber zu den Menschen gesprochen hatte, entspricht den Tatsachen.

Auch die Geschichte um Johann Griesbach, den Pfaffen aus Sankt Antonii, der mit einer verheirateten Frau ein Verhältnis pflegte und sogar ein Loch in die Stadtmauer geschlagen hatte, damit sie unbemerkt ein- und ausgehen konnte, entspricht den Tatsachen, die in der Chronik der Stadt nachzulesen sind. Die Frau wird nicht namentlich genannt, weshalb ich sie einfach mit dem Schmiedemeister Gerhard verheiratet habe.

Während der Recherchen bin ich auch immer wieder über Redewendungen gestolpert, deren Herkunft ich geprüft habe, damit sich keine Anachronismen einschleichen. Eine davon drehte sich um »das Maulaffen feilhalten«. Diese Redewendung stammt aus dem Mittelalter und beschreibt die Halterungen für Kienspäne, den sogenannten Maulaffen, die den armen Leuten als Beleuchtung dienten. Einige dieser Kienspanhalter hatten die Form von Köpfen, in deren offenem Maul (geöffneten Mund) der Kienspan gesteckt wurde. Es ist für mich immer wieder spannend, solchen Redewendungen auf den Grund zu gehen. So habe auch ich beim Schreiben einiges hinzugelernt.

Alles in allem hoffe ich, dass es mir gelungen ist, die tatsächliche Geschichte der Stadt für Euch in diesem ersten Band rund um den Bauernkrieg »mundgerecht« aufzubereiten.

Der zweite Teil wird sich zeitlich unmittelbar an den ersten Band anschließen und soll die Geschichte rund um die Reformation und die Bauernaufstände erzählen, die ihren Höhepunkt in Thüringen in der Schlacht in Frankenhausen im Mai 1525 gefunden hatten. Es soll um den Ewigen Rat und den Ewigen Bund Gottes gehen und die Geschichte von Anna, Jacob und ihren Freunden als Weggefährten von Heinrich Pfeiffer und Thomas Müntzer fortsetzen.

# Glossar

**Hartmond:** Januar
**Hornung:** Februar
**Lenzmond:** März
**Ostermond:** April
**Wonnemond:** Mai
**Brachmond:** Juni
**Heumond:** Juli
**Erntemond:** Augst
**Herbstmond:** September
**Weinmond:** Oktober
**Nebelung:** November
**Christmond:** Dezember
**Muhme:** Schwester der Mutter
**Oheim:** Onkel
**Refektorium:** Speisesaal im Kloster
**Cellerar:** Küche im Kloster
**Infirmarium:** Krankensaal im Kloster
**Dormitorium:** Zellengang oder Schlafsaal im Kloster
**Necessarium:** Toilette im Kloster
**Kapitelsaal:** Sitzungssaal im Kloster
**Prim:** erste Stunde der kleinen Horen im kirchlichen Stundengebet, wird zur ersten Stunde der antiken Tageseinteilung gebetet und entspricht etwa 6 Uhr und dem Arbeitsbeginn von Mönchen und Nonnen

**Terz:** wird zur dritten Stunde der antiken Tageseinteilung gebetet und entspricht etwa 9 Uhr
**None:** wird zur neunten Stunde der antiken Tageseinteilung gebetet und entspricht etwa 15 Uhr und der Sterbestunde Christi am Kreuz
**Lectura:** Unterrichtsstunde
**Famulus:** Schüler/Student
**Lichdürn:** Hühnerauge
**Butterfeul:** Schmetterling
**Bumpelbüsche:** Löwenzahn
**Deeben:** Hündin
**Knorren:** Aststücke
**Klummerklötze:** getrocknetes Weidenholz
**Schnur:** Schwiegertochter
**Schnitter:** Gevatter Tod
**Halsbräune:** Diphtherie
**Schlagfluss:** Schlaganfall
**Netzetöpfchen:** Töpfchen, mit Wasser zu befüllen zum Befeuchten der Hände beim Spinnen von Flachs
**Schießhund:** veraltete Jägersprache für Jagdhund
**Spat:** Pferdehintern

# Recherche-Literatur

Chronik von Diedorf im Eichsfeld, Ernst Mehler, Verlag F. W. Cordier, Heiligenstadt, 1925, Nachdruck von 1992.

Die Familie von Harstall, die Geschichte einer Adelsfamilie in Hessen und Thüringen, Rainer Lämmerhirt, 1. Auflage, Verlag Rockstuhl, Bad Langensalza 2017.

Chronik der Stadt Mühlhausen bis 1525, Band 1, Dr. Jordan, Reprintauflage 2001 nach einer Originalausgabe von 1900, Verlag Harald Rockstuhl, Bad Langensalza.

Zur Geschichte der Stadt Mühlhausen in Thüringen (1523-1525), R. Jordan, Beilage zum Jahresbericht des Gymnasiums in Mühlhausen in Thüringen, Danner'sche Buchdruckerei Mühlhausen, 1901.

Dunkelmännerbriefe, 1. Abteilung, unbekannter Verfasser, urheberrechtsfreie Kindle-Ausgabe der Originale von 1512-1516.

Thomas Müntzer und der Bauernkrieg in Nordwest-Thüringen, Bernhard Klett, Urquell-Verlag Erich Röth, Mühlhausen in Thüringen 1925

Luthers ungeliebte Brüder, Sarah Lösel und Thomas T. Müller, Beltz Bad Langensalza GmbH, 2018

Mühlhäuser Beiträge:

- Heft 6, 1983, Max Steinmetz: Thomas Müntzer – Bemerkungen zu Herkunft und Charakter seiner Ideologie.
- Heft 7, 1984, Gerhard Günther: Korrespondenz zwischen den freien Reichsstädten Mühlhausen und Nordhausen 1525 – 1528.
- Heft 11, 1988, Eckhart Leisering: Die Mitglieder des Ewigen Bundes Gottes in Mühlhausen.

Mühlhäuser Beiträge Sonderheft 8, Thomas Müntzer in Mühlhausen, Schauspiel in 5 Akten von Horst Ulrich Wendler, Mühlhäuser Druckhaus 1989

Mühlhäuser Beiträge Sonderheft 10, Studien zum deutschen Bauernkrieg, drei Essays, herausgegeben von den Mühlhäuser Museen mit dem Mühlhäuser Geschichts- und Denkmalverein, 1997

Der große deutsche Bauernkrieg, Wilhelm Zimmermann, Nachdruck der 1856 herausgegebenen Volksauflage, Dietz Verlag Berlin 1989

Leben, Schriften und Lehren Thomä Müntzers, des Urhebers des Bauernaufruhrs in Thüringen, Georg Theodor Strobel, Nürnberg und Altdorf 1795, Nachdruck Hansebooks

Quellen und Forschungen zur sächsischen Geschichte, Band 25 II, Thomas-Müntzer-Ausgabe, kritische Gesamtausgabe, Band 2, im Auftrag der sächsischen Akademie der Wissenschaft zu Leipzig, herausgegeben von Helmar Junghans und Armin Kohnle, Evangelische Verlagsanstalt Leipzig 2010.

Reformation und Bauernkrieg, Werner Greiling, Thomas T. Müller, Uwe Schirmer, Böhlau Verlag Köln, 2019.

Der Ewige Rat zu Mühlhausen (17. März – 28. Mai 1525) Zeugnisse seiner Tätigkeit aus den Amtsbüchern, II: Gerichtsbuch, eingeleitet und herausgegeben von Gerhard Günther, Mühlhausen in Thüringen 1964.

Der Ewige Rat zu Mühlhausen (17. März – 28. Mai 1525) Zeugnisse seiner Tätigkeit aus den Amtsbüchern, III: Notulbuch, IV Bruchbuch, V Urfehdebuch, eingeleitet und herausgegeben von Gerhard Günther, Mühlhausen in Thüringen 1964.

Thomas Müntzer, Schriften, Lithurgische Texte, Briefe, 1. Auflage, UnionVerlag Berlin 1990

Thomas Müntzer, Schriften und Briefe, Kritische Gesamtausgabe, Gütersloher Verlagshaus Gerd Mohn, 1968

# Danksagung

Es ist schon immer ein Höhepunkt, wenn man einen neuen Roman beendet. Das Baby, mit dem man über Monate schwanger gegangen ist, ist geboren und wartet darauf, von den Lesern begutachtet zu werden. Bis es allerdings so weit ist, gibt es viele Menschen, die einen auf diesem Weg begleiten und dabei helfen, dass der Künstler sich in seiner kreativen Phase austoben kann. Mein Mann Michael ist dabei immer an meiner Seite. Da ich mich nicht jeden Tag bei ihm bedanke (sollte ich eigentlich tun), dass er immer für mich da ist und mich so tatkräftig unterstützt, möchte ich das spätestens an dieser Stelle tun.

Auch bei den Autorenkollegen des Autorenkreises Mühlhausen und meinen Buchperlen-Autoren möchte ich danke sagen. Der kreative Austausch bringt mich oft weiter, lässt mich Inhalte überdenke und hilft mir dabei, am Ball beziehungsweise am Rechner zu bleiben.

Eine ganz neue Erfahrung ist für mich die Arbeit mit einem Verleger. Als bisher überzeugte Selfpublisherin, habe ich mich nun erstmals in die Hände eines Fachmanns begeben, der meine Schreiberei kreativ und geduldig begleitet hat und stets für mich ansprechbar war. Auch ihm gilt mein ausdrücklicher Dank.

Via Social Media bin ich immer wieder gut mit Euch Lesern in den Austausch gekommen. Die Freude darüber, wie sehr Euch meine Texte gefallen, spornt mich während des Schreibens immer wieder an. Ich danke Euch für die Treue, die Ihr über all die Jahre gehalten habt und hoffe, dass Euch auch dieser Roman gefällt. Für Anmerkungen zum Buch könnt Ihr mir – wie immer – gern eine Email schreiben: y_bauer@ymail.com

PS: Mein Dank ist Euch gewiss, wenn Ihr nach dem Lesen beim Buchhändler Eures Vertrauens eine Rezension hinterlasst.

Diedorf 2024

# Über die Autorin

Darf ich mich vorstellen? Mittlerweile Anfang Fünfzig wurde ich in den Siebzigern im wunderschönen und geschichtsträchtigen Mühlhausen in Thüringen geboren. Dort bin ich aufgewachsen und zur Schule gegangen. Nach Abi und Berufsausbildung stand erstmal die Familie im Mittelpunkt. Eine Hochzeit und drei Kinder später startete ich dann im Medizinstudium durch und wurde Ärztin. Auch der Doktortitel musste her.

In der Zwischenzeit waren die Kids groß, für jedes, das auszog, zog eine Katze ein. In meiner Freizeit, die es nach Studium und Doktorarbeit wieder gab, verschlang ich einen historischen Roman nach dem anderen und irgendwann reifte in mir der Gedanke, selbst zu schreiben. So fing ich an, für meinen ersten Roman »ANTONIUSFEUER« zu recherchieren. Dabei spielte mir die Liebe zu meiner Heimatstadt in die Karten. Ich schrieb und schrieb und ..., na ja, Ihr wisst schon.

Tatsächlich habe ich nunmehr insgesamt sechs Romane, ein Kinderbuch und einige Kurzgeschichten veröffentlicht. Zu schreiben gibt es eigentlich immer etwas, Ihr dürft also gespannt sein.

# Bisher erschienen

**Antoniusfeuer - Historischer Mühlhausen – Roman / Band 1**
ISBN 978-3-7347-8198-8, Januar 2014

**Ebola, Kurzgeschichte**
ISBN 978-3-7347-8026-4, Oktober 2014

**Die Kainsprung-Hexe, Kurzgeschichte**
ISBN 978-3-7347-7560-4, Oktober 2014

**Die Mühlhäuser Batseba, Kurzgeschichte**
ISBN 978-3-7386-3405-1, August 2015

**Marienglut – Historischer Mühlhausen – Roman / Band 2**
ISBN 978-3-741-24210-6, Juli 2016

**Nr. 983, Roman**
ISBN: 978-3-744-83486-5, Juni 2017

**In Sachen Herz, Kurzkrimi**
ISBN: 978-3-7528-7865-3, Juni 2018

**Ein Haus erzählt – Mühlhäuser Geschichte(n) für Kinder, Kinderbuch**
ISBN: 978-3-746-06378-2, Oktober 2018

**Ahnenflüsterin, Roman**
ISBN: 978-3- 752-63865-3, März 2021

**Hiobsasche - Historischer Mühlhausen – Roman / Band 3**
ISBN: 978-3-753-45788-8